W0404853

MANUEL PRATIQUE
DU COMMERCE DES VINS

Collection des Usuels Féret de la Vigne et du Vin

ISBN 978-2-35156-182-9

Olivier Antoine Geny, David Geny et Marcello Roudil

Avec la collaboration de :
Guillaume Cassat
Agnès Bœuf
Franck Pernet
Luc Dubreuil
Valérie Gosselin Conche
Jean Marc Demange
Sandra Tessarotto
Rémy Hyacinthe
Philippe Thierry
L'équipe AOC CONSEILS

MANUEL PRATIQUE DU COMMERCE DES VINS

FÉRET

REMERCIEMENTS

Nous tenons à remercier Bruno Boidron et Véronique Garrouste des éditions Féret, ainsi que les conseillers du commerce extérieur de la France, sans oublier nos familles respectives pour leur soutien sans faille.

CITATIONS

« Vaut mieux le vin d'ici que l'eau de là. » Francis Blanche

« Le vin est le breuvage le plus sain et le plus hygiénique qui soit. » Louis Pasteur

« Il vaut mieux être grand chez soi que petit chez les autres. » Frédéric Dard

« De la création de l'Homme par lui-même, naît l'Homme perfectionné, le fils de l'Homme » Oswald Wirth

AVANT-PROPOS

En tant que consultants, avec dix bureaux en France, nous accompagnons depuis dix ans plus de 300 sociétés viticoles (caves coopératives, négoce et vignerons indépendants) et nous développons leurs réseaux commerciaux, subventions, organisation interne, etc.

Nous nous sommes rendu compte qu'il n'y avait aucun manuel existant, opérationnel pour trouver des solutions commerciales et export pour les entreprises viticoles.

Nous avons donc voulu créer un outil pratique pour les vignerons, qui puisse être lu, chapitre par chapitre, indépendamment les uns des autres, en fonction des besoins.

Cet ouvrage est inspiré de faits concrets et réels et nos méthodes ont été validées sur le terrain avec succès.

Nous avons essayé de regrouper l'essentiel. Ce manuel est bien entendu non exhaustif, étant donné les évolutions si fréquentes des lois. Toutes les réflexions et suggestions sont les bienvenues.

Cet ouvrage est dédié à un public de professionnels, de vignerons indépendants, de responsables de caves coopératives, de gérants de petites unités de négoce ou de commerciaux. Les étudiants concernés par la filière y puiseront de nombreuses informations.

Olivier Antoine-Geny
AOC Conseils
aoc-conseils.com

Première Partie

MIEUX COMPRENDRE SON ENTREPRISE ET SON ENVIRONNEMENT AFIN DE MIEUX VENDRE

CHAPITRE I
DIAGNOSTIQUEZ VOTRE ENTREPRISE ET CHOISISSEZ VOS RÉSEAUX DE DISTRIBUTION

DIAGNOSTIQUEZ VOTRE ENTREPRISE POUR MIEUX VENDRE

Être capable de commercer demande d'abord une capacité à se poser les bonnes questions, pour connaître les failles de son entreprise, de ses vins, et la bonne adéquation avec les différents marchés.

Dans un premier lieu, nous allons vous donner quelques règles et matrices simples à utiliser pour analyser votre environnement, puis dans une deuxième phase, un rapide questionnaire qui vous permettra de vous auto-évaluer.

ANALYSEZ VOS FACTEURS EXTERNES : PESTEL

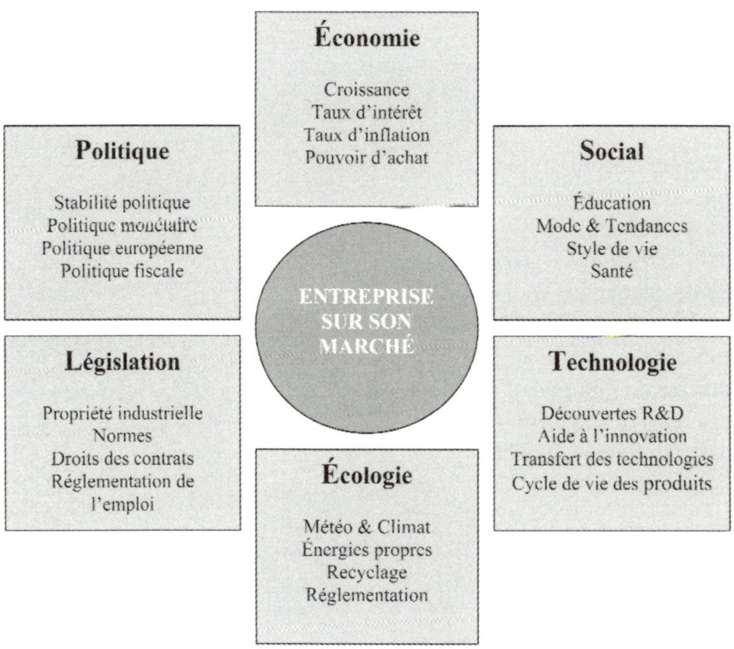

L'analyse PESTEL

L'analyse PESTEL est composée des mots suivants :
- Politique
- Économique
- Socioculturel
- Technologique
- Écologique ou Environnemental
- Législatif

Ces facteurs globaux ont un impact sur la plupart des sociétés.

L'analyse PESTEL sert généralement à préparer en amont une analyse SWOT qui permet d'identifier les forces et les faiblesses internes de l'entreprise et les opportunités et les menaces externes de l'environnement dans lequel elle œuvre. En identifiant les différents facteurs pouvant être favorables ou défavorables au développement de l'entreprise, cette analyse peut également mettre en lumière les tendances générales d'évolution du macro-environnement. L'idée de l'analyse PESTEL est d'identifier toutes les influences majeures pour l'entreprise.

Voici quelques exemples de facteurs PESTEL pouvant influencer positivement ou négativement l'entreprise :

Les facteurs politiques :
- stabilité politique,
- organisation gouvernementale,
- pression étatique,
- politique monétaire,
- politique européenne,
- politique fiscale,
- lobbying,
- grève.

Les facteurs économiques :
- croissance économique,
- taux d'intérêt,
- taux d'inflation,
- taux de change des monnaies,
- confiance des consommateurs,
- imposition,
- politique de l'emploi et du chômage,
- étape dans le cycle économique,
- baisse du pouvoir d'achat,
- prix du pétrole.

Les facteurs socioculturels :
- éducation,
- mode et tendances,
- santé,
- croissance démographique,
- pyramide des âges,
- espérance de vie,

- sécurité,
- mobilité des personnes,
- changement de style de vie,
- condition de vie,
- revenus,
- attitude par rapport au loisir et au travail.

Les facteurs technologiques :
- découvertes R&D,
- aides au financement de la recherche et de l'innovation,
- dépenses de l'Etat au niveau de la recherche,
- niveau d'automatisation,
- taux de transfert technologique,
- cycle de vie des produits et vitesse d'obsolescence des innovations,
- impact des changements technologiques,
- coût de l'énergie.

Les facteurs écologiques et environnementaux
- météo et climat,
- changements climatiques (réchauffement, etc.),
- recyclage,
- développement des « Technologies vertes »,
- énergies propres,
- réglementation en faveur de la protection de l'environnement.

Les facteurs législatifs
- réglementation sur la sécurité,
- réglementation sur l'emploi,
- droit des contrats,
- propriété industrielle,
- protection des consommateurs,
- réglementation des marchés,
- normes.

ANALYSEZ VOTRE ENTREPRISE ET SON ENVIRONNEMENT : SWOT

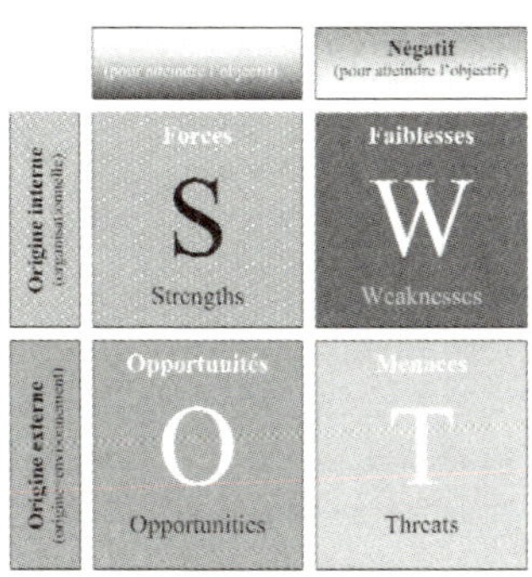

L'analyse SWOT

L'analyse SWOT qui est la traduction en français de Forces - Faiblesses - Opportunités - Menaces est un outil d'analyse stratégique. Il combine l'étude des forces et des faiblesses d'une organisation (par exemple un syndicat viticole), avec celle des opportunités et des menaces de son environnement afin d'aider à la définition d'une stratégie de développement.

Le but de l'analyse est de prendre en compte dans la stratégie, à la fois les facteurs internes et externes, en maximisant les potentiels des forces et des opportunités et en minimisant les effets des faiblesses et menaces. Elle permet de mettre en place la stratégie à moyen terme (5 ans).

ANALYSEZ VOTRE POSITIONNEMENT : LES 7 P

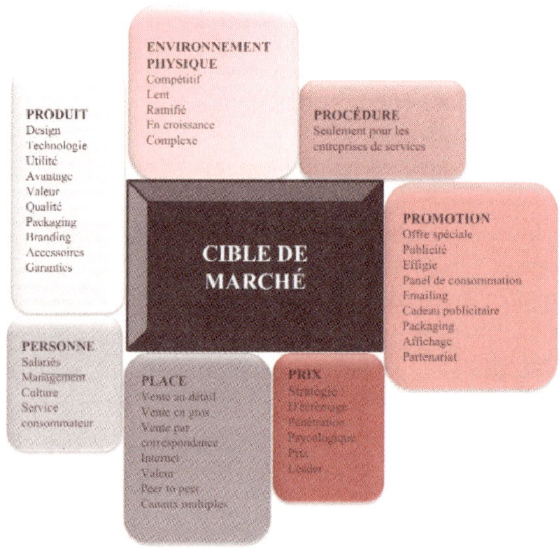

L'analyse des 7 P

Depuis quelques années, nous ne parlons plus des 4 P en mix marketing, mais des 7 P. En effet, certain facteurs déterminants ont été ajoutés afin de permettre une meilleure et plus précise analyse de la cible du marché en question.

Le mix marketing est un des éléments essentiels dans la réussite de votre objectif principal : vendre.

La traduction en français est : Produit - Prix - Promotion - Place - Personne - Procédure - Environnement Physique. Ainsi, pour chaque élément, le but est de définir une politique annuelle pour ces 7 notions marketing.

Ex : Pour une cave coopérative de Provence, je vais définir ma gamme de produit avec une définition des prix pour un marché bien défini comme les grossistes. Je vais ensuite connaître les promotions que je vais enclencher pour accentuer mes ventes, comme de la publicité sur le lieu de vente (PLV), etc.

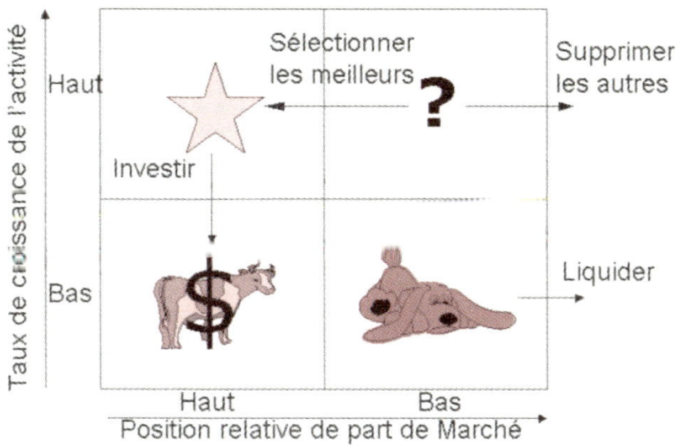

L'analyse BCG

Cette matrice porte sur le marché et la position de l'entreprise et de ses produits sur ce marché : elle permet de classifier et évaluer des produits.

Deux axes d'analyse sont utilisés : le marché et la position de l'entreprise sur le marché.

- Le marché : le critère retenu est le taux de croissance du segment sur lequel l'entreprise est présente avec ses différents produits.
- La position de l'entreprise : il s'agit de la part de marché relative qui est utilisée comme critère d'évaluation.

Principe de l'analyse

- Une croissance significative du marché correspond à une croissance des dépenses dues aux investissements.
- Une grande part relative du marché s'accompagne de bénéfices plus importants.

Commentaire et analyse de la matrice

- Les « vaches à lait » : ce sont les produits (ou services) arrivés à maturité. Ils génèrent des profits substantiels et des liquidités qui peuvent être réinvesties ailleurs (vers les vedettes et les dilemmes notamment). Ils nécessitent peu d'investissement. À terme ils seront remplacés, d'où la nécessité de les rentabiliser.
- Les « étoiles » : ce sont les produits prometteurs pour l'entreprise. La stratégie est donc de les dynamiser par des investissements appropriés pour suivre la croissance de leur marché et les y maintenir en position de force : ils contribuent à la rentabilité de l'entreprise et sont sources de bénéfices. À terme, ils sont appelés à devenir des « vaches à lait » une fois le marché saturé.
- Les « poids morts » : ce sont les produits positionnés sur un marché en déclin et fortement concurrentiel. L'entreprise sera amenée à ne plus les proposer une fois qu'ils seront trop coûteux à entretenir.
- Les « dilemmes » : ces produits sont fortement concurrencés et ne dégagent pas de profits. Mais ils pourraient en dégager si des investissements étaient faits sur eux et devenir des étoiles... La question porte donc sur leur disparition ou leur maintien.

ANALYSEZ LA CONCURRENCE : LES 5 FORCES DE PORTER

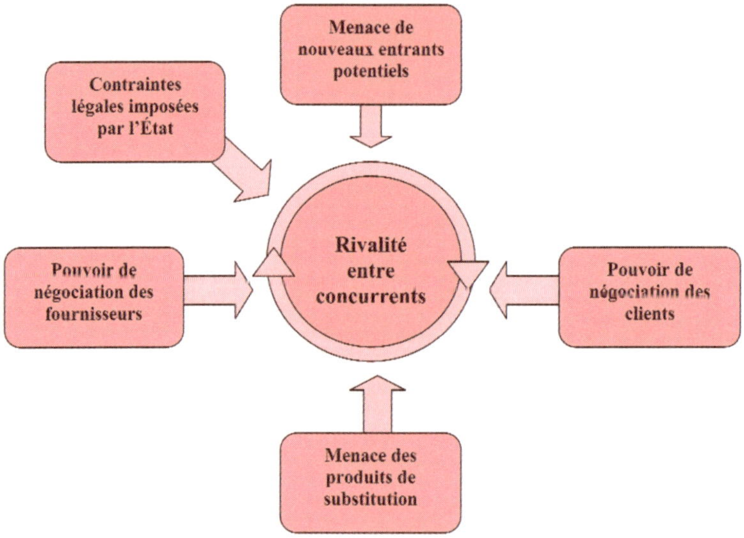

Les 5 forces de PORTER

L'analyse des 5 forces de Porter permet de simuler une situation de concurrence.

Quelles sont ces 5 forces (menaces) ?
- l'intensité de la concurrence ;
- les nouveaux entrants ;
- le pouvoir de négociation des clients ;
- le pouvoir de négociation des fournisseurs ;
- les produits (ou services de substitution).

Il s'agit de l'analyse des acteurs en présence sur un marché : leurs produits, leurs parts de marché, leurs forces et faiblesses, leurs stratégies...

La menace de l'entrée de nouveaux concurrents : il peut s'agir de nouvelles sociétés ou bien d'entreprises choisissant de se diversifier. Ces dernières peuvent être compétitives du fait d'une connaissance de métiers acquise dans d'autres secteurs ou dans d'autres pays.

La pression des fournisseurs : ces relations d'un domaine d'activité avec ses fournisseurs sont importantes : des fournisseurs puissants peuvent fixer leurs conditions en termes de prix, de qualité. Les coûts d'approvisionnement sont alors élevés. À l'inverse, si le segment des fournisseurs est éclaté, avec de nombreux fournisseurs peu organisés, leur poids sera faible et donc leur influence également. Par exemple, le prix de la bouteille de verre est quasi géré par un duo pôle.

La pression des clients : dans l'analyse de l'environnement, il faut aussi intégrer le poids des principaux clients : s'ils ont un pouvoir de négociation fort, ils influencent la rentabilité du marché avec leurs exigences sur les prix, les services ou bien les conditions et délais de livraison comme la grande distribution quasi monopolistique en France.

La menace d'arrivée de produits de substitution : elle est en grande partie liée à l'évolution technologique, l'innovation. Ces produits sont estimés dangereux s'ils :
- améliorent le rapport qualité/prix ;
- viennent d'un secteur où les profits sont élevés (libère de forts moyens de communication, marketing et commerciaux pour pénétrer le marché).

DIAGNOSTIQUEZ VOTRE ENTREPRISE EN MOINS DE CINQ MINUTES

Ce questionnaire a pour but de mesurer et évaluer rapidement l'état de votre société. Les sujets abordés sont : Commercial - Gestion - Marketing - Production - Ressources Humaines - Stratégies et Résultats.

Nous mettons à disposition une grille d'évaluation entre 0 et 4. Vous devez répondre à toutes les questions pour obtenir un résultat significatif.

Lancez-vous !

DIAGNOSTIC COMMERCIAL

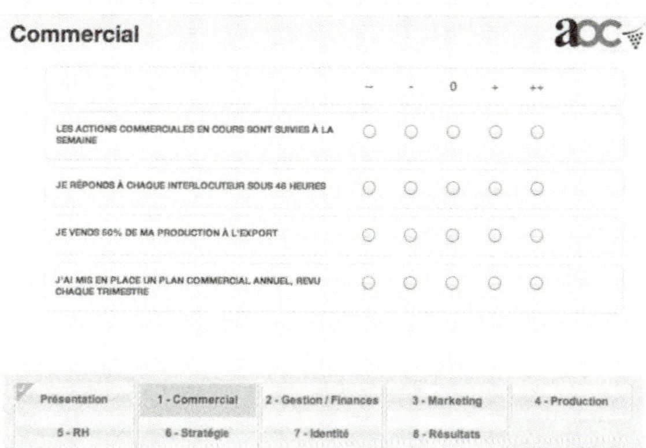
Commercial

	--	-	0	+	++
LES ACTIONS COMMERCIALES EN COURS SONT SUIVIES À LA SEMAINE	○	○	○	○	○
JE RÉPONDS À CHAQUE INTERLOCUTEUR SOUS 48 HEURES	○	○	○	○	○
JE VENDS 50% DE MA PRODUCTION À L'EXPORT	○	○	○	○	○
J'AI MIS EN PLACE UN PLAN COMMERCIAL ANNUEL, REVU CHAQUE TRIMESTRE	○	○	○	○	○

Présentation | 1 - Commercial | 2 - Gestion / Finances | 3 - Marketing | 4 - Production
5 - RH | 6 - Stratégie | 7 - Identité | 8 - Résultats

DIAGNOSTIC GESTION ET FINANCE

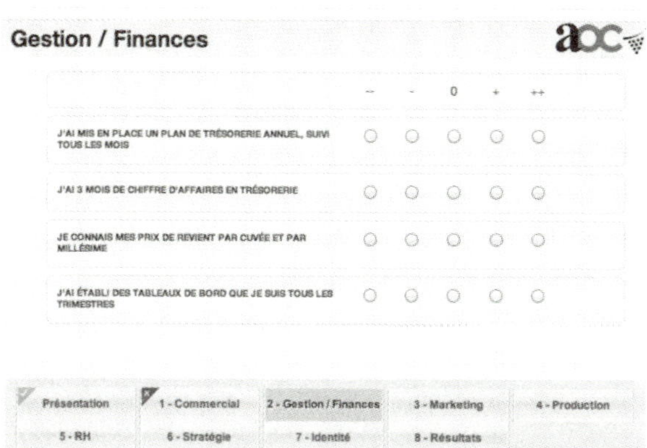
Gestion / Finances

	--	-	0	+	++
J'AI MIS EN PLACE UN PLAN DE TRÉSORERIE ANNUEL, SUIVI TOUS LES MOIS	○	○	○	○	○
J'AI 3 MOIS DE CHIFFRE D'AFFAIRES EN TRÉSORERIE	○	○	○	○	○
JE CONNAIS MES PRIX DE REVIENT PAR CUVÉE ET PAR MILLÉSIME	○	○	○	○	○
J'AI ÉTABLI DES TABLEAUX DE BORD QUE JE SUIS TOUS LES TRIMESTRES	○	○	○	○	○

Présentation | 1 - Commercial | 2 - Gestion / Finances | 3 - Marketing | 4 - Production
5 - RH | 6 - Stratégie | 7 - Identité | 8 - Résultats

DIAGNOSTIC MARKETING

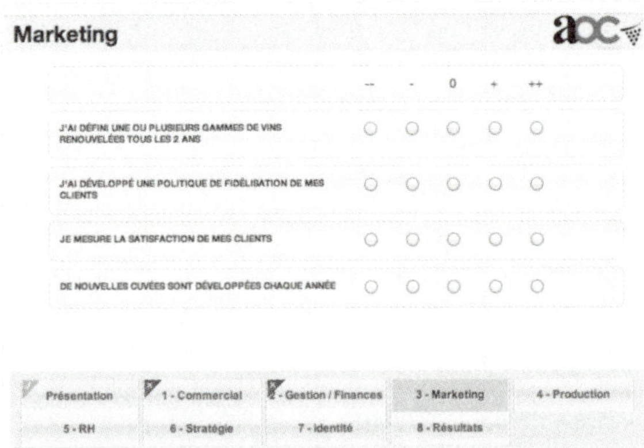

DIAGNOSTIC PRODUCTION

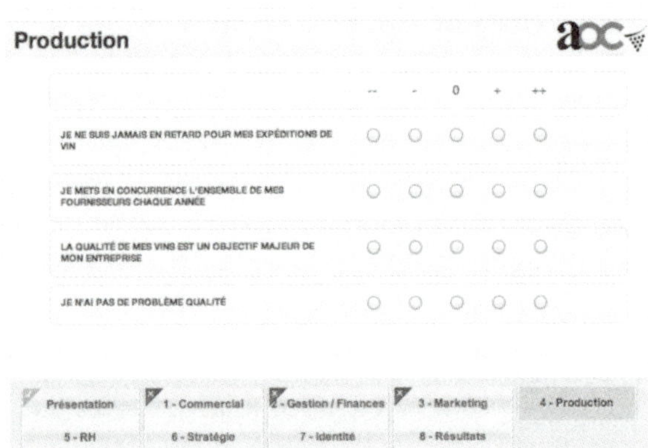

DIAGNOSTIC RESSOURCES HUMAINES

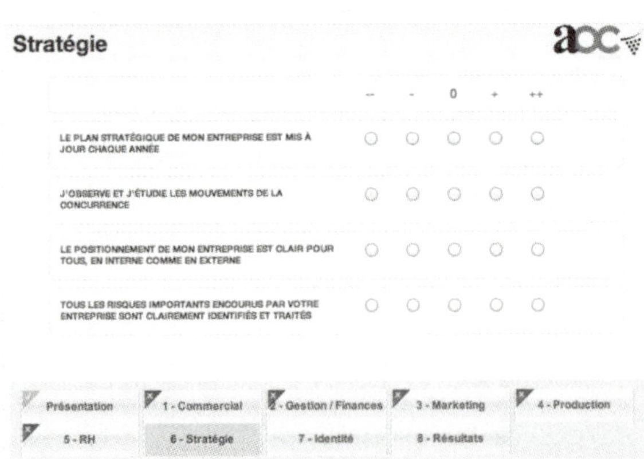

DIAGNOSTIC STRATÉGIE

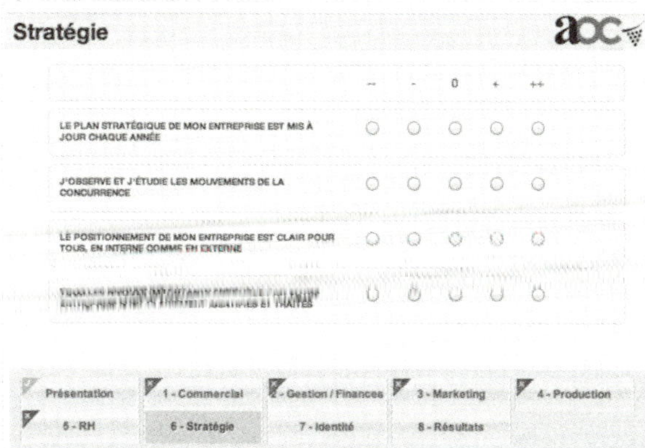

RÉSULTATS

Cette rosace vous permettra d'identifier très rapidement vos axes d'amélioration.

Vous pouvez faire cette analyse manuellement ou vous rendre sur le site Internet www.aoc-conseils.com dans l'onglet : ÉVALUER VOTRE ENTREPRISE, un progiciel vous donnera gratuitement et immédiatement le résultat.

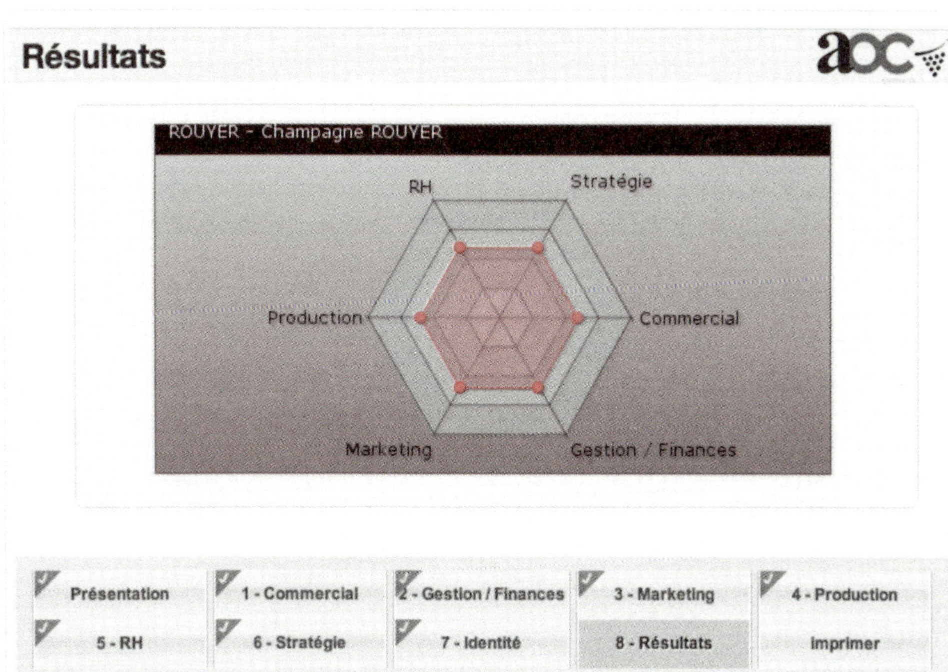

QUEL MARCHÉ DE DISTRIBUTION ET QUEL PAYS CHOISIR ?

Les entreprises viticoles françaises sont un groupe très hétérogène, en face de canaux de distribution très différenciés sur le marché export.

Il est important de comprendre qu'il existe autant de vins que de marchés pour le vin, et qu'il y a une place pour chaque acteur de l'Hexagone à la seule et unique condition que son vin doit être adapté au marché cible.

La méthode utilisée pour effectuer ce choix est largement connue des institutions spécialisées et des acteurs du commerce des vins.

Quel marché cibler ? Répondre à cette première question demande à l'entreprise des possibilités qui s'offrent à elle, à la suite d'un contact d'opportunité, ou par des études systématiques. Il est possible d'utiliser un grand nombre d'outils méthodologiques qui vont permettre à l'entreprise ou à la filière de définir le ou les pays ciblés. L'utilisation d'outils de stratégie d'entreprise (matrice de Mc Kinsey, tableau de comparaison, etc.) facilitera une première étude des critères suivants :

- accessibilité au marché ;
- potentialité du marché ;
- risque pays ;
- atouts de l'entreprise.

La recherche d'informations sur les marchés étrangers sera orientée par la nature (taille, ressources humaines et capacité financière) des entreprises qui effectuent cette recherche. Plus l'entreprise aura de contraintes, plus elle devra effectuer la sélection de marchés de manière rigoureuse pour éviter la dispersion des moyens et être capable de stabiliser son chiffre d'affaires sur les zones choisies.

Le premier choix permet de repérer cinq pays qui peuvent être intéressants pour l'entreprise ou la filière. Celle-ci doit ensuite sélectionner deux ou trois pays prioritaires au moyen de véritables études de marché. Ces études peuvent être réalisées, soit par les institutions publiques présentées ci-dessus, soit par des cabinets d'études implantés dans le pays.

Il existe, dans le domaine des vins, une structure publique spécialisée dans ce type de mission et le développement de stratégies marketing dans un grand nombre de pays, Bpifrance. Cet organisme travaille le plus souvent avec les filières (comités interprofessionnels, syndicats de producteurs…). Les filières sont, à ce titre, un bon relais d'informations pour les entreprises.

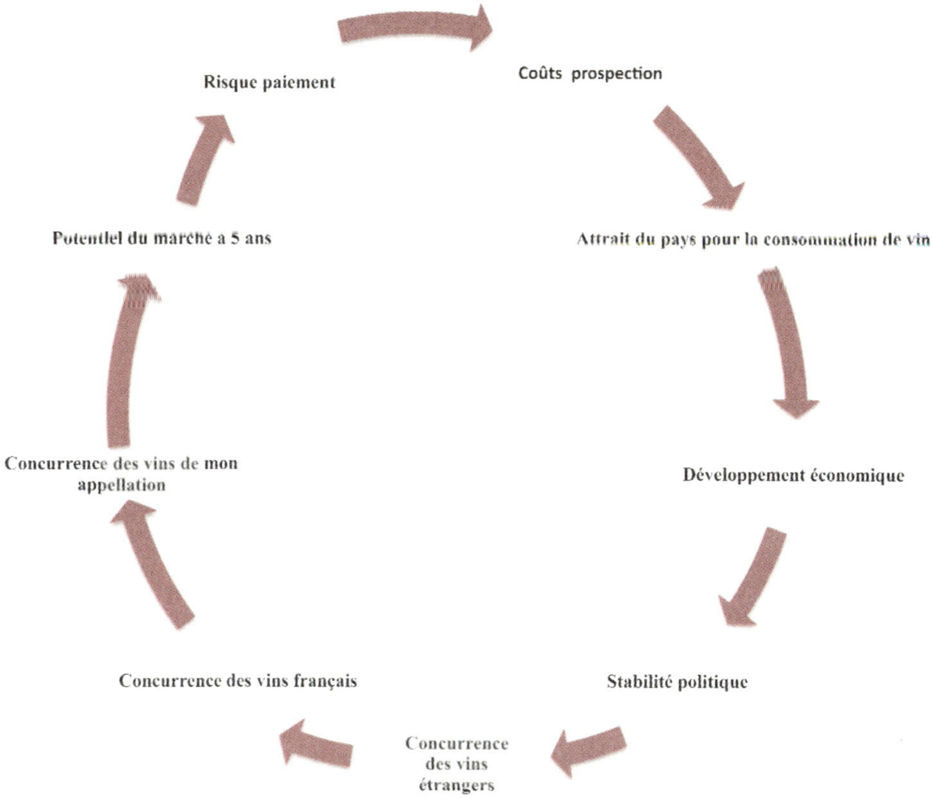

Comment choisir un pays pour réussir sa prospection

CHAPITRE 2
COMMENT EST STRUCTURÉ LE SECTEUR VITICOLE EN FRANCE ?

POIDS ÉCONOMIQUE DE LA VITICULTURE FRANÇAISE

Les vignobles d'appellation en France se répartissent comme suit :

Bordeaux	111 150 hectares
Vallée du Rhône	69 450 hectares
Val de Loire	43 200 hectares
Languedoc	35 200 hectares
Champagne	33 800 hectares
Bourgogne	29 400 hectares
Provence	26 100 hectares
Sud-Ouest	15 000 hectares
Beaujolais	14 700 hectares
Alsace	15 500 hectares
Bergerac	11 800 hectares
Roussillon	8 400 hectares
Total	413 700 hectares

Bordeaux est sans conteste le plus vaste vignoble avec 111 150 hectares de vigne en appellation et représente environ 26 % de la totalité de la surface plantée en France.

Suivant le dernier recensement viticole pour l'année 2015 mené par l'AGRESTE, la viticulture représente 79 700 exploitations cultivant 741 300 hectares de vigne destinée à la production de vin. 99 % des surfaces sont utilisées pour l'élaboration de vin ou de jus de raisin.

La surface moyenne du vignoble à raisin s'élève à 9,1 hectares avec de grandes disparités, comme par exemple la Champagne, avec 2,4 hectares et jusqu'à 14,4 hectares en Aquitaine. 5 200 hectares de vigne servent à la production de raisins de table. Les pépiniéristes utilisent 1 100 hectares pour les greffons et 1 900 hectares pour les vignes mères.

Depuis 2010, les vignes à raisin de cuve ont perdu 5 % de leur superficie avec un net repli en Val de Loire, en Beaujolais et en Provence, alors que la tendance est stable en Languedoc en progression sur la Bourgogne. 56 % des superficies viticoles produisent des vins en AOP.

million d'hectolitres

	Tous vins*	Récolte pour AOP hors vins pour eaux-de-vie*	Pourcentage d'AOP
Champagne	2,661	2,450	92%
Bourgogne-Beaujolais	2,259	2,180	97%
Alsace	1,064	1,036	97%
Savoie	0,114	0,101	89%
Jura	0,083	0,077	93%
Val de Loire	2,714	2,191	81%
Charentes	8,429	ns	
Sud-Ouest	3,391	1,186	35%
Bordelais	5,478	5,107	93%
Languedoc-Roussillon	13,036	2,635	20%
Corse	0,327	0,087	27%
Autres vignobles du Sud-Est	5,315	3,442	65%

* Moyenne des années 2010 à 2014

Source : Agreste - Statistique agricole annuelle

Campagne (1er août - 31 juillet)	**2000-2001**	**2010-2011**	**2013-2014**	**2014-2015**
	millions d'hectolitres			
PRODUCTION (1)				
Tous vins	**59,7**	**45,3**	**42,4**	**46,5**
Vins AOP (2) hors eaux-de-vie	26,7	22,0	19,4	22,8
Autres vins	33,0	23,4	23,0	23,6
dont vins IGP (3)	*16,2*	*12,5*	*12,9*	*13,0*
vins sans IG	*8,9*	*3,1*	*2,3*	*2,2*
vins pour eaux-de-vie	*7,9*	*7,8*	*7,8*	*8,5*
CONSOMMATION TAXÉE				
Tous vins	**32,1**	**29,9**	**28,6**	**...**
Vins AOP (2)	16,4	17,0	16,5	...
Autres vins	15,7	13,0	12,0	...

(1) Y compris moûts et jus

(2) Vins AOP = vins bénéficiant d'une appellation d'origine protégée

(3) Vins IGP = vins bénéficiant d'une indication géographique protégée

Source : Agreste, Douanes (2014-2015 provisoire)

La crise économique de 2008-2009 a fortement impacté les exportations, cependant, les exportations sont en constante croissance depuis 2010 pour atteindre en 2015 le chiffre d'affaires de 8,27 milliards d'euros. La croissance s'explique principalement par l'émergence des marchés à l'export principalement en Asie et en Amérique du Nord.

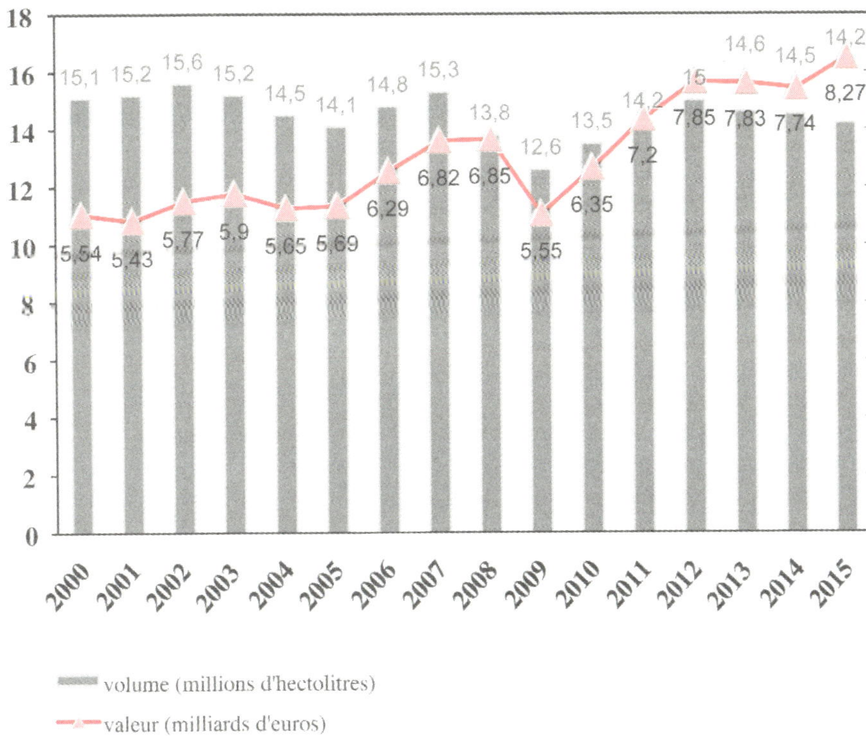

Les exportations françaises de vin par catégories
Source : Ubifrance

La répartition de chaque catégorie en volume à l'export en 2015 :
- Champagne 8 % en volume et 3 % en valeur ;
- effervescent hors Champagne 5 % en volume et 3 % en valeur ;
- AOP tranquilles 39 % en volume et 48 % en valeur ;
- IGP 27 % en volume et 10 % en valeur ;
- vins sans IG 23 % en volume et 7 % en valeur.

Poids économique : les chiffres clés de la viticulture en France en 2015

- 12,36 milliards* de chiffre d'affaires. Le chiffre d'affaires des exportations pour les vins français en 2015 est de 7,9 milliards d'euros. Le marché intérieur reste le principal marché puisque 60% des vins produits y sont consommés.
- 2e secteur exportateur français après l'aéronautique et devant la chimie-parfumerie ;
- 558 000 emplois directs et indirects ;
- 66 départements sur 16 vignobles ;
- 382 appellations viticoles dont 308 en AOC-AOP et 74 IGP ;
- 2e producteur mondial : 47,4 millions d'hectolitres de vin produits en 2015 derrière l'Italie 48,9 millions d'hectolitres. La France produit 17 % du vin de la planète ;
- le rendement moyen des vignes est de 50 hl/ha ;
- 10 millions d'œnotouristes dont 39 % d'étrangers ;
- 24 % du vignoble français est en agriculture biologique ou en conversion.
- 558 000 acteurs de la vigne et du vin
- 86 % des ménages français ont acheté du vin pour leur consommation à domicile pendant l'année
- les exportations de vin rapportent à la France 7,9 milliards d'euros
- il est consommé 0,5 verre de vin par jour et par habitant en France
- le vin est le 2e secteur d'exportation
- la France produit près de 17 % du vin de la planète
- 10 millions d'œnotouristes par an dont 39 % d'étrangers et plus de 10 000 caves œnotouristiques
- sur dix bouteilles consommées en France, 5 seront commercialisées en grande distribution, 1 sera vendue au domaine viticole, 3 seront dégustées au restaurant et 1 sera vendue par un caviste
- 96 % des CHR proposent le vin au verre dans 9 références. Le prix de la référence la plus vendue est de 4 euros.
- la viticulture représente en France 15,4 % de la valeur de la production agricole pour seulement 3 % des surfaces agricoles utilisées.
- les vins français sont composés à 56,6 % par des appellations d'origine contrôlée (AOC), à 33,7 % par des indications géographiques protégées (IGP) et à 9,6 % par les vins sans indication géographique.
- pour la consommation à domicile, les Français achètent 54 % de vins rouges, 28 % de vins rosés et 18 % de vins blancs.

*Source France Agrimer

Source : Vin et Société

LES ACTEURS DE LA FILIÈRE

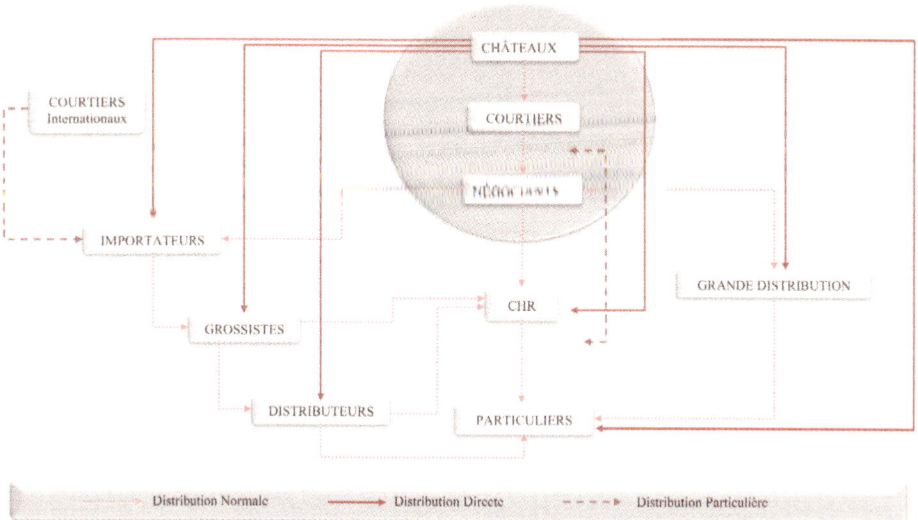

Organisation du réseau de distribution du secteur viticole

Ce schéma représente les différentes interactions, interconnexions et relations qu'il existe entre les différents acteurs de la filière au niveau national et international.

COOPÉRATIVES : UN ACTEUR MAJEUR DE LA FILIÈRE

Les coopératives sont constituées de personnes physiques ou morales mettant certains biens en commun pour réaliser ensemble un projet. Le plus souvent, les caves coopératives correspondent à un regroupement d'une multitude d'exploitations familiales de petite et moyenne taille. Ce sont des sociétés de droit privé qui ont pour principal objectif de représenter au mieux leurs adhérents, de mettre en valeur leur patrimoine ainsi que leurs efforts.

La cave coopérative est une société de personnes attachée et limitée à un territoire précis, qui s'engage à valoriser au mieux la production de ses seuls adhérents. Elle mobilise le capital accumulé au profit de l'emploi et de la durabilité de l'outil qu'elle représente. La cave coopérative est le prolongement des exploitations vinicoles de ses adhérents, elle leur appartient.

Entretien avec Pierre Philippe Les Vignerons de Buzet-Sud-Ouest

Nom et Prénom : Philippe Pierre
Société : Société Coopérative des Vignerons de Buzet
Lieu d'implantation du siège : Buzet-sur-Baïse, Lot-et-Garonne (47)
Chiffre d'affaires de l'entreprise : 29,5 millions d'euros
Chiffres clés : 198 vignerons, 1870 hectares, 12 millions de bouteilles, 128 salariés.
82 % du chiffre d'affaires en France, 18 % à l'international.
La coopérative représente 94 % de la production de l'appellation.
Les deux sites de production représentent une capacité de 280 000 hectolitres
Marques référentes :
Baron d'Ardeuil
Baron d'Albret
Lys
Château de Gueyze

Monsieur Philippe, qui êtes-vous aujourd'hui dans le monde des vins et spiritueux ?
À la tête de la société coopérative « Les Vignerons de Buzet » depuis dix ans, mon parcours personnel est entièrement dédié à la filière viticole depuis ma formation à l'institut d'œnologie de Bordeaux, puis à l'Office international de la vigne et du vin avant de travailler une quinzaine d'années au sein du négoce.
Mon intégration dans cette entreprise ne fut pas des plus aisées, mais le challenge était passionnant. Il s'agissait de mettre en œuvre un plan de reconfiguration complet. Cette entreprise, à la notoriété certaine, n'avait pas su se remettre en cause au tournant des années 2000. Elle vivait sur ses acquis et commençait à connaître de sérieuses difficultés. Il a fallu réaliser un important travail d'organisation tant sur le plan technique et commercial que financier et investir plusieurs millions d'euros pour retrouver le chemin de la rentabilité et de la reconnaissance.

Dans votre cœur d'activité, pouvez-vous brièvement décrire les caractéristiques de vos marchés ?
Nous avons la particularité de représenter un quasi monopole dans cette AOP, ce qui fait de nous un incontournable dès lors que vous souhaitez compléter votre offre en vins du Sud-Ouest. C'est une force mais aussi une responsabilité. Autre particularité, nous assurons la complète commercialisation de notre production, sans faire appel au négoce. C'est assez peu courant pour des producteurs de notre dimension et de notre statut.
À l'origine, notre implantation commerciale s'est faite dans le secteur traditionnel (restauration et cavistes) avant de se développer en grande distribution dans les années 1990, pour se poursuivre aujourd'hui vers l'international. La répartition actuelle de notre chiffre d'affaires est de 80 % en France (45 % GD / 35 % TRAD) et 20 % à l'international.

Quelles tendances observez-vous autour de vos produits, de la concurrence, sur les principaux bassins de consommation ?
En France, nous nous situons au sein de la carte ou du rayon « Sud Ouest ». Globalement, cette famille connaît des difficultés de positionnement. Elle souffre notamment, de problè-

me de lisibilité, de son éclatement géographique et de l'agressivité des prix pratiqués par des zones de production de plus forte notoriété !

Dans ce contexte, Les vignerons de Buzet tirent plutôt bien leur épingle du jeu. Notre présence dans le « traditionnel » reste forte, grâce à l'action efficace d'un réseau commercial important et à nos référencements dans les grandes chaînes de grossistes et de cavistes. D'autre part, notre organisation en distribution « moderne » — nous sommes actionnaires de la société de merchandising CJW — nous a permis de conforter puis développer notre présence dans l'ensemble des enseignes françaises. Ainsi, dans un marché domestique plutôt orienté à la baisse, nous maintenons une progression sensible.

À l'international, nous souffrons d'un déficit d'image certain et la proximité de typologie produits avec la grande famille bordelaise ne simplifie pas les choses. Nous sommes « jeunes » dans cette démarche mais le fait de contrôler la quasi-totalité de la production et par là-même le niveau de prix, nous confère une stabilité rassurante pour nos interlocuteurs.

Comment décririez-vous le consommateur de la prochaine décennie ?

Un consommateur probablement moins fidèle que celui que nous avons connu par le passé. En ce sens, qu'il est et sera toujours plus instable, à la recherche régulière de nouveaux plaisirs !

Mais aussi un consommateur plus responsable, dont l'acte d'achat sera plus engagé. Je ne crois pas pour autant au « tout bio ». Simplement, je pense avec conviction que ce nouveau consommateur sera plus vigilant sur la nature durable des produits que nous lui proposerons. Il voudra des vins, certes bons pour son goût, mais aussi sans risque pour sa santé, dont les pratiques de production seront respectueuses de l'environnement, et peut-être même dont les conditionnements seront plus pratiques et recyclables… bref un consommateur aux tendances « alter ».

Enfin, il sera de plus en plus occasionnel, il veillera donc à maximiser et à sécuriser son potentiel plaisir à chaque occasion qui lui sera offerte. Déçu, il ne s'attardera pas et ne laissera pas de seconde chance.

Selon vous, que doit entreprendre la filière aujourd'hui, pour anticiper les nouveaux modes de consommation de demain ?

Il va falloir qu'une grande partie de la filière quitte le schéma traditionnel : « Je fais du bon raisin, ce qui me conduit à faire du bon vin et donc à bien le vendre ! ». Cette stratégie orientée vers l'offre qui ne tient pas compte de l'évolution des consommateurs et ne s'intéresse que trop peu à la demande n'est plus tenable pour une grande majorité des metteurs en marché… au risque de voir disparaître ceux qui s'y seront entêtés !

Les temps et occasions de consommation changent, nous devons nous adapter en modifiant certains de nos profils produits tant sur le plan aromatique que sur le plan structure (je pense notamment à la problématique « degré alcoolique »). Il nous faudra segmenter nos gammes de façon à ce qu'elles soient encore plus précises et lisibles pour offrir une réponse diversifiée et claire à un consommateur changeant !

Dans ce métier à forte inertie technique et culturelle, il faut commencer dès à présent à faire des essais sur de nouvelles définitions produits et les tester sur le marché dans l'espoir de croiser de nouveaux besoins ou qui sait... en créer de nouveaux ! Le risque ultime, si nous ne faisons rien, étant probablement de voir l'un des produits alimentaires les plus anciens de l'humanité s'effacer doucement de nos habitudes de consommation !

LE NÉGOCE : FER DE LANCE COMMERCIAL

Véritable homme de terrain méconnu du grand public, il est en général proche des viticulteurs et de leur terroir.

Au-delà des formalités administratives et juridiques à accomplir pour exercer cette profession, devenir négociant en vins requiert également aussi d'excellentes connaissances de la vente et du commerce, ainsi que de l'ensemble du marché, des produits.

Cette fonction est initialement apparue dès le XIe siècle en Bordelais lorsqu'un groupe de marchands situés à Bordeaux commerçait en exportant du vin vers l'Angleterre.

Puis à travers les siècles, le rôle du négociant a évolué, de même que le commerce du vin qui s'est accru et porté vers l'export et de nouveaux marchés.

Le spectre de son intervention est très large et ce dernier a la possibilité d'acheter les raisins pour les revendre directement à un distributeur, grossiste ou détaillant, usage plus particulièrement répandu en Bourgogne. Il peut aussi acquérir des vins aux producteurs pour les assembler, les vinifier et les élever durant des mois ou des années, jusqu'à leur mise sur le marché.

On retrouve les « négociants » répertoriés dans la 'section' 51.3J, du commerce de gros de boissons.

Aujourd'hui le secteur vins se caractérise par une grande atomisation de sa production, mais aussi pour l'essentiel de ses entreprises de commercialisation.

Nous assistons néanmoins depuis quelques années à un phénomène de structuration de la filière, avec des fusions et acquisitions de négoces viticoles dans toutes les régions.

On compte actuellement 1 050 entreprises de négoce, toutes largement exportatrices, avec des taux allant jusqu'à 90 % pour les plus actives d'entre elles sur les marchés internationaux.

Du fait de leur taille, souvent jugée insuffisante, et de leur volonté d'indépendance, elles ne sont pas cotées en bourse et n'ont pas accès aux marchés de capitaux, contrairement très souvent à leurs principales concurrentes du Nouveau Monde.

Le négociant revendra ensuite le produit soit à des professionnels (hyper, grandes surfaces, distributeurs, cavistes, etc.), soit à des particuliers par le biais de circuits de commercialisation classique ou grâce à Internet dont la croissance annuelle est d'environ 14,3 % en 2015. La vente de vin par Internet représente aujourd'hui près de 5 % des ventes nationales.

À l'image du marché, de la demande des consommateurs, le métier de négociant évolue et on dénombre désormais de multiples intermédiaires dans la commercialisation du vin. Parmi eux, la grande distribution, assurée par les hypermarchés et supermarchés, mais aussi par les hard discounts qui représentent une part croissante des achats et de la distribution.

L'ensemble de ces différents opérateurs de la filière vin représente 75 000 salariés directs et indirects, dont 27 500 salariés pour les entreprises de négoce.

Entretien avec Coralie de Boüard
Château La Fleur de Boüard

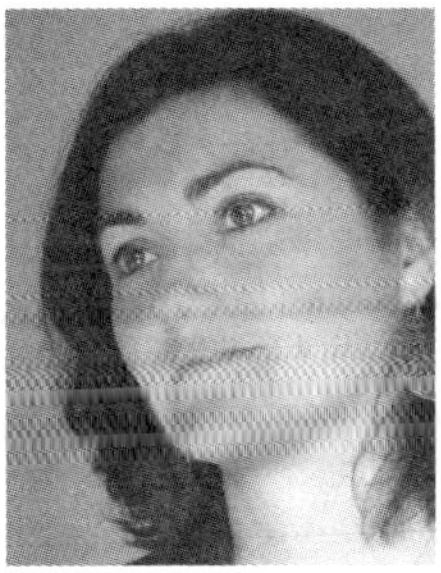

Nom et prénom : Coralie de Boüard
Société : Château La Fleur de Boüard et Château Clos de Boüard
Lieu d'implantation du siège : Lalande-de-Pomerol
Chiffre d'affaires de l'entreprise : 2 millions d'euros
Chiffres Clés : 70% export
Production 120 000 bouteilles pour Château La Fleur de Bouard, 3000 pour le Plus de La Fleur de Bouard, 80 000 pour Château Clos de Boüard
Implantation :
Lalande-de-Pomerol et Montagne Saint-Émilion
Marques référentes :
Château la Fleur de Boüard
Le Plus de la Fleur de Boüard
Le Lion de La Fleur de Boüard
Château Clos de Boüard
Château Tour de Boüard
La Dame de Boüard

Qui êtes-vous aujourd'hui dans le monde du vin et des spiritueux ?
Une vigneronne engagée, passionnée, enthousiaste, créatrice, et une maman aussi fière de transmettre à son tour, les valeurs familiales.
Je suis née à Saint-Émilion au Château Angélus, la propriété familiale en 1980 et j'y ai passé mon enfance. J'ai accompagné très tôt mon père dans les vignes et dans les chais et me suis très vite passionnée pour les processus de vinification. Pendant les vendanges, je goûtais les jus de raisins avant de partir à l'école.
« Ma Madeleine de Proust, ce sont pour moi les odeurs entêtantes de vinification ».
J'ai la chance aujourd'hui, en tant qu'actionnaire et membre du conseil de surveillance de Château Angelus de suivre régulièrement la vie de cette propriété familiale, et je suis aussi comme propriétaire associée et dirigeante de la Fleur de Boüard, présente à la fois dans les vignes et dans les chais, mettant en valeur l'appellation Lalande-de-Pomerol au niveau des meilleures ! J'ai conscience d'incarner aussi une nouvelle génération de femmes vigneronnes, désireuse de modernité, comme ici à la Fleur de Boüard, de communiquer différemment avec nos consommateurs, avec plus de proximité, de partage d'expérience et de passion, et de les accueillir, en développant à la propriété un œnotourisme de qualité et d'échanges, d'accessibilité, où je m'implique personnellement.
Je démarre aujourd'hui un nouveau projet avec l'acquisition d'un château à Montagne Saint-Émilion, sur la petite commune de Parsac, reconnue pour ses terroirs argilo-calcaires exceptionnels, avec vue sur les vignobles de premiers grands crus classés de Saint-Emilion. Je l'ai baptisé Château Clos de Boüard, et je serai heureuse de très vite vous le présenter.

Dans votre cœur d'activité, pouvez-vous brièvement décrire les caractéristiques de vos marchés ?
Nous sommes présents en Europe mais aussi sur le continent américain et en Asie, grâce à un positionnement de prix, une reconnaissance, depuis plus de vingt ans de voyages à la rencontre de nos clients, amateurs de nos vins, leur style, aux tanins soyeux et veloutés. Ils ont confiance en notre nom de famille, garant d'une qualité constante de nos vins.

Quelles tendances observez-vous autour de vos produits, de la concurrence, sur les principaux bassins de consommation ? Comment les expliquez-vous ?
De plus en plus les gens se dirigent vers des styles de vins dont les tanins sont soyeux, veloutés, respectueux du fruit, plein d'élégance, de gourmandise et de fraîcheur qui ressemblent aux vins que l'on produit. Ils ont besoin d'histoire, de racines, de capacité à faire rêver, s'évader, mais ils ont aussi besoin de sécurité, de savoir-faire, de confiance, ce qu'ils retrouvent régulièrement en visitant nos vignobles familiaux et lors de nos rencontres régulières et personnelles que nous créons à l'occasion de nos voyages aux quatre coins du monde à la rencontre de nos consommateurs.

Comment décririez-vous le consommateur de la prochaine décennie ?
Amoureux de nos vins ! Curieux, attentif, de plus en plus connaisseur, il serait à la recherche d'émotions, d'histoires à partager et à raconter, d'accessibilité, tant au niveau des prix que de la personne qui le fait. Il serait à la recherche de vins plus accessibles, abordables, décomplexés, même dévergondés !
Les consommateurs sont plus jeunes, ils découvrent le vin avec plus tôt et avec bonheur, ils ont envie de retrouver du sens, du plaisir et du goût, le goût du terroir, de sa région, des cépages, son ADN. C'est le partage d'une passion, d'une histoire, qu'il aimera retrouver au fond de son verre, comme le miroir du vigneron.

Selon vous, que doit entreprendre la filière aujourd'hui pour anticiper les nouveaux modes de consommation de demain ?
Prendre le virage du respect de la nature, de la terre, comme disait Saint-Exupéry, « la terre ne nous appartient pas, nous n'en sommes que les dépositaires »
Mieux comprendre les goûts, les modes de vie des nouveaux consommateurs, communiquer davantage sur les réseaux sociaux, il est évident que les ventes en ligne vont exploser mais il ne faut pas oublier de respecter et tenir compte de l'évolution hédonistique des consommateurs.

L'importance du négoce en France

Le négoce de vin en France en 2010 représente en moyenne, 60,5 % des vins français commercialisés. Cependant, nous observons de grandes particularités suivant les régions.
Par exemple et comme l'indique un article très intéressant sur le site Internet Labivin, la journaliste donne une image chiffrée mais aussi une explication sociologique des succès des grandes régions viticoles.
« La Provence est heureuse et comblée. Ce document explique cette situation en ces termes : "Négociants et producteurs travaillent main dans la main, dans le même sens. Les vins rosés sont le moteur de la région, leurs ventes progressent régulièrement, leur santé économique est bonne. Ils ont fait front commun contre la proposition de coupage de la commission Européenne. Ils sont également partenaires concernant le projet d'une AOC de vin rosé effervescent, on est d'abord provençal avant d'être négociant ou producteur."
Le négoce, c'est quand même 58 % des vins commercialisés. Les premiers acheteurs sont : Listel (groupe Vranken), Castel et le Cercle des vignerons de Provence. »
L'Alsace, c'est 43 % de négoce. Les trois premiers acheteurs sont : Vins Biecher et fils, Bestheim, et Hauller. Cette région fait partie de celles dont les négociants sont souvent propriétaires de parcelles, aussi ils comprennent bien les difficultés des vignerons, facilitant leur relation et échanges commerciaux.

L'interprofession essaie de régulariser l'activité de négoce, par l'obligation de contrats écrits, cependant les mauvaises habitudes persistent…
Il en est de même pour la Bourgogne. De nombreux propriétaires participent au négoce, soit parce qu'ils vendent, soit parce qu'ils achètent. Globalement la situation est bonne ; cependant une inquiétude se profile sur la question du négoce pour l'appellation Bourgogne. Dernièrement, dans le Beaujolais, les producteurs ont obtenu l'autorisation de planter du Chardonnay, destiné à la production de Bourgogne blancs. Ces producteurs ont également la possibilité de déclasser leur production de crus en AOC Bourgogne rouge. Du coup, le prix de vente en Beaujolais, étant inférieur et concurrentiel, par rapport à celui des producteurs de la Bourgogne septentrionale, ces derniers craignent de voir s'effondrer les cours et d'être moins compétitifs. Leur crainte est justifiée, mais ils n'ont d'autre choix que d'affronter l'avenir, avec plus ou moins de sérénité. Concrètement, on ne sait pas encore comment cela se passera.
Le négoce représente 55 % de la production, les trois plus grosses maisons sont Boisset, Jadot et Latour.

Source Labivin 2011

Au total, les entreprises de négoce viticole, que la FEVS rassemble, représentent :
- 15 milliards d'euros de chiffres d'affaires : 50 % en France et 50 % à l'export ;
- 35 millions d'hectolitres commercialisés, soit 70 % des volumes commercialisés en France et 80 % des volumes exportés ;
- 75 % des vins à appellation d'origine protégée AOC/AOP ;
- 70 % des vins de pays/à indication géographique/IGP/Vins sans IG.

La valeur des exportations est estimée à 6,201 milliards d'euros pour les vins en 2014.

Source : www.fevs.com

LE COURTIER : LE LIEN ENTRE LE NÉGOCE ET LA PRODUCTION

Les courtiers sont des intermédiaires entre les agents d'un marché. Ils ont pour rôle de mettre en relation des acheteurs et des vendeurs et sont rémunérés par une commission qui correspond généralement à un montant fixe par unité de produit ou à un pourcentage du montant de la transaction. Dans le secteur des vins, ils interviennent principalement sur le marché du vrac et mettent en relation les producteurs et les négociants ou des négociants entre eux qui achètent le vin en gros.

Les courtiers en vins sont inscrits au registre du tribunal de commerce mais, à la différence d'autres intermédiaires comme les commissionnaires ou les mandataires, ils ne réalisent aucun acte commercial. Les courtiers sont des intermédiaires indépendants non mandataires. Ils sont indépendants car la relation qu'ils entretiennent avec le négociant est d'ordre contractuel. Et ils sont non mandataires dans la mesure où ils ne concluent aucune opération commerciale, ni en leur nom ni au nom d'un commettant.

Leur mission peut se résumer en trois points : « faire connaître à chaque partie les conditions de l'autre, les renseigner sur la situation du marché et les conseiller, tenter de concilier leurs intérêts éventuellement divergents ».

La profession de courtier en vins et spiritueux est réglementée par la loi n° 49-1652 du 31 décembre 1949. Cette loi les définit comme « les courtiers qui, dans les régions de production et moyennant une rémunération fixe de courtage, mettent en relation les producteurs et les vendeurs de vins, spiritueux et dérivés, avec les négociants acheteurs. » (Art. 1)

Un courtier ne peut exercer que s'il a une carte professionnelle qui lui est délivrée par le préfet. Pour obtenir cette carte, il doit remplir certaines conditions, énumérées dans l'article 2 de la loi de décembre 1949. Si un courtier ne respecte pas ces règles, il est passif d'une amende et sa carte professionnelle lui sera retirée.

Enfin, il est précisé que le courtier doit « satisfaire à des conditions d'expérience professionnelle et d'honorabilité définies par décret. ». Ces conditions d'expérience ont été redéfinies en 1997 par la loi n° 97-591 du 30 mai qui établit les conditions minimales d'expérience professionnelle requises.

On se place, ici, dans le cas le plus fréquent d'une transaction entre un producteur et un négociant. Le courtier intervient à tous les stades de cet échange : avant la mise en place de l'accord, pendant la phase de négociation, et enfin, *ex post*, après la signature du contrat.

Étape préliminaire à toute mise en place d'un échange, le courtier recueille les offres des producteurs et les demandes des négociants avec lesquels il est en relation. La connaissance des produits disponibles et des besoins des acheteurs permet au courtier de mettre en relation l'offre et la demande. Pour cela, il transmet à l'acheteur des propositions en lui faisant parvenir des échantillons de vin susceptibles de correspondre à ses besoins. Les échantillons seront généralement accompagnés du bulletin d'analyse du courtier. Cependant, les négociants possédant des laboratoires d'analyses très sophistiqués, ils refont eux-mêmes des analyses sur lesquelles ils se baseront préférentiellement pour faire leurs choix. En même temps qu'il transmet les échantillons, le courtier peut aussi informer le négociant des propositions de prix.

Lorsque le négociant a reçu les échantillons et qu'il est intéressé par les produits, il contacte directement le courtier et passe un ordre d'achat. C'est à ce moment que commence la phase de négociation et de conciliation. La négociation va porter non seulement sur les prix et les volumes (un producteur peut être réticent à vendre trop d'un coup à un seul acheteur), mais aussi sur les délais de paiement et d'enlèvement et le versement d'un acompte.

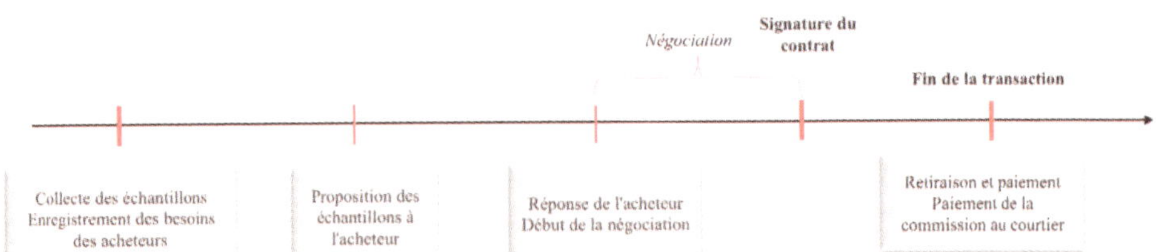

Schéma d'intervention du courtier en vin

Source : université La Rochelle Virginie Baritaux

Entretien avec Nicolas Ballarin
Courtier pour bureau Blanchy & de Lestapis - Bordeaux

Nom et Prénom : Ballarin Nicolas
Société : bureau Blanchy & de Lestapis, courtiers en vins à Bordeaux.
Lieu d'implantation du siège : quai des Chartrons, à Bordeaux
Chiffre d'affaires de l'entreprise : Information confidentielle
Chiffres Clés : intervenant dans les transactions sur la Place de Bordeaux, dans les Grands Crus du Bordelais, rive gauche et rive droite.

Monsieur Ballarin, qui êtes-vous aujourd'hui dans le monde des vins et spiritueux ?
Les grands vins de Bordeaux sont commercialisés au travers d'un marché que l'on appelle la Place de Bordeaux, constituée des crus producteurs d'une part, et des négociants en vins de la Gironde d'autre part. Je suis le « troisième homme » de ce système : le courtier en vins de Bordeaux, membre d'une profession réglementée, qui est tout à la fois la courroie de distribution et d'entraînement entre les acteurs (acheteurs et vendeurs), mais qui veille aussi à la sécurité des transactions, par la dégustation et l'agréage des vins, la connaissance du vignoble et des structures de négoce capables d'assumer leur rôle d'acheteurs des crus de Bordeaux en première main.
J'exerce ma profession au sein d'un bureau de courtage plus que centenaire : le bureau Blanchy & de Lestapis, et j'ai l'honneur de présider à sa destinée avec mon associé, Cédric Roureau, depuis 2010.

Dans votre cœur d'activité, pouvez-vous brièvement décrire les caractéristiques de vos marchés ?
Le marché du courtier en vins est uniquement local puisqu'il consiste à assurer la transaction entre le producteur et le négociant bordelais. À la suite de quoi le négociant, lui, distribue les vins dans le monde entier, à travers tous les réseaux possibles, et de manière complètement libre, ouverte et éclatée.
La spécificité première des grands vins du Bordelais est le système de la vente en primeur. Les vins sont achetés par le négociant quelques mois après leur récolte, alors qu'ils sont encore en phase d'élevage. À l'origine, il s'agissait de raccourcir le plus possible le mode de financement des exploitations viticoles, et les vins étaient parfois élevés par le négociant lui-même. Désormais, il s'agit, dès la qualité du millésime établie, de réserver le plus tôt possible et au meilleur prix, son achat dans des crus de bon niveau, et qui ont par essence une production limitée à ce que leur délimitation et la nature leur aura donné cette année-là.
La vente en primeur est un savant équilibre entre la volonté du producteur de vendre au meilleur prix et l'intérêt pour le négociant de Bordeaux d'acheter et de payer ainsi à l'avance ce qui constitue sa principale source d'approvisionnement et donc de profit.
Cet équilibre doit être entretenu comme un feu de camp par les courtiers qui, par la connaissance des cours de chaque vin, des capacités d'absorption des marchés, et de la perception qualitative intrinsèque de chaque millésime, permettent de concilier les intérêts divergents d'un acheteur et d'un vendeur.
Car le but ultime de tout cela est d'apporter à nos crus la distribution la plus facile possible, la plus souple, et la plus diversifiée, du palais de l'Élysée au corner de grand magasin new-

yorkais. Car chaque récolte doit trouver preneur et nourrir les différents niveaux de la filière, et la vigne d'un cru n'est pas un robinet que l'on peut fermer lorsque la période est moins favorable.

Quelles tendances observez-vous autour de vos produits, de la concurrence, sur les principaux bassins de consommation ? Comment les expliquez-vous ?

Le prix des grands vins de Bordeaux a considérablement augmenté depuis quelques années, par une forte demande internationale, mais les marchés changent et tous ne valident pas ces prix. Le danger serait que Bordeaux perde durablement certains marchés.

Là où la Place de Bordeaux est bien faite, c'est que la combinaison de la variation de qualité d'un millésime à l'autre et de l'extrême souplesse de ce marché ouvert par les négociants de la Place, permet de pouvoir orienter les ventes en fonction des niveaux de prix, et de toujours avoir une offre adaptée à chaque marché.

Il faut absolument conserver ces deux piliers que sont la vente en primeur à des prix revus chaque année et la liberté du négoce de choisir ses clients sur toute la planète.

Comment décririez-vous le consommateur de la prochaine décennie ?

Certains de dix ans plus vieux et d'autres de dix ans plus jeunes !

Sérieusement, et quoi que l'on en pense, la consommation est affaire de prix. Et Bordeaux revoit sa copie sur ses prix chaque année, en fonction aussi de données macro-économiques que personne ne connaît à dix ans.

Néanmoins le consommateur sera, je pense, plus amateur que buveur. Plus esthète que gourmand. Par les législations restrictives, mais aussi par le niveau de prix général.

Alors si le plaisir doit être rare autant qu'il soit bon et bien choisi. Le consommateur sera sélectif et devra être conseillé avec intelligence.

Selon vous, que doit entreprendre la filière aujourd'hui, pour anticiper les nouveaux modes de consommation de demain?

Le temps de nos grands-parents qui faisaient livrer leurs dix ou vingt caisses de Crus Classés une fois l'an semble loin.

On achète par trois ou six bouteilles, puis l'on retourne chez son caviste ou son fournisseur Internet. Le choix du conseil et de la sécurité de la livraison est primordial et quelques négociants de Bordeaux se sont déjà parfaitement équipés pour offrir la meilleure gamme possible dans les meilleures conditions.

Il est probable que l'on observe une tendance à l'intégration des détaillants par les grossistes, puis par le négoce.

D'abord pour permettre une conservation des marges, mais aussi pour rapprocher finalement Bordeaux de celui qui débouche la bouteille, même s'il est à 20 000 kilomètres.

www.courtiersenvin.com

CHAMPAGNE

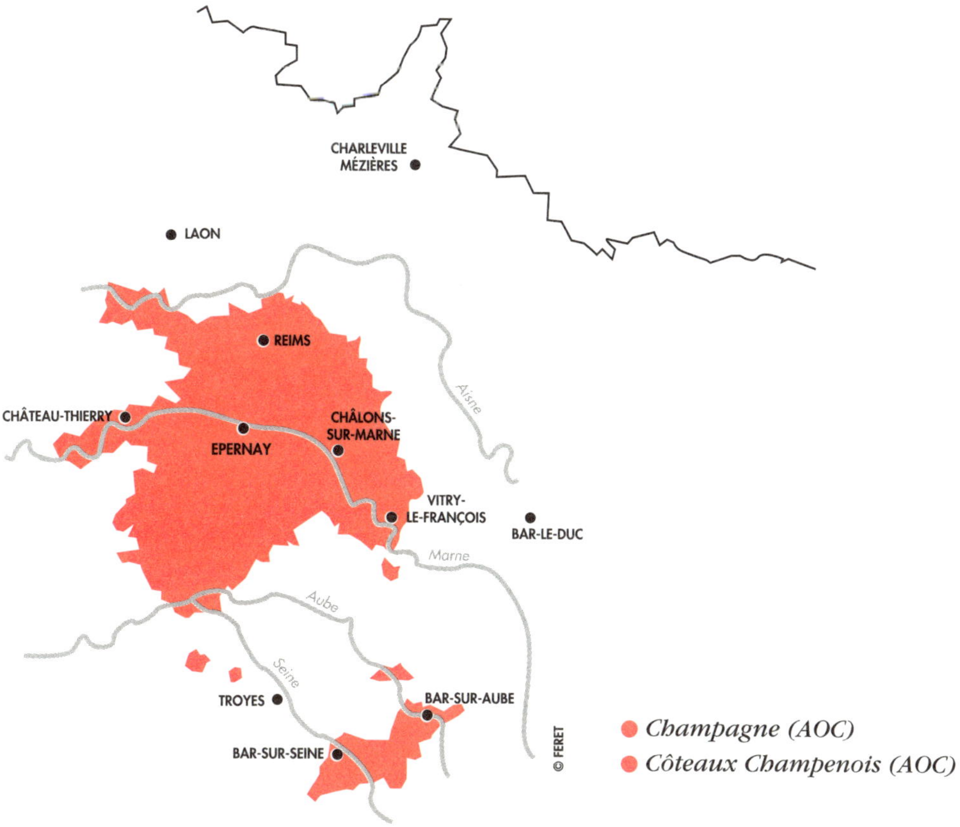

Les appellations de Champagne

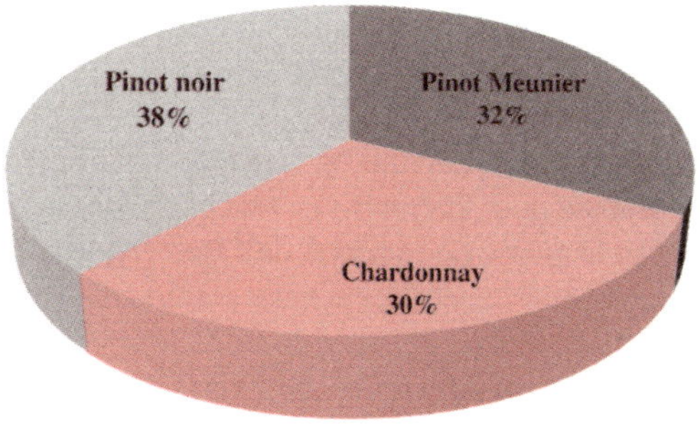

L'encépagement du vignoble en 2015

Source : CIVC

Aujourd'hui, il n'y a officiellement que trois cépages référencés en Champagne, dont deux variétés de raisins noirs, le Pinot Meunier et le Pinot noir et un cépage blanc, le Chardonnay. Il existe d'autres cépages autochtones qui n'étaient plus du tout cultivés. Certains vignerons réutilisent de nouveau ces cépages qui, néanmoins, restent très minoritaires.

Il y a principalement quatre zones de production différentes dans la région en Champagne :
- la montagne de Reims ;
- la côte des Blancs ;
- la vallée de la Marne ;
- la côte des Bar.

Contrairement aux apparences, la Champagne ne produit pas seulement de l'AOP Champagne. Il y a trois différentes appellations :
- Champagne ;
- Coteaux Champenois (vin rouge tranquille) ;
- Rosé des Riceys.

Une Maison de Champagne est une entreprise agricole et/ou industrielle et commerciale (et pas exclusivement agricole) qui contrôle les moyens matériels et humains nécessaires à l'élaboration et à la distribution mondiale d'une grande marque de Champagne.

L'élaboration commence par la sélection, avant les vendanges, des cépages et des crus dans lesquels des raisins sont achetés aux vignerons, dans le cadre d'un partenariat pluriannuel privilégié. Ces approvisionnements sont le plus souvent complétés par la récolte du domaine viticole de la Maison.

Chaque marque de Champagne, élaborée par une Maison, garantit à sa clientèle le constant respect d'un process d'élaboration répondant à des critères traditionnels rigoureux. L'assemblage des crus et cépages (avec apport complémentaire éventuel de vins de réserve d'années antérieures) en constitue une étape essentielle.

La commercialisation doit satisfaire une clientèle mondiale qui exige de retrouver d'année en année la qualité et la constance du goût caractéristiques de la marque ayant sa préférence. Les grandes marques élaborées par les Maisons de Champagne confortent depuis plus de deux siècles la notoriété internationale des vins effervescents des terroirs de la Champagne.

En conséquence, toute entreprise qui ne contrôle pas l'ensemble des moyens matériels et humains indispensables pour élaborer ses vins et commercialiser sa marque, ne peut pas compter parmi la petite centaine de Maisons de Champagne adhérentes de l'UMC. Elle reste un simple négociant parmi plusieurs centaines enregistrés au CIVC.

Les Maisons de Champagne adhérentes de l'UMC se distinguent des autres producteurs de Champagne par leurs statuts juridique, fiscal et social « Industriel & Commercial », les assujettissant à des régimes spécifiques. Ne peuvent donc pas adhérer à cette union syndicale (sauf en qualité de membres associés) les entreprises dont l'activité principale serait (de fait ou de droit) exclusivement agricole, ainsi que les filiales majoritaires de celles-ci.

Vous trouverez ci-après les différents termes pour qualifier les entreprises viticoles en Champagne. Tout dépend du degré d'implication de la structure dans le processus de culture, de champagnisation et de vente :

NM = Négociant Manipulant, le raisin est acheté à des vignerons.
ND = Négociant Distributeur, il achète des bouteilles qu'il revend.
RC = Récoltant Coopérateur, le vigneron prend le Champagne de sa coopérative à un stade de la production pour le vendre sous son nom.
RM = Récoltant Manipulant, généralement un petit vigneron viticulteur, produisant tout, du raisin au Champagne en le commercialisant sous son nom.
SR = Société de Récoltant, elle produit et commercialise en commun, souvent des personnes d'une même famille.
CM = Coopérative de Manipulation, union de producteurs produisant le Champagne à partir des raisins des coopérateurs.
MA = Marque d'Acheteur, centrale d'achat mettant son nom sur une bouteille.

Les chiffres clés de la Champagne en 2015 :

FACTEURS HUMAINS	4 461 récoltants expéditeurs 39 coopératives 306 négociants
SURFACE EN PRODUCTION	33 762 hectares dont : 22 428 dans la Marne 7 976 dans l'Aube et la Haute-Marne 3 358 dans l'Aisne et la Seine-et-Marne
ENCÉPAGEMENT	Pinot Noir 38 % Pinot Meunier 32 % Chardonnay 30 %
RÉCOLTE	309 millions de bouteilles Rendement = 10 600 kg/hectare
STOCK (au 31/07/2015)	1 428 millions de bouteilles (réserves individuelles incluses)
CHIFFRES D'AFFAIRES	4,7 milliards d'euros dont 2,6 à l'export
EXPÉDITIONS	TOTAL 312 millions de bouteilles dont : - 224 millions par les Maisons de Champagne (72 %) - 88 millions par les récoltants et coopératives (28 %) FRANCE 162 millions bouteilles (52 %) dont : - 92 millions par les Maisons de Champagne (57 %) - 70 millions par les récoltants et coopératives (43 %) EXPORT 150 millions bouteilles (48 %) dont : - 131 millions par les Maisons de Champagne (87 %) - 19 millions par les récoltants et coopératives (13 %)

DIX PREMIERS MARCHÉS EXTERIEURS (en millions de bouteilles)

1. Royaume-Uni : 34,1
2. États-Unis : 20,5
3. Allemagne : 11,9
4. Japon : 11,8
5. Belgique : 9,2
6. Australie : 8,1
7. Italie : 6,3
8. Suisse : 5,4
9. Espagne : 3,9
10. Suède : 2,9

Particularités de la région Champagne

- 136 coopératives
- 15 800 viticulteurs adhérents, soit 90 % des déclarants de récolte de l'appellation
- 13 220 ha soit 50 % de la surface AOP Champagne appartenant aux viticulteurs champenois
- 11 100 salariés
- 5 000 hectares engagés par contrat avec le négoce champenois
- 27 700 000 bouteilles vendues par 43 coopératives
- 67 700 000 bouteilles vendues par 2 700 coopérateurs sous leurs marques
- Les vignerons champenois sont historiquement producteurs de raisins. 70 % de leur production est destiné à la mise sur le marché par les Maisons de Champagne. L'organisation économique du vignoble au travers des 137 coopératives a permis, à partir de la fin des années 1950, de partager équitablement l'expansion de la Champagne avec les Maisons de négoce.

ENTRETIEN AVEC PIERRE-EMMANUEL TAITTINGER PDG CHAMPAGNE TAITTINGER - REIMS

Nom et Prénom : Taittinger Pierre Emmanuel - Président
Société : Taittinger CCVC
Lieu d'implantation du siège : Reims
Chiffre d'affaires de l'entreprise : 118,9 millions d'euros en 2015
Chiffres Clés : 194 salariés, 288 ha.
Marques référentes : Taittinger, Comtes de Champagne

Monsieur Taittinger, qui êtes-vous aujourd'hui dans le monde des vins et spiritueux ?
Je suis le capitaine d'un magnifique quatre mâts familial de renommée mondiale plutôt que d'un super tanker dans l'univers des vins et spiritueux.

Dans votre cœur d'activité, pouvez-vous brièvement décrire les caractéristiques de vos marchés ?
Notre marque est présentée aujourd'hui dans plus de 140 pays où la demande pour un luxe qui demeure accessible est forte.
Elle a développé ses ventes en raison du nombre croissant d'hôtels, de restaurants et de magasins de vins fins dans le monde ainsi que dans de nombreux établissements festifs où le Champagne est au cœur de la célébration.

Quelles tendances observez-vous autour de vos produits, de la concurrence, sur les principaux bassins de consommation ?
Je pense que les consommateurs sont très fidèles aux marques : gages de qualité, de constance et d'innovation.
Ce dernier point est particulièrement important, il faut sans cesse faire en sorte que les amateurs voient dans nos bouteilles une magie, un rêve, une histoire... qui se renouvellent.
Dans un contexte très concurrentiel, il est important de mieux imaginer et améliorer les offres commerciales et l'animation de notre marque chez chacun des clients.

Comment décririez-vous le consommateur de la prochaine décennie ?
Une femme ou un homme énergique qui aime la vie dans l'élégance, le raffinement et le plaisir de célébrer souvent.

Selon vous, que doit entreprendre la filière aujourd'hui, pour anticiper les nouveaux modes de consommation de demain?
Le Champagne doit être à la pointe de l'esthétisme, du respect de l'environnement et d'une communication qui devra tenir compte largement des nouveaux médias.

www.champagne.fr

ALSACE

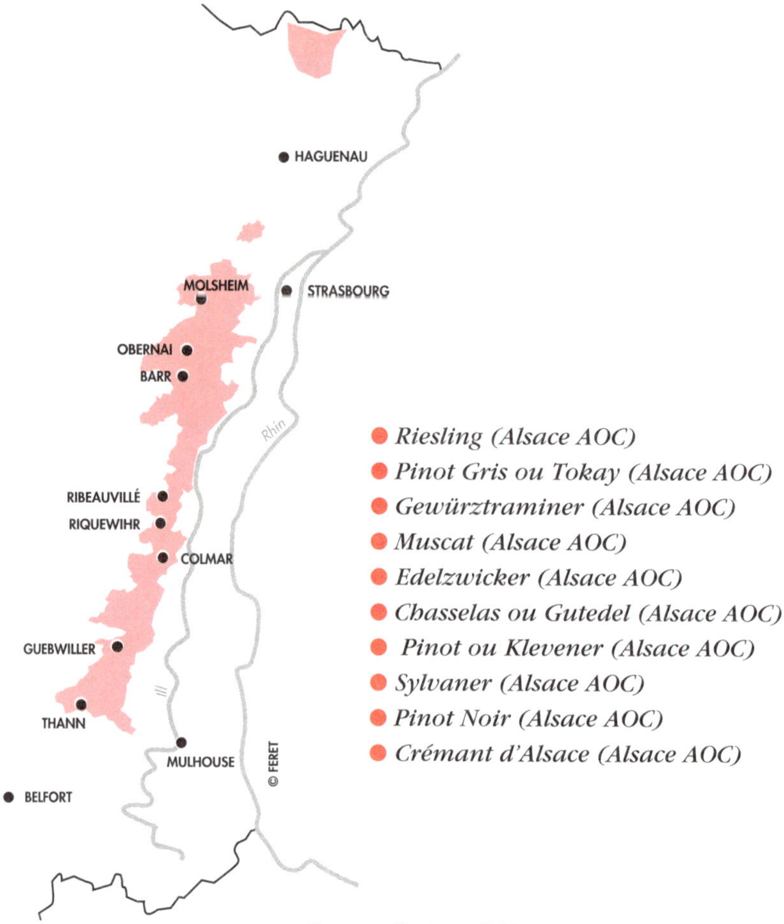

Les appellations d'Alsace

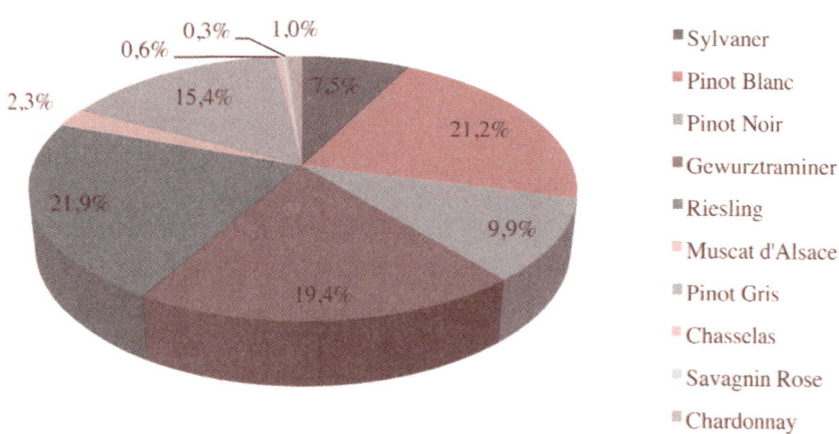

Répartition des cépages en Alsace en 2015

Il y a 5 cépages prédominants en Alsace :

- le Riesling 21,9 %
- le Gewurtztraminer 19,4 %
- le Pinot blanc 21,2 %
- le Pinot noir 9,9 %
- le Pinot gris 15,4 %

Les chiffres clés en Alsace en 2015 ;

FACTEURS HUMAINS	4 700 viticulteurs dont 1820 avec + de 2 ha = 90 % des volumes 67 coopératives 299 négociants
SURFACE EN PRODUCTION	15 500 hectares sur 119 communes viticoles:
ENCÉPAGEMENT	Sylvaner 7,5% Pinot Blanc 21,2% Pinot Noir 9,9% Gewurztraminer 19,4% Riesling 21,9% Muscat d'Alsace 2,3% Pinot Gris 15,4%
RÉCOLTE	150 millions de bouteilles dont 90 % de blanc
AOP	AOP ALSACE 75 % AOP ALSACE GRAND CRU 4 % AOP CRÉMANT D'ALSACE 21%
MENTIONS	Vendanges Tardives Sélection grains nobles
CHIFFRES D'AFFAIRES	540 millions d'euros dont 140 millions à l'export
EXPÉDITIONS	TOTAL 140 000 000 bouteilles FRANCE 103 600 000 bouteilles (74 %) dont 25 % en vente directe EXPORT 36 400 000 bouteilles 20 % vignerons indépendants 39 % coopératives vinicoles et SICA 40 % producteurs-négociants

DIX PREMIERS MARCHES EXTERIEURS (en millions de bouteilles)

1. Belgique : 6,3
2. Pays Bas : 3,9
3. Allemagne : 2,6
4. Danemark : 2,4
5. Suède : 2,2
6. Canada : 2,2

7. USA : 1,6
8. Grande Bretagne : 1,2
9. Suisse : 1,1
10. Finlande : 1,1

Particularités de la région Alsace

- 119 communes viticoles ;
- 15 500 hectares de vignes AOP en production ;
- 1,2 millions d'hectolitres de production annuelle moyenne de vins AOP, soit plus de 150 millions de bouteilles ;
- 75 % des ventes dans l'Union Européenne ;
- 30 % des vins blancs consommés AOC sont des vins d'Alsace ;
- 16 coopératives vinicoles figurent parmi les leaders du vignoble alsacien (35 % de la production viticole alsacienne réalisent 40 % de la commercialisation des vins d'Alsace). Elles constituent pour le consommateur le meilleur gage qualitatif, l'assurance d'une continuité et d'être toujours en présence d'un grand vin d'Alsace, millésime après millésime.

www.vinsalsace.com

LA BOURGOGNE

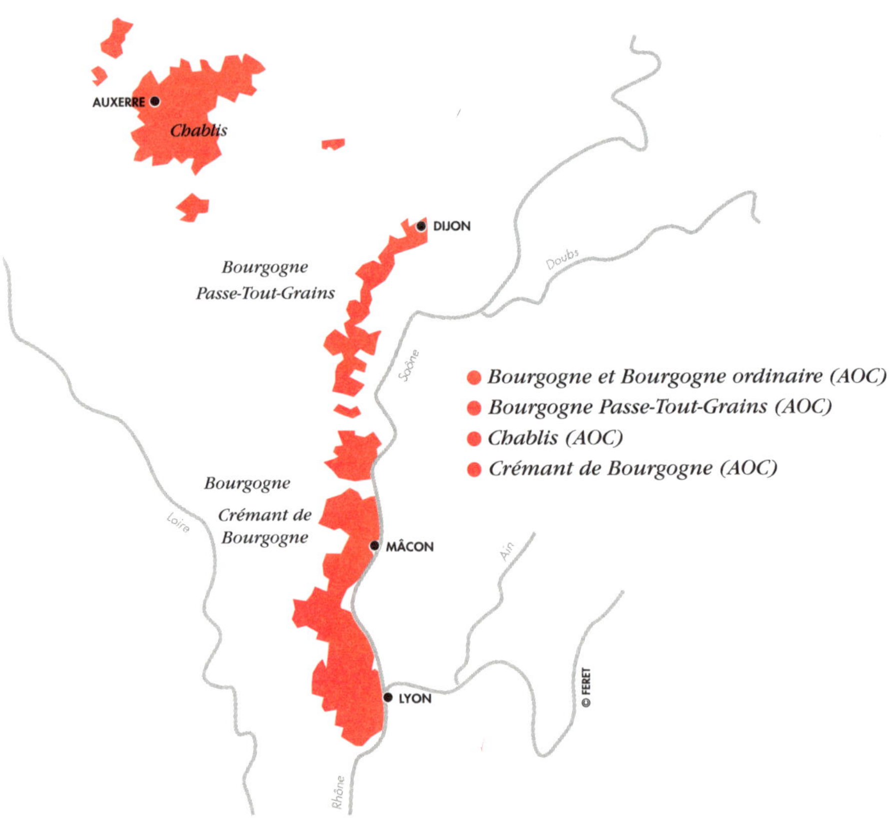

Les appellations de Bourgogne

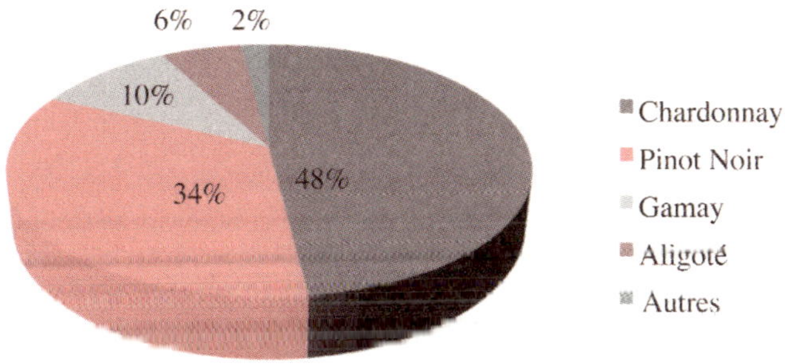

Répartition des cépages en Bourgogne en 2015

Pour 82 %, l'encépagement est constitué de Chardonnay et de Pinot noir qui sont les références mondialement connues du vignoble bourguignon.

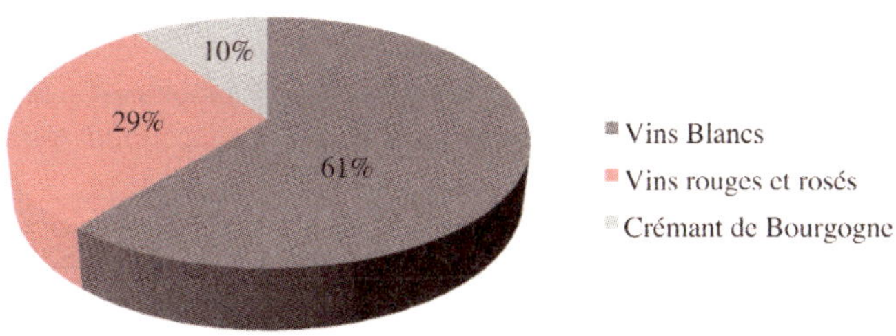

Répartition de la production des vins blancs, vins rouges, rosés et des crémants

La Bourgogne est reconnue par ses blancs. C'est la raison pour laquelle 61 % des vins produits en Bourgogne sont des blancs, suivis par les rouges pour 29 % puis les crémants. Les rosés sont minoritaires pour le vignoble bourguignon.

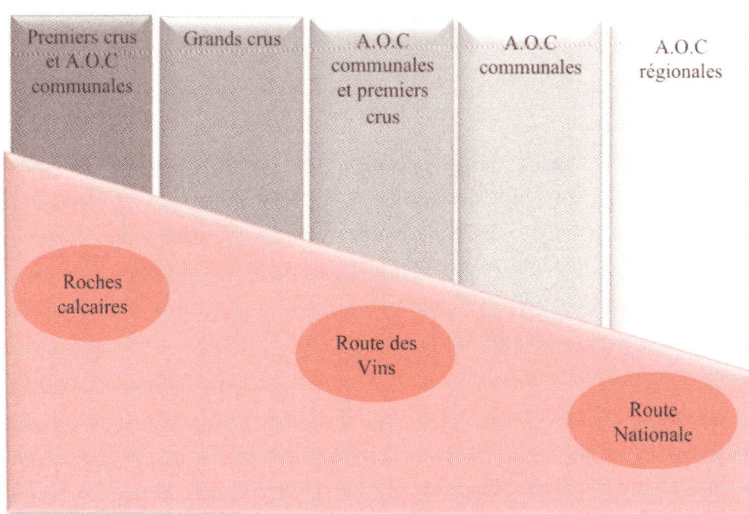

Classement des vins en fonction de la configuration géographique en coteaux

Source : BIVB 2015

La caractéristique majeure des vignobles de Bourgogne est la classification de la qualité des vins en fonction du positionnement de la vigne sur le coteau. Ce facteur est déterminant de la classification du vin parmi l'AOP : plus le vignoble est situé haut sur le versant, et plus l'AOP sera considérée comme qualitative.

La Bourgogne est réputée pour ses appellations d'origine contrôlée (AOP) prestigieuses et elle renferme une diversité exceptionnelle de conditions naturelles de production.

La Bourgogne dispose de 100 appellations, sur plus de 383 en France, qui sont réparties sur quatre niveaux d'appellations :
• les appellations régionales : au nombre de 23, celles-ci sont récoltées dans l'ensemble du territoire viticole de la Bourgogne (ex : Bourgogne Aligoté) ;
• les appellations villages : on en compte 44, le vin est produit sur le territoire des communes viticoles (villages) qui donnent leur nom (ex : Chablis, Pommard) ;
• les appellations Premiers Crus : les vins sont produits sur des parcelles délimitées avec précision appelées « climats » au sein d'un village. La Bourgogne compte 684 climats.
Sur les bouteilles, le nom de la commune est suivi du nom de la parcelle dont est issu le vin (ex : Nuits-Saint-Georges 1er Cru Les Vaucrains) ;
• les appellations Grands Crus : ces vins sont produits sur les meilleures parcelles (climats) des communes. On trouve 33 Grands Crus. Ils expriment et concentrent toute la richesse de leurs terroirs uniques.

Ici, le nom de la commune disparaît au profit d'un seul nom de terroir parfois très limité (ex : Corton, Montrachet).

Ces appellations sont regroupées sur le vignoble bourguignon qui dispose d'une surface de production de 28 841 hectares soit 7 % du vignoble français.

Les chiffres clés de la Bourgogne en 2015 :

FACTEURS HUMAINS	3850 récoltants expéditeurs 19 coopératives 300 négociants
SURFACE EN PRODUCTION	28 841 hectares dont : - Chablis et Grands Auxerrois: 19 % - Côte de Nuits/Hautes Côtes de Nuits : 6,5 % - Côte de Beaune/Hautes Côtes de Beaune : 13 ,5 % - Côte Chalonnaise/Couchois : 4 % - Mâconnais : 7 % - Appellations régionales : 48 %
ENCÉPAGEMENT	Pinot noir 34 % Aligoté 6 % Gamay 10 % Sauvignon & César 2 % Chardonnay 48 %

RÉCOLTE 1,4 millions hl = 180 millions de bouteilles
- Vins blancs : 61 %
- Vins rouges (ou rosé) : 29 %
- Crémant : 10 %

CHIFFRES D'AFFAIRES 1,45 milliards d'euros dont 50 % à l'export

EXPÉDITIONS En 2015, 180 000 000 bouteilles
- Négoce : 58 %
- Propriété : 26 %
- Les caves coopératives : 16 %

FRANCE 90 000 000 bouteilles (50 %) dont :
- 22 % Grande distribution
- 28 % Circuits traditionnels (Cavistes/CHR/Vente directe)

EXPORT 90 000 000 bouteilles (50 %)
Dont 27% Union Européenne et 23% Hors Union Européenne.

CINQ PREMIERS MARCHÉS EXTÉRIEURS (en millions de bouteilles)

1. Royaume-Uni : 16,2
2. États-Unis : 16,2
3. Japon : 9
4. Belgique : 8,1
5. Canada : 7,2

Particularités de la région bourguignonne

- la propriété : les exploitations en Bourgognes sont souvent familiales et généralement entre 5 et 6 hectares de moyenne ;
- les caves coopératives : il en existe 20 en Bourgogne ce qui représente 20 % de la production totale avec 3 800 adhérents ;
- les Maisons de négoce au nombre de 115 commercialisent près de trois quarts des vins de Bourgogne. Le terme de négoce n'est plus vraiment approprié pour la Bourgogne, aujourd'hui nous parlons de « négociant-éleveur » parce que la plupart des vins sont achetés en moût et non pas en bouteilles ;
- 1 bouteille sur deux est vendue à l'étranger ;
- les négociants possèdent environs 2000 hectares dont 60 % en Côtes de Nuits ;
- la rémunération des courtiers de campagne est partagée : 3 % du montant de la transaction versé par le vigneron, 2 % par le négociant. Le courtier est garant de la conformité du vin livré avec l'échantillon fourni.

www.vins-bourgogne.fr

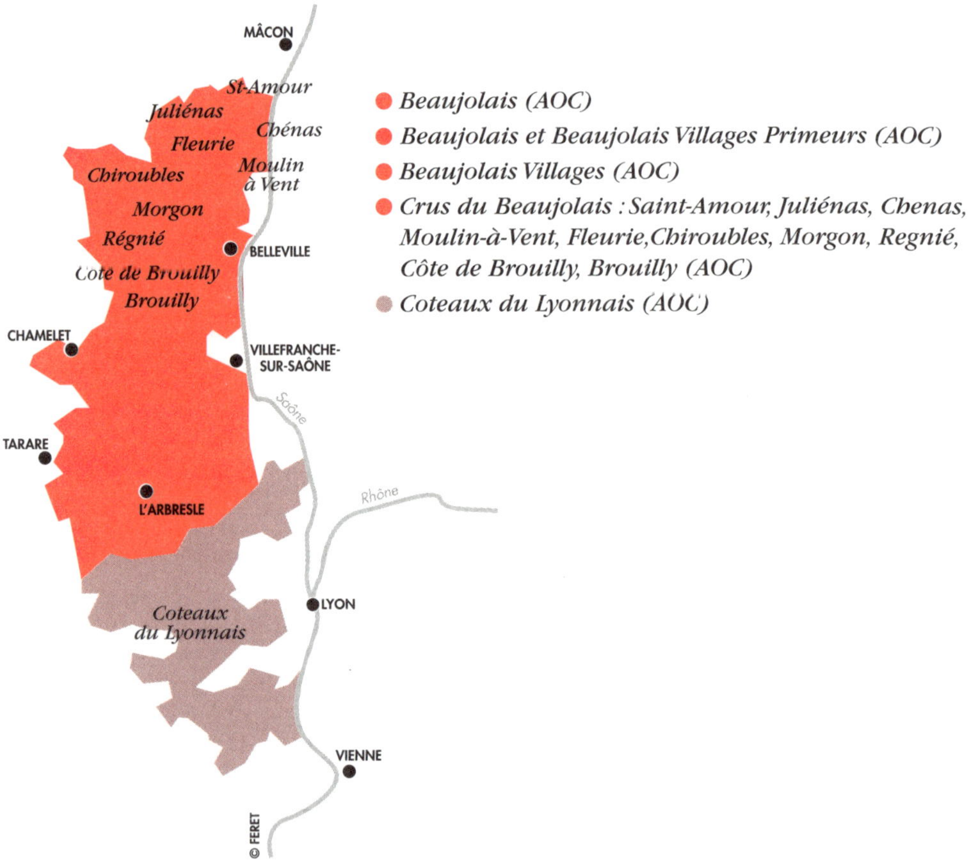

Les appellations du Beaujolais

Le vignoble du Beaujolais est composé pour 99 % de Gamay noir et le reste de Chardonnay pour les blancs et de Pinot Noir pour la production de rosé.

Les chiffres clés dans le Beaujolais en 2015 :

FACTEURS HUMAINS	3000 exploitations viticoles 12 coopératives 150 négociants
SURFACE EN PRODUCTION	14 700 hectares
ENCÉPAGEMENT	Gamay noir à jus blanc 99 % Chardonnay et Pinot Noir 1 %
RÉCOLTE	109,6 millions de bouteilles

EXPÉDITIONS

TOTAL 106 millions bouteilles

FRANCE 64 millions bouteilles (61 %) dont
- Cafés, restaurants 26 %
- Supermarchés, hyper, Hard discount 30%
- Canaux spécifiques 44%
(vente à la propriété incluse)

EXPORT 42 millions bouteilles (39 %) dont

DIX PREMIERS MARCHÉS EXTERIEURS (en millions de bouteilles)

1. États-Unis : 7,4
2. Japon : 7,0
3. Royaume-Uni : 5,7
4. Canada 4,1
5. Suisse 3,7
6. Pays-Bas 2,4
7. Allemagne 2,1
8. Belgique 1,6
9. Autres 7

Particularités du vignoble du Beaujolais

- l'appellation Beaujolais constitue près de 50 % de la production dont 75 % sera réservé pour les primeurs ;
- 40 % des surfaces exploitées le sont sous forme de métayage ;
- 50 % sont exploitées en directe ;
- 10 % des surfaces viticoles sont en fermage ;
- moyenne d'une exploitation viticole : 7 à 10 hectares ;
- près de 50 % de la production sont exportés, essentiellement vers la Suisse, l'Allemagne, la Belgique, le Luxembourg, la Grande-Bretagne, les États-Unis, les Pays-Bas, le Danemark, le Canada, le Japon, la Suède, l'Italie.

www.beaujolais.com

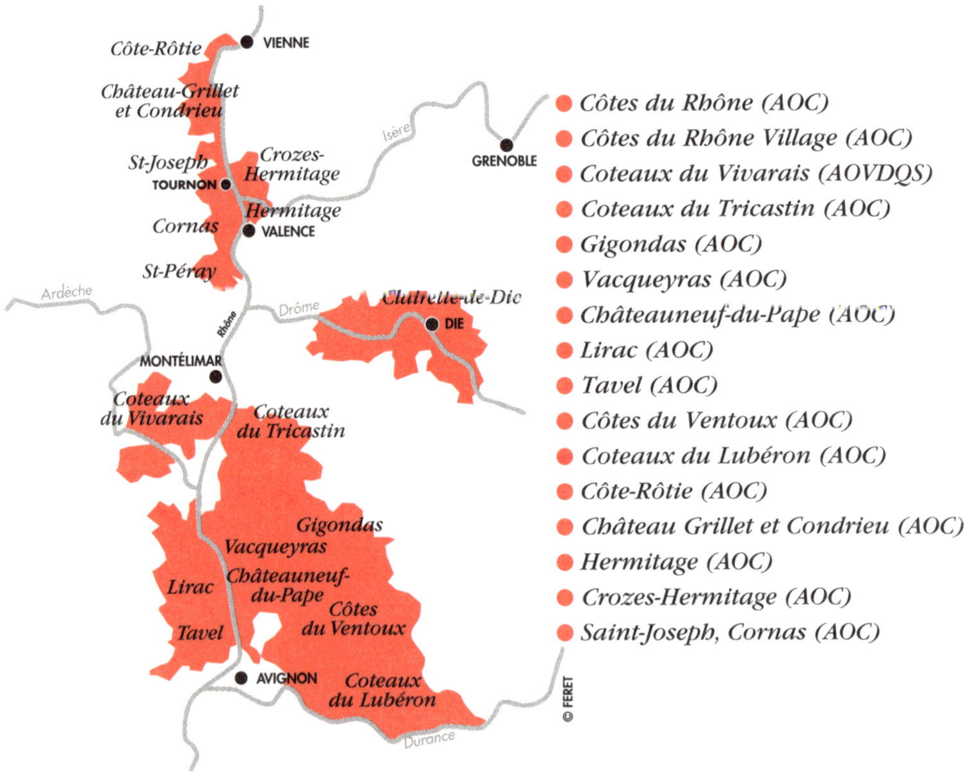

Les appellations de la Vallée du Rhône

Les chiffres clés de la vallée du Rhône en 2015 :

FACTEURS HUMAINS	5 300 exploitations 67 coopératives 299 négociants 50 000 emplois dont 31 000 emplois directs
SURFACE EN PRODUCTION	69 578 hectares 5 318 exploitations réparties sur trois régions. 2e vignoble français en volume (9 % vignoble français) dont 7 300 hectares en bio
ENCÉPAGEMENT	Vin rouge 79 % : - Grenache 55 % - Syrah 15 % - Carignan 15 % - Mourvèdre Vin blanc 7 % : - Clairette 35 % - Grenache Blanc 20 % - Ugni Blanc 20 %

	- Bourboulenc - Marsanne - Roussanne - Viognier Vin Rosé 14 %
RÉCOLTE	3 041 277 d'hl produits (435 000 hl de rosé et 205 000 hl en blanc) 405 millions de bouteilles
CHIFFRES D'AFFAIRES	Plus de 1,5 milliards d'euros dont 459 millions à l'export (940 000 hl)
EXPEDITIONS	TOTAL 404 000 000 bouteilles - Caves particulières 35 % - Négociants Vinificateur 5 % - Caves coopératives 60 % FRANCE 279 000 000 bouteilles : 68 % dont - Ventes directes 9 % : 37 millions de bouteilles - Hôtels-Restaurants 10 % : 40 millions de bouteilles - Supérettes et circuits spécifiques 10 % : 48 millions de bouteilles - Hard Discount 9 % : 42 millions de bouteilles - Grande Distribution (Hyper+Super) 30 % : 121 millions de bouteilles EXPORT 125 000 000 bouteilles : 28 % dont

DIX PREMIERS MARCHÉS EXTÉRIEURS (en millions de bouteilles)

1. Royaume-Uni : 23,7
2. Belgique / Luxembourg : 21,5
3. Etats-Unis : 16,8
4. Allemagne : 10,3
5. Canada : 7,2
6. Chine : 6,6
7. Suisse : 6
6. Pays-Bas : 5,6
8. Suède : 4,7
9. Danemark : 4,1
10. Japon : 2,4

Particularités du vignoble de la Vallée du Rhône

- la vallée du Rhône est, en production de vins fins, la seconde région viticole de l'Hexagone après Bordeaux.
- tout le long de la vallée, les vins sont produits sur les deux rives, certains spécialistes séparent cependant les vins de la rive gauche, plus riche et capiteux, de ceux de la rive droite plus légers.
- ils s'étendent de Vienne au nord jusqu'à Avignon au sud. Le vignoble se répartit en deux régions :
    - les Côtes du Rhône septentrionales (de Vienne à Valence) ;
    - les Côtes du Rhône méridionales (de Montélimar et Bourg Saint-Andéol à Avignon).
- la surface de production est de 69 578 hectares.
- la production annuelle est en moyenne de 3,04 millions d'hectolitres (soit 405 millions de bouteilles).
- l'appellation Côtes du Rhône comporte 171 communes sur six départements (Rhône, Loire, Ardèche, Drôme, Vaucluse et Gard).

www.vins-rhone.com

ENTRETIEN AVEC MICHEL CHAPOUTIER PDG DE MAISON CHAPOUTIER - TAIN L'HERMITAGE

Nom et prénom : Chapoutier Michel
Société : Maison Chapoutier
Lieu d'implantation du siège : Tain L'Hermitage
Chiffre d'affaires de l'entreprise : 43 millions d'euros
Chiffres clés :
- Production 8 millions de bouteilles
- Implantation : vallée du Rhône nord et sud, Roussillon, Alsace, Australie et Portugal

Marques référentes : M. Chapoutier, Domaine de Bila Haut (Roussillon), Domaine de Schieferkopf (Alsace), Marius by M. Chapoutier, Terlato & Chapoutier, Pic & Chapoutier, Alleno & Chapoutier, Domaine Tournon (Australie).

Quelles tendances observez-vous autour de vos produits, de la concurrence, sur les principaux bassins de consommation ?

Je constate que nos produits avancent et progressent dans les gastronomies internationales. On a réellement appris à faire des mariages mets/vins. Pour moi, un mauvais mariage se traduit par un rapport dominant/dominé, un bon mariage est un rapport de complémentarité sans rapport de force. Trop souvent les vignerons ne sont pas bons cuisiniers, ils n'aiment pas la cuisine et font des vins qui dominent les mets.

Comment les expliquez-vous ?

J'adore la cuisine et mon obsession est de toujours faire des vins basés sur le rapport égal entre le plaisir de l'assiette et celui du verre. Ainsi le vin pourra mieux s'exprimer. Notre clientèle actuelle c'est la gastronomie et la bistronomie. Sur un marché hyper concurrentiel, nous essayons de nous différencier pour que notre vin ne s'exprime pas dans le nez mais plutôt dans la bouche ; c'est un crescendo nez, bouche, longueur en bouche.

Comment décririez-vous le consommateur de la prochaine décennie ?

Difficile à dire, une chose est sûre, je ne lui courrai pas après. Je lui proposerai ma vue, en effet, je pars du principe que le vin doit être dans une logique artistique. Comme à un peintre, on ne peut pas dire « je t'achète ce tableau si tu mets du bleu ici ». Je ne changerai pas les styles de mes vins pour satisfaire à n'importe quelle demande, par contre j'en changerai l'approche. Ma démarche serait de dire « qu'est-ce que nous allons pouvoir proposer aux consommateurs avec le terroir que nous avons obtenu ? »

Selon vous, que doit entreprendre la filière aujourd'hui pour anticiper les nouveaux modes de consommation de demain ?

Aujourd'hui, je n'ai pas besoin de marketing mais plutôt d'art de la vente. Notre logique est plutôt celle de dire « tu n'aimes pas ca ? bon je vais t'apprendre à aimer ». Comme un morceau de musique que l'on apprend à aimer parce qu'il nous a été expliqué par le musicien, la musique prend alors tout son sens parce que l'on fait la différence entre entendre et écouter. La filière n'est pas faite pour anticiper un mode de consommation. Aujourd'hui, les vins du Nouveau Monde financent l'action marketing pour transformer le consommateur de soda et de bière en un consommateur de vins très stéréotypés. Il me semble que c'est l'action marketing la plus difficile, délicate et ambitieuse.

Notre rôle à nous dans un pays où on a 100 % de charges sociales, où l'on a des contraintes de vinification, d'agronomie, ce n'est pas de courir après l'imitation du vin du Nouveau Monde où ils n'ont pas de charges sociales, pas de contraintes agronomiques, la guerre serait perdue d'avance.

Quelle que soit la passion au fur et à mesure que l'on découvre, on passe de l'intérêt à la passion, on cible des produits de plus en plus spéciaux. Notre pouvoir est d'être là lorsque le consommateur devient averti pour lui proposer des vins de qualité : nos vins d'AOC et nos vins de terroir.

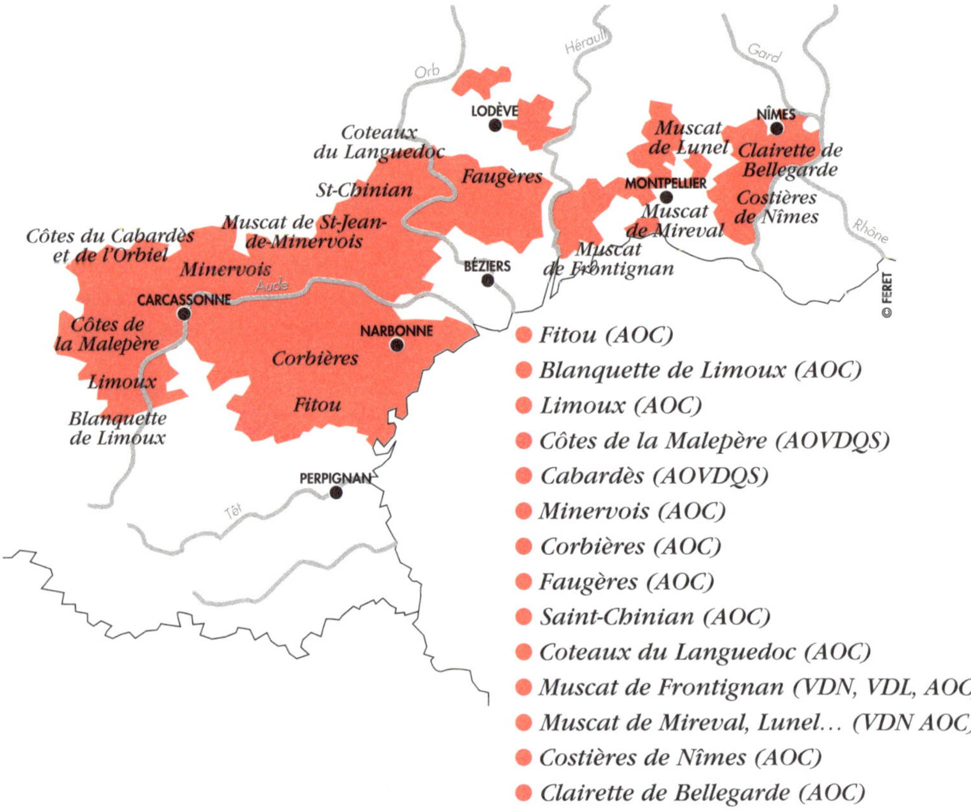

Les appellations du Languedoc-Roussillon

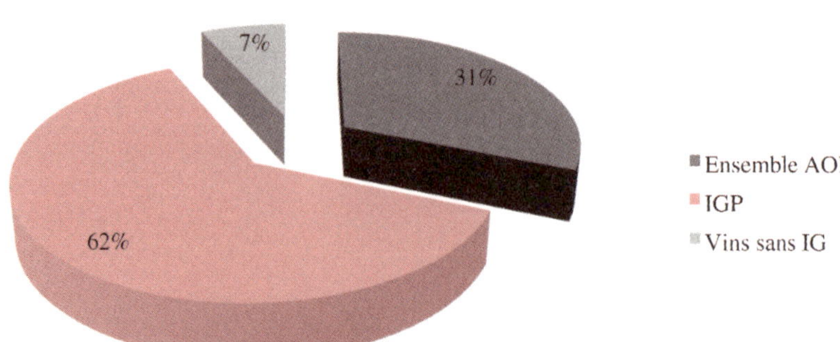

Production du Languedoc-Roussillon en 2014
Source : Agreste 2015

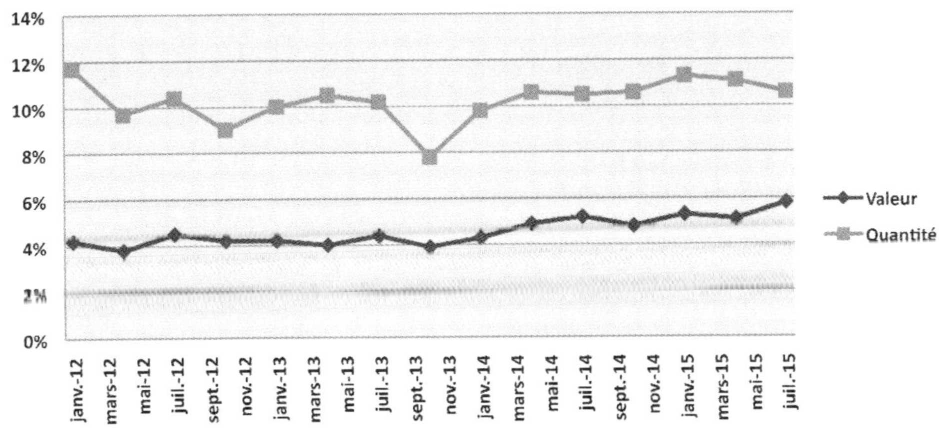

Part des vins AOP produits en Languedoc-Roussillon dans les exportations nationales 2012-2015

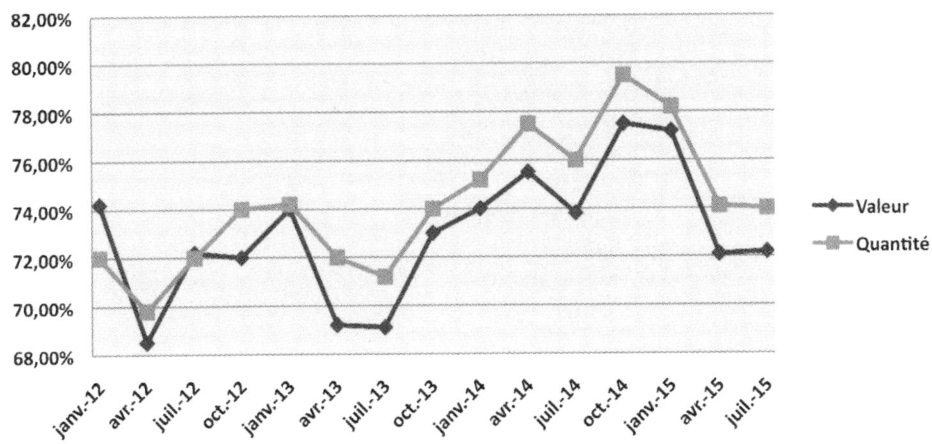

Part des vins IGP produits en Languedoc-Roussillon dans les exportations nationales 2012-2015

La production d'OC (IGP) est largement prédominante pour les vins du Languedoc-Roussillon avec 62 %. Les AOP représentent 31 % de la production. Les exportations d'IGP du Languedoc-Roussillon près de 80 % des exportations d'IGP françaises.

On observe globalement une chute de production de production des vins depuis ces trente dernières années, due à une restructuration du vignoble du Languedoc-Roussillon.

De plus, les vins du Languedoc-Roussillon sont majoritairement des vins IGP, ils représentent 80 % des exportations d'IGP françaises. A contrario, l'exportation des vins AOP du Languedoc-Roussillon représentent seulement 6 % en valeur et 10 % en volume.

Les chiffres clés du Languedoc-Roussillon en 2015 :

FACTEURS HUMAINS 30 000 vignerons
2500 caves particulières
230 caves coopératives

SURFACE EN PRODUCTION
231 934 hectares

ENCÉPAGEMENT	Carignan Grenache Mourvèdre Cinsault Syrah Merlot Cabernet Sauvignon
RÉCOLTE	12 millions d'hectolitres dont 2,7 millions d'hectolitres d'AOP vins tranquilles soit : 1,6 milliards de bouteilles dont 360 millions de bouteilles en AOP 15 % de vins blancs secs et doux, 85 % de vins rouges et vins doux naturels.

DIX PREMIERS MARCHÉS EXTÉRIEURS (en millions de bouteilles)

1. Royaume-Uni : 24,2
2. Belgique / Luxembourg : 18
3. Etats-Unis : 16,8
4. Allemagne : 9,6
5. Suisse : 7,4
6. Canada : 7,3
7. Pays-Bas : 6,1
8. Autres destinations : 4
9. Chine : 3,9
10. Pays scandinaves : 3,2

www.languedoc-wines.com
www.vins-du-roussillon.com

Entretien avec Gérard Bertrand
Vins Gérard Bertrand

Nom et prénom : Bertrand Gérard
Société : Vins Gérard Bertrand
Lieu d'implantation du siège : Château l'Hospitalet, Narbonne
Chiffres clés :
- Superficie : 600 ha cultivés ou en processus de conversion en biodynamie
- Nombre de collaborateurs : 249 collaborateurs
- Implantation : Concentrée en Languedoc-Roussillon, l'entreprise réunit aujourd'hui 11 domaines d'appellations Languedoc, Coteaux du Languedoc, Coteaux du Languedoc-Pic Saint Loup, Coteaux du Languedoc Montpeyroux, Coteaux du Languedoc Grès de Montpellier, Picpoul de Pinet, Limoux, IGP Haute Vallée de l'Aude, Minervois, Minervois-La-Livinière, Corbières, Corbières-Boutenac, La Clape, IGP Aude Hauterive, Terrasses du Larzac, Malepère, Faugères, Côtes du Roussillon Villages, Tautavel, Vins Doux (Rivesaltes, Maury, Banyuls).

Marques référentes : Les gammes Super Premium Clos d'Ora et Premium comme la Forge, Le Viala, Hospitalitas, Aigle Royal en Pinot Noir & Chardonnay ; les rosés Gris Blanc et Côte des Roses, notre gamme sans sulfites Naturae, nos produits bio Autrement et Réserve Spéciale, et Code Rouge, notre Crémant de Limoux.

Qui êtes-vous aujourd'hui dans le monde des vins & spiritueux ?

Aujourd'hui, je suis à la tête de l'entreprise Gérard Bertrand, deuxième représentant des vins français aux États-Unis, et fer de lance d'un positionnement Premium & Super Premium des vins du Languedoc-Roussillon et du Sud de la France dans le monde. Amoureux de ma région et de ses terroirs, je souhaite faire connaitre l'ADN du Languedoc-Roussillon par ses vins, en partageant les valeurs de l'art de vivre du Sud de la France avec le monde entier, tout en devenant le premier représentant de la biodynamie au niveau mondial.

Nous misons sur la qualité de toutes nos bouteilles, depuis nos vins bio et sans sulfites, jusqu'au Clos d'Ora, icone de la biodynamie en super premium, afin de promouvoir la qualité des terroirs et l'art de vivre du Sud de la France. Cependant, il me semble important de concrétiser des valeurs telles que le respect de la terre, la pérennisation de terroirs historiques et le devoir de transmission de vignobles sains aux prochaines générations. Ce pourquoi, depuis quelques années déjà, j'ai développé l'ambition de cultiver tous nos terroirs en biodynamie. C'est un processus en cours.

Quelles tendances observez-vous autour de vos produits, de la concurrence, sur les principaux bassins de consommation ?

Nous travaillons la « premiumisation » de la marque sur tous nos marchés, c'est-à-dire en France, mais surtout à l'export et notamment aux États-Unis. Notre stratégie orientée sur la qualité et l'excellence accompagne une démarche de plus en plus qualitative et sélective de la part du consommateur.

Nous observons également le développement de la connaissance du vin dans les marchés émergents, comme la Chine. C'est une nouvelle génération qui passe d'une consommation d'alcool forts blancs à une consommation de vin pour deux raisons principales : les propriétés salutaires du vin, et bien sûr sa dimension aspirationnelle.

Un autre élément marquant est la phase de renouveau que connaît le rosé. La région Languedoc devient emblématique pour ses rosés d'une qualité supérieure qui sont attractifs dans le monde entier.

Comment décririez-vous le consommateur de la prochaine décennie ?

Le consommateur de demain est très connecté, mais s'oriente progressivement vers une consommation plus hédoniste, plus expérientielle, plus axée sur l'exploration des sens. En ce sens, il rejoint mon besoin de développer le vin selon les notions de plaisir, de goût, d'émotion mais aussi de message, au travers de nos gammes.

Les nouvelles générations, selon moi, seront bien plus sensibles aux notions de consommation responsable, au respect de l'environnement, et sont déjà plus sensibles aux marques qui orientent leur choix stratégique selon des valeurs cohérentes avec les leurs.

Selon vous, que doit entreprendre la filière aujourd'hui pour anticiper les nouveaux modes de consommation de demain ?

Aujourd'hui, partout dans le monde, les amateurs de vin ont une soif de savoir, qu'ils soient

spécialistes ou simples consommateurs occasionnels. Ils souhaitent comprendre non plus seulement comment est fait le vin mais également les motivations du vigneron et ses choix, son lien au monde.
Grâce à la digitalisation des contenus, les consommateurs sont plus informés et cherchent à orienter leurs achats selon des critères de qualité et d'excellence. L'éducation est le pilier de la consommation responsable de demain. La filière vin a un devoir d'explication et de sincérité envers ses interlocuteurs, quitte à se remettre en question et à revoir sa copie à des fins de cohérence. C'est le sens des Masterclass, à New York ou au Château l'Hospitalet, au cœur du massif de la Clape. Nous leur transmettons non plus seulement des notions de dégustation, mais une transmission de l'histoire de la région, l'aventure humaine qu'est la production viticole, mais aussi le sens de toute cette entreprise pour l'environnement, sans oublier la fonction première du vin : le partage, l'art de vivre, l'*hospitalitas*, la convivialité. Je répète souvent que le vin n'a pas de raison d'être si ce n'est pour être partagé.

BORDEAUX

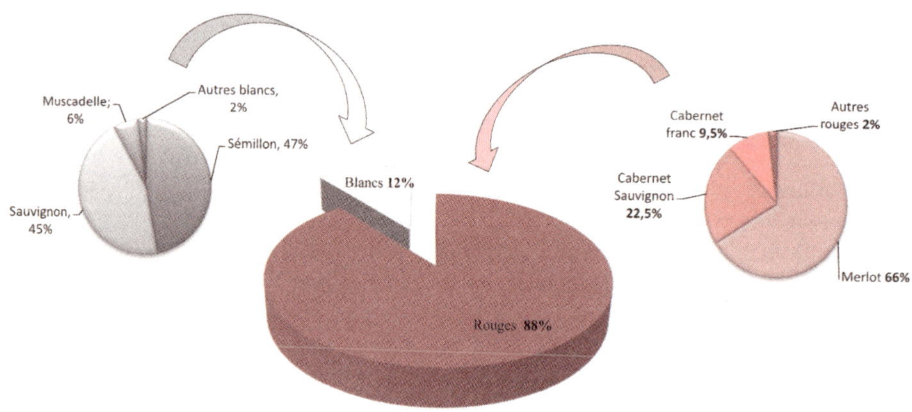

Évolution des AOC/AOP depuis les trente dernières années et surface des cépages plantés
Source : CIVB

Globalement, les AOP rouges ont fortement augmenté par rapport à ceux des AOP blancs et au détriment de vins de table (qui sont renommés vins de France aujourd'hui).

Les AOP ont une place de plus en plus importante pour les vins de Bordeaux.

Particularité du vignoble de Bordeaux

- 57 appellations rassemblées en six groupes sur 111 150 hectares de vignes, c'est le plus grand vignoble AOP en France.

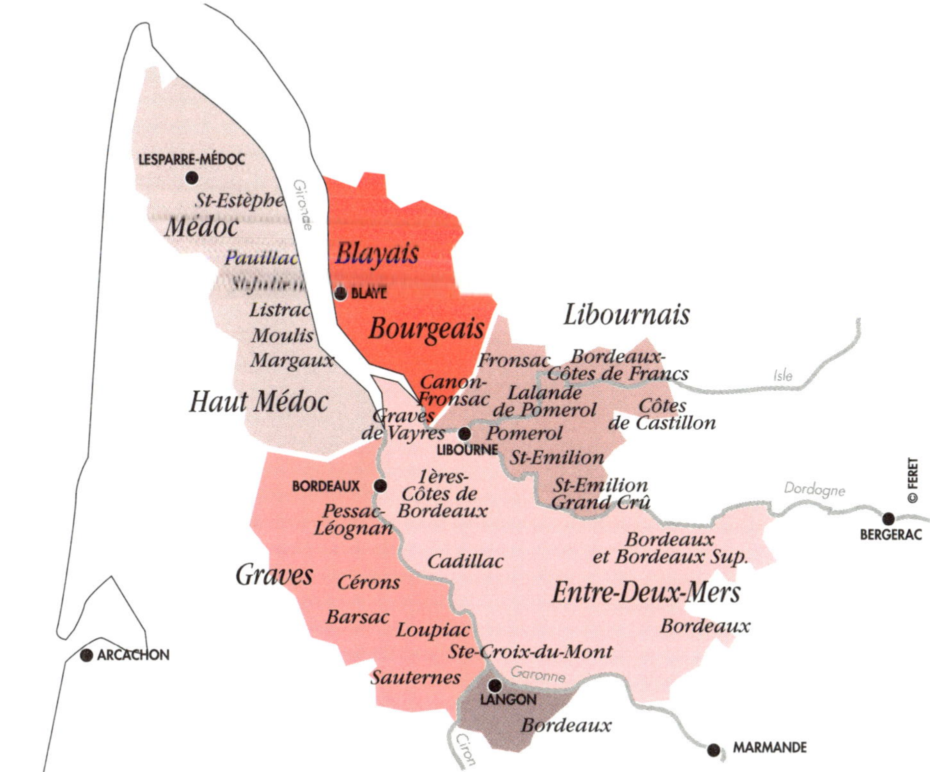

- *Bordeaux et Bordeaux Supérieurs rouges (AOC)*
- *Bordeaux et Bordeaux Supérieurs blancs (AOC)*
- *Bordeaux Rosé, Bordeaux Clairet (AOC)*
- *Crémant de Bordeaux (AOC)*
- *Médoc, Haut-Médoc (AOC)*
- *Les Communales du Médoc : Saint-Estèphe, Pauillac, Saint-Julien, Listrac, Moulis, Margaux (AOC)*
- *Graves et Pessac-Léognan (AOC)*
- *Cérons, Sauternes, Barsac (les liquoreux de la rive gauche) (AOC)*
- *Sainte-Croix-du-Mont, Loupiac, Cadillac (les liquoreux de la rive droite) (AOC)*
- *Côtes de Blaye, Blaye, Côtes de Bourg, 1ères Côtes de Bordeaux, Graves de Vayres (les vins des côtes) (AOC)*
- *Côtes-de-Castillon, Bordeaux Côtes de Francs (les vins des côtes de Dordogne) (AOC)*
- *Sainte-Foy-Bordeaux, Côtes-de-Saint-Macaire (AOC)*
- *Entre-deux-Mers (AOC)*
- *Fronsac, Canon-Fronsac (AOC)*
- *Pomerol (AOC)*
- *Lalande de Pomerol (AOC)*
- *Saint-Emilion, Saint-Emilion Grand Cru (AOC)*
- *Les "Cousines" de Saint-Emilion : Saint-Georges, Montagne, Lussac, Puisseguin (AOC)*

Les appellations du Bordelais

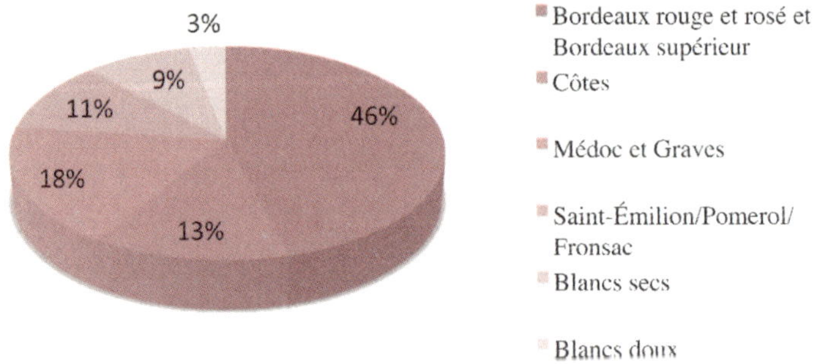

Les six groupes d'appellations
Source : Douanes 2015

L'appellation des Bordeaux et Bordeaux Supérieur est largement majoritaire à Bordeaux car elle peut être produite presque partout dans le vignoble bordelais (sur la rive gauche et la rive droite), suivi par les grands vignoble du Médoc et de Graves (sur la rive droite).

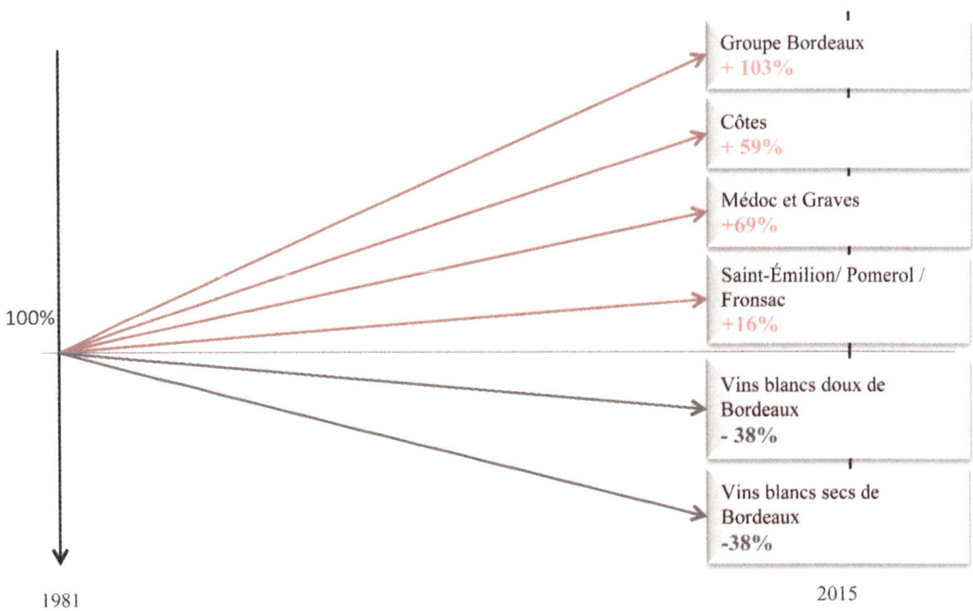

Évolution en pourcentage des différents groupes d'appellations
Source : Douanes 2015

Globalement les différents groupes d'appellation étaient en progression depuis les années 1980 et ce jusqu'entre 2005 - 2006. Contrairement aux vins rouges, les vins blancs doux et secs sont en déclin depuis 1993 - 1996.

Aujourd'hui, seuls les vignobles de Saint-Émilion/Pomerol/Fronsac et Médoc et Graves restent stables en termes de production.

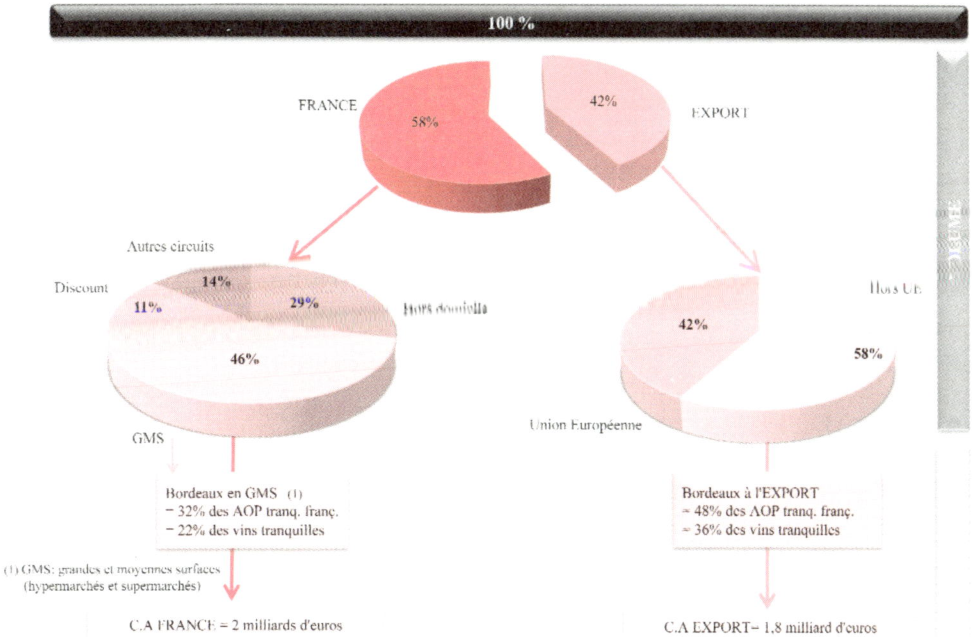

Réseaux de distribution des vins de Bordeaux en 2014-2015
CIVB/Source : Douanes, Kantar-Worldpanel, SymphonyIRI

58 % des vins de Bordeaux sont vendus en France contre 42 % à l'export. Cependant le marché du grand export est en pleine expansion essentiellement grâce au dynamisme asiatique.

Par rapport à d'autres régions viticoles de France, Bordeaux a son propre système de commercialisation de ses vins. La plupart des producteurs vendent leurs vins par l'intermédiaire de courtiers à des négociants. Ces courtiers touchent 2 % de commissions sur la transaction qui est payée seulement par l'acheteur.

Chaque appellation a son propre syndicat pour contrôler et dynamiser la vente des vins sous forme d'actions marketing ou opérationnelle. L'ensemble de ces syndicats sont gérés par le CIVB (Comité interprofessionnel des vins de Bordeaux).

Les chiffres clés de Bordeaux en 2015 :

FACTEURS HUMAINS
6 822 exploitations viticoles de 16,6 ha de moyenne
33 coopératives et 3 unions de coopératives
(40 % des récoltants, 21 % des surfaces, 23 % de la récolte)
300 négociants qui commercialisent 70 % de la production
84 courtiers (75 % de l'activité de vrac)

SURFACE EN PRODUCTION
111 150 hectares sur 57 appellations
Moyenne des exploitations 26 hectares

ENCEPAGEMENT

Pour les cépages rouges 88% :
- Merlot 66 %
- Cabernet Sauvignon 22,5 %
- Cabernet Franc 9,5 %
- Carmenère, Malbec et Petit Verdot 2 %

Pour les cépages blancs :
- Sémillon 47 %
- Sauvignon 45 %
- Muscadelle 6 %
- Autres cépages blancs 2 %

RECOLTE

5,295Mhl soit 706 millions de bouteilles

CHIFFRES D'AFFAIRES

3,36 milliards d'euros dont 1,3 milliard à l'export

EXPÉDITIONS

TOTAL 650 millions de bouteilles

FRANCE 378 millions de bouteilles, soit 58 % dont
- 46% GMS
- 29% Hors domicile
- 11% Hard discount
- 14% Autres circuits

EXPORT 273 millions de bouteilles 42%
- 42 % Union européenne
- 58 % Hors Union

DIX PREMIERS MARCHÉS EXTÉRIEURS (en millions de bouteilles)

1. Chine : 63,8
2. Belgique : 28,2
3. Allemagne : 26,2
4. Royaume-Uni : 24,5
5. Etats-Unis : 23,8
6. Japon : 22,8
7. Hong Kong : 10,2
8. Pays-Bas : 9,3
9. Canada : 8,4
10. Suisse : 6,5

www.bordeaux.com

Entretien avec Sylvie Cazes Présidente de la Fondation pour la Culture et les Civilisations du Vin

Sylvie Cazes qui êtes-vous dans le monde des vins et spiritueux ?
Je suis viticultrice, j'ai repris il y a 2 ans le Château Chauvin Grand Cru Classé de Saint-Émilion et présidente du conseil de surveillance des Domaines Jean-Michel Cazes dont le Château Lynch Bages.
Depuis 2 ans j'ai développé une activité dans le domaine de l'art de vivre et de la gastronomie (agence réceptive Bordeaux saveurs et le restaurant Le Chapon Fin).
Depuis 2008, j'ai porté le projet aux côtés d'Alain Juppé de la Cité du Vin et suis présidente de la Fondation pour la culture et les civilisations du vin qui exploite la Cité du Vin.

Dans votre secteur d'activité, pouvez-vous brièvement décrire les caractéristiques de votre marché ?
Aujourd'hui nous nous adressons à un public tant étranger, français que local, à des touristes amateurs de vin ou néophytes qui ont envie de découvrir les multiples facettes de la cité des civilisations du vin.
Nous ne négligeons pas pour autant les professionnels du vin dont nous observons qu'ils sont déjà nombreux à venir sur le site.

Quelles tendances observez-vous autour de votre activité dans l'œnotourisme ?
Aujourd'hui le consommateur veut comprendre le produit, le terroir d'origine du vin qu'il déguste et partager une expérience sur le terrain, à la propriété.
Aujourd'hui, la Cité du Vin, lieu unique au monde, a pour but de connecter les visiteurs avec les propriétés bordelaises en utilisant cette formidable plateforme qui renvoie les visiteurs dans le vignoble en bateau par l'estuaire ou la Garonne et la Dordogne, soit en les accueillant dans le vignoble, soit en leur procurant des émotions à travers toutes les activités proposées par la Cité du Vin (ateliers, programme culturel, exposition, colloques et projections).

Comment les expliquez-vous ?
Aujourd'hui la dégustation simple n'est plus suffisante.
Les amateurs de vin souhaitent vivre une expérience pour comprendre les atouts du terroir et la philosophie du produit et le partager.

Comment décririez-vous le consommateur de la prochaine décennie ?
Je pense que c'est quelqu'un qui est sensible à un certain art de vivre, voire un certain hédonisme, qui développera une grande curiosité pour la culture du vin et plus particulièrement pour la diversité de nos productions bordelaises.

Entretien avec Pierre Lurton
Directeur Château Cheval Blanc & Château Yquem - Bordeaux

Nom et Prénom : Lurton Pierre
Société : Château Cheval Blanc
Lieu d'implantation du siège : Saint-Émilion
Chiffre d'affaires de l'entreprise : Information confidentielle
Chiffres clés : Nous produisons entre 0 et 70 000 bouteilles de Cheval Blanc par millésime, et entre 10 et 25 000 bouteilles de Petit Cheval. L'essentiel de cette production est vendue en primeur sur la Place de Bordeaux.
Le vignoble est d'un seul tenant, à Saint-Émilion, l'intégralité de l'assiette foncière bénéficie du classement 1er Grand Cru Classé A. Nous gérons également les châteaux La Tour du Pin et Quinault l'Enclos, tous deux sur l'appellation Saint-Émilion Grand Cru.
Marques référentes :
- Château Cheval Blanc
- Le Petit Cheval
- Château la Tour du Pin
- Château Quinault l'Enclos

Monsieur Lurton, qui êtes-vous aujourd'hui dans le monde des vins et des spiritueux ?
J'ai une chance inouïe : être au service de deux Premiers Crus Classés de Bordeaux, avec Yquem et Cheval Blanc.
Chacun connaît l'unicité de ces deux crus qui, avec leurs confrères « premiers », sont à la tête de la hiérarchie de Bordeaux.
Le prestige et le renom international de ces vins sont une force extrêmement entraînante dans le monde des grands vins. Nos vins sont recherchés par les amateurs et collectionneurs du monde entier. Ce prestige ne va pas sans pression, sans devoirs : être observé comme nous le sommes oblige également à l'excellence quotidienne, et à une progression technique et qualitative continue.
Avoir l'honneur de travailler ces sols uniques, ces cépages soigneusement sélectionnés et plantés par nos prédécesseurs, implique donc une vocation particulière.
La vocation des Premiers Crus est de mettre leurs importantes ressources au service de la moindre parcelle de qualité qui pourrait encore être conquise. De ne jamais être totalement satisfait par le produit obtenu, de ne jamais craindre la complexité, l'exigence.
Dans un deuxième temps, forts de ce savoir-faire, nous devons nous attacher à « faire savoir ». Les relations publiques, axées sur les dégustateurs, les critiques, les marchands et les consommateurs du monde entier, sont l'autre facette de mon métier.

Dans votre cœur d'activité, pouvez-vous brièvement décrire les caractéristiques de vos marchés ?
Comme vous le savez, nos premiers distributeurs, nos metteurs en marché, sont les maisons de négoce de Bordeaux. Nous leur confions cette responsabilité.
Cependant, l'évolution du monde dans lequel ces vins sont distribués, et également la professionnalisation des équipes dans les propriétés, permettent et obligent aujourd'hui une information plus précise.
Les marchés de Cheval Blanc changent d'une campagne primeur à l'autre. C'est une des grandes forces de ce système intermédié, et donc très flexible.

Bien sûr, une très grande majorité de nos vins est exportée, autour de 80 %. Le marché français reste donc très significatif. Ensuite, la Place de Londres représente environ 20 % à elle seule, mais c'est un marché qui réexporte beaucoup. Le marché européen dans son ensemble tourne autour de 50 % de nos ventes. Deux autres marchés prépondérants, l'Asie et l'Amérique du Nord, jouent un rôle très important mais aussi très variable dans notre distribution.
En fonction des millésimes, la demande va naturellement se concentrer sur des marchés différents, et donc évoluer chaque année.

Quelles tendances observez-vous autour de vos produits, de la concurrence, sur les principaux bassins de consommation ? Comment les expliquez-vous ?
La principale différence entre la distribution des grands Bordeaux et celle des autres grands vins du monde est la notion de marché.
En effet, l'essentiel de nos ventes se fait à des clients qui, eux-mêmes, se gardent la possibilité de revendre nos vins.
Cette dynamique est permise par la disponibilité de l'information, d'autant plus aujourd'hui sur le Net. Aujourd'hui n'importe quel heureux propriétaire de grands crus de Bordeaux dans le monde peut en dix minutes connaître la valeur réelle de ses vins, et savoir à qui les céder.
Là encore, la proportion de ces « acheteurs-revendeurs » est très variable selon les millésimes.
Cette évolution, qui permet une valorisation très conséquente de nos vins, comporte aussi des incertitudes sur la destination finale de ces vins, et des risques quant au comportement de certains acheteurs, heureusement encore peu nombreux, dont la démarche est exclusivement spéculative.
Mais mettons aussi les choses en perspectives : l'histoire commerciale de Bordeaux est faite d'emballements puis d'accalmies, ce phénomène est très ancien. Ce qui a changé est la valorisation des plus grands vins.

Comment décririez-vous le consommateur de la prochaine décennie ?
Très internationalisé, très avisé, de plus en plus confiant dans son propre goût.
La culture, la connaissance du vin est indissociable du plaisir que procure sa dégustation. C'est aussi cela que les consommateurs achètent avec un flacon prestigieux. Et je croix fermement que ce beau côté des grands vins, de Bordeaux et d'ailleurs, n'est pas près de changer.

Selon vous, que doit entreprendre la filière aujourd'hui, pour anticiper les nouveaux modes de consommation de demain?
Il y a fort à parier que les achats en ligne se développent de façon exponentielle. Cela implique aussi des risques, en particulier sur les problématiques de contrefaçon, que nous prenons très au sérieux aujourd'hui.
Par ailleurs cela ne doit pas « dépoétiser » le vin. L'endroit où il a été produit, et la façon dont ce métier évolue sans révolution, doivent rester au cœur de l'attention.
Cette filière, intermédiée et très « libérale », doit donc favoriser le rapprochement de valeurs et de connaissance mutuelle entre le consommateur et le producteur, sans pour autant se séparer de la notion de marché qui implique une certaine indépendance de la distribution et de la production.

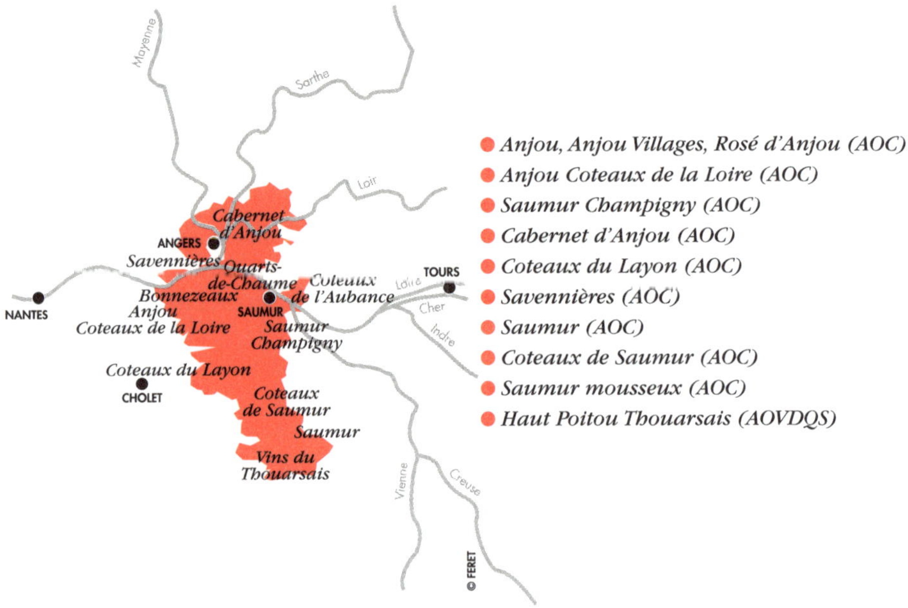

Les appellations d'Anjou et du Saumurois - Vallée de la loire

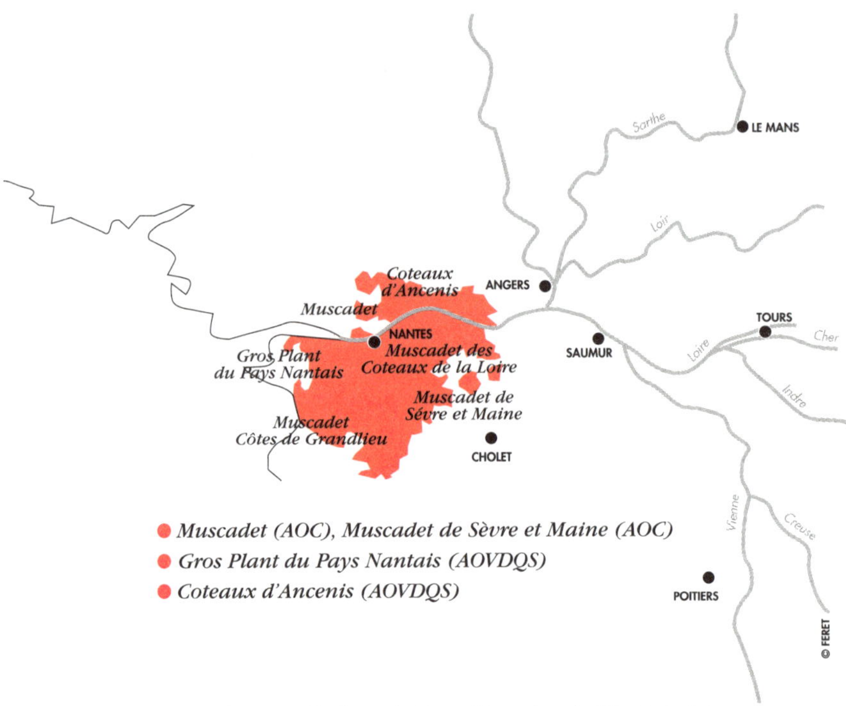

Les appellations du Pays Nantais - Vallée de la loire

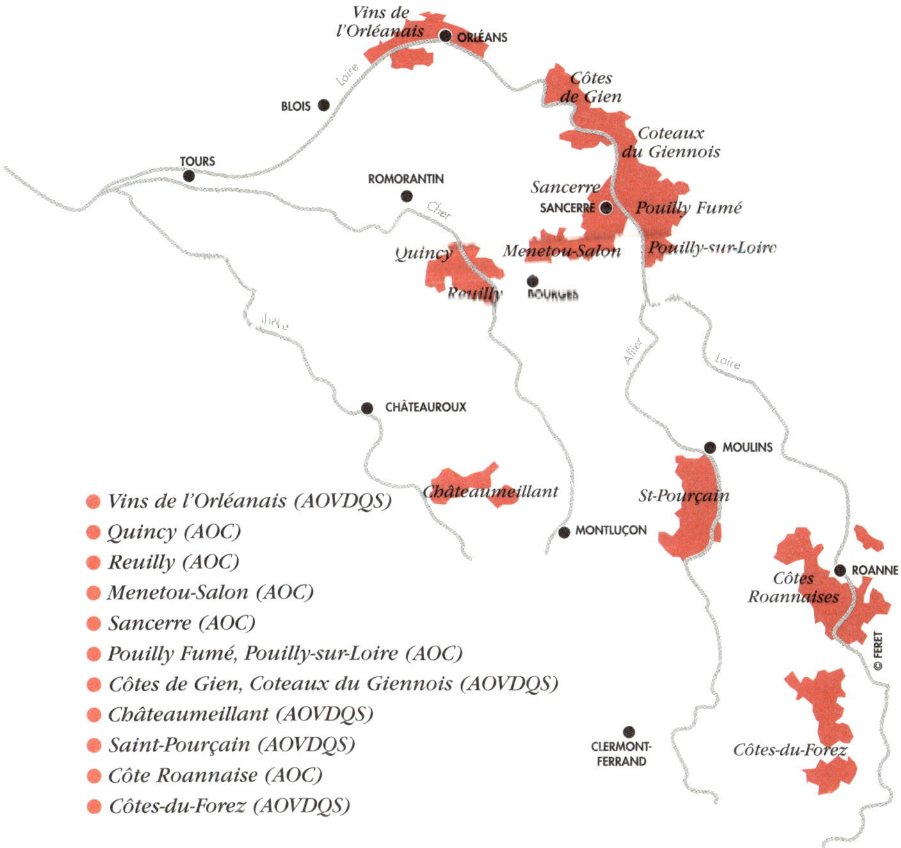

Les appellations de l'Orléanais et du Centre - Vallée de la loire

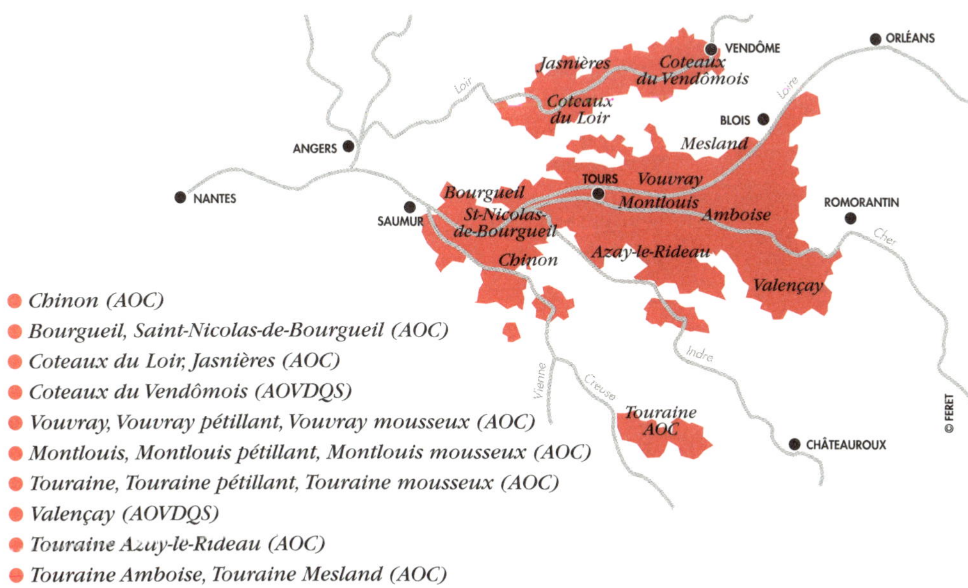

Les appellations de Touraine - Vallée de la loire

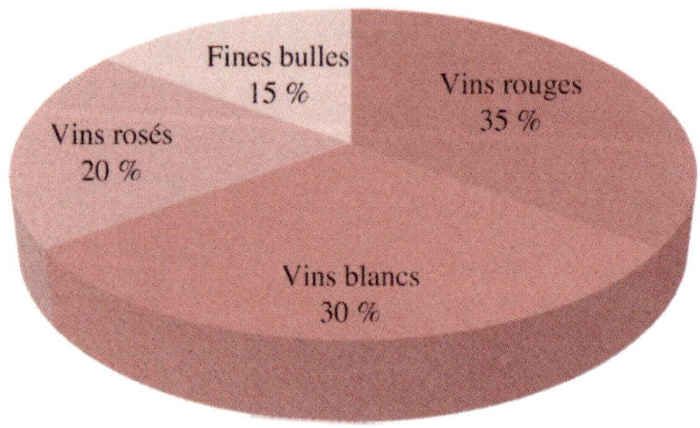

Répartition de la production par couleur entre 2010 et 2015 pour le Val de Loire

Les chiffres clés du Val de Loire en 2015 :

FACTEURS HUMAINS 2 700 viticulteurs
16 coopératives
200 négociants

SURFACE EN PRODUCTION
38 400 hectares sur 3 régions et 7 départements :
- Pays Nantais : 9 400 ha
- Touraine : 10 500 ha
- Anjou-Saumur : 18 500 ha

ENCÉPAGEMENT 12 cépages dont 4 majeurs :
Cépage rouge : Cabernet franc
Cépages blancs : Chenin, Melon de Bourgogne, Sauvignon

RÉCOLTE 262 millions de bouteilles
Pays nantais : 60 millions
Touraine : 132 millions
Anjou Saumur : 70 millions
Rendement moyen : 51 hl/ha

EXPÉDITIONS TOTAL 262 millions de bouteilles
FRANCE 210 millions de bouteilles
- Grande Surface 46 %
- Hors domicile 38 %
- Circuits spécialisés (cavistes, domaine, salons) 16 %
EXPORT 52 millions de bouteilles
- les vins blancs représentent 63 % en volumes et 70 % en valeur
- les vins rouges et rosés 15% et 13 % en valeur
- les fines bulles 22% en volume et 17 % en valeur

DIX PREMIERS MARCHÉS EXTÉRIEURS (en millions de bouteilles)
1. Royaume-Uni : 13,8
2. Etats-Unis : 12,5

3. Allemagne : 8,2
4. Belgique : 7,8
5. Pays Bas : 3,3
6. Canada : 2,8
7. Japon : 1,5
8. Suisse : 1
9. Irlande : 0,94
10. Suède : 0,82

Particularités du vignoble de la Vallée de la Loire

Le Val de Loire, troisième grande région viticole de France, inscrite au patrimoine de l'Unesco, est représenté de l'Atlantique à la région Centre.

- les propriétés sont généralement familiales et on compte près de 2 700 vignerons ;
- la mutualisation des moyens est une stratégie vraiment importante pour les vignerons. C'est pour cela que 16 coopératives ont pour mission de structurer certains vignobles dans le but d'être compétitifs sur le marché ;
- 200 négoces sont répartis sur la vallée de la Loire. Ils peuvent être propriétaire, éleveur et commercialisent aussi des vins d'autres régions viticoles ;
- 1er producteur de vins blancs d'appellation ;
- 85 appellations et dénominations ;
- 1re région de vins de fines bulles hors Champagne.
- 1er vignoble œnotouristique de France pour la qualité de son accueil (*ex æquo* avec l'Alsace).

www.vinsdeloire.fr

PROVENCE

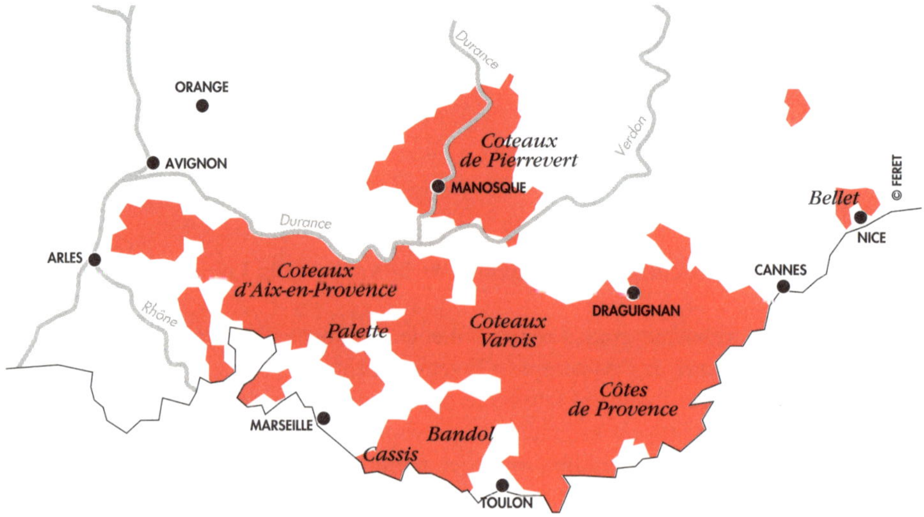

● *Bandol (AOC)* ● *Cassis (AOC)*
● *Bellet (AOC)* ● *Coteaux Varois (AOC)*
● *Côtes de Provence (AOC)* ● *Coteaux d'Aix-en-Provence (AOC)*
● *Palette (AOC)* ● *Coteaux de Pierrevert (AOVDQS)*

Les appellations de Provence

Les chiffres clés de la Provence en 2015 :

FACTEURS HUMAINS 582 producteurs
521 caves particulières 61 caves coopératives
42 négociants

SURFACE EN PRODUCTION
26 130 hectares répartis sur 3 départements :
-le Var
-Les Bouches du Rhône
-Les Alpes Maritimes

ENCÉPAGEMENT Cépages rouges et rosés :
- Syrah
- Grenache
- Cinsault
- Tibouren
- Mourvèdre
- Carignan
- Cabernet Sauvignon
Cépages blancs :
- Rolle (ou vermentino, variété très proche)
- Ugni blanc

	- Clairette - Sémillon - Bourboulenc blanc ou Doillon
RÉCOLTE	174 millions de bouteilles dont : - 88,5 % en rosé - 8 % en rouge - 3,5 % en blanc
STOCK	6,53 millions de bouteilles
CHIFFRE D'AFFAIRES	1,43 milliard d'euros
EXPÉDITIONS	TOTAL 168 millions de bouteilles FRANCE 79 % 137 millions de bouteilles - Grande distribution 44% - CHR 20 % - Ventes directes 24 % - Cavistes 6 % - Hard discount 5 % EXPORT 21 % 31 millions de bouteilles

DIX PREMIERS MARCHES EXTERIEURS (en millions de bouteilles)

1. États-Unis : 8,55
2. Belgique : 7,13
3. Allemagne : 2,1
4. Suisse : 2
5. Pays-Bas : 2
6. Royaume-Uni : 2
7. Suède : 1,6
8. Canada : 1,4
9. Danemark : 0,52
10. Luxembourg : 0.43

Particularités du vignoble de Provence

La structure du vignoble est souvent morcelée, la géopédologie étant très diversifiée par le relief offrant des zones contrastées, tant au niveau de sols que des microclimats, ce qui explique que la moitié de le production soit élaborée en caves coopératives.

Vins rosés et vins blancs sont généralement bus jeunes. Il en est de même pour les vins rouges lorsqu'ils sont légers. Mais les plus corsés de toutes les appellations vieillissent fort bien.

Comme dans les autres vignobles méridionaux, les cépages y sont très variés : l'appellation Côte de Provence en admet treize.

Contrairement à d'autre régions viticoles de France, la Provence est presque exclusivement productrice de rosé avec 88,5 % de son volume total et compte environ 582 producteurs (521 caves particulières et 61 caves coopératives) et 42 sociétés de négoce.

Elle produit 1,3 millions d'hectolitres soit 174 millions de cols.

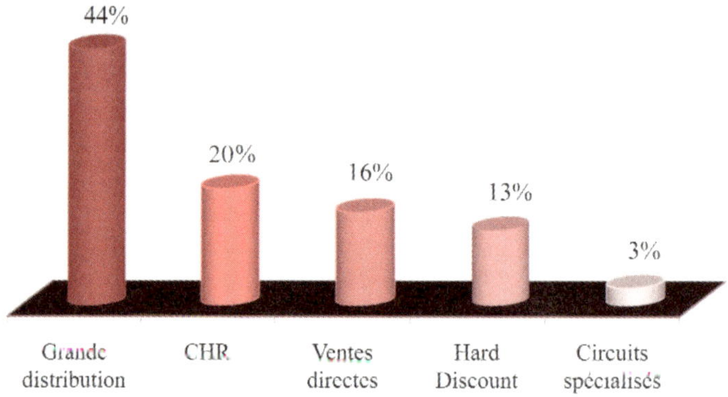

Répartition des ventes de rosé de Provence en France par circuit en 2015

Source : CIVP 2015

79 % des ventes de vin de Provence son réalisée en France dont 44 % en GD, 20 % en CHR, 24 % en vente directe, 5 % en hard discount et 6 % chez les cavistes.

Les vins de Provence sont également mieux valorisés, passant de 1,98 € en moyenne en 2005 à 4,28 € en 2015.

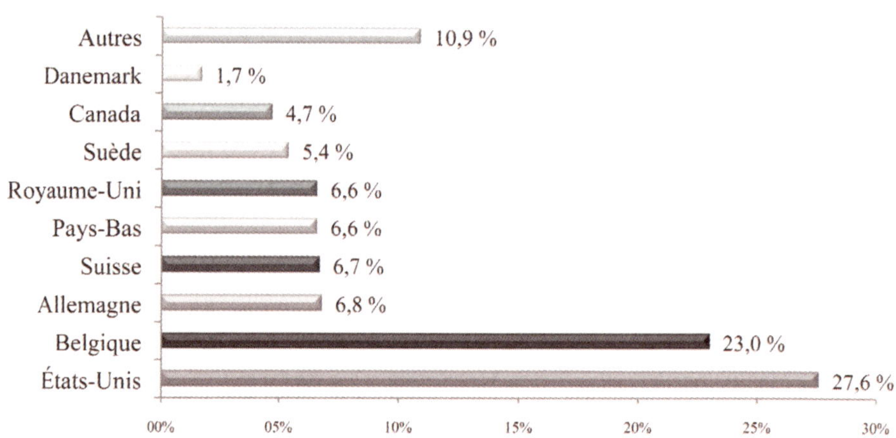

Répartition des volumes de Côtes de Provence à l'export en 2013

Source : CIVP 2015

21% des ventes ont lieu à l'export pour 31 millions de bouteilles dont 70 % étaient des rosés en 2015. En 10 ans, les exportations des vins de Provence a bondi de +287 % passant de 8 millions en 2005 à 31 millions en 2015.

www.vinsdeprovence.com

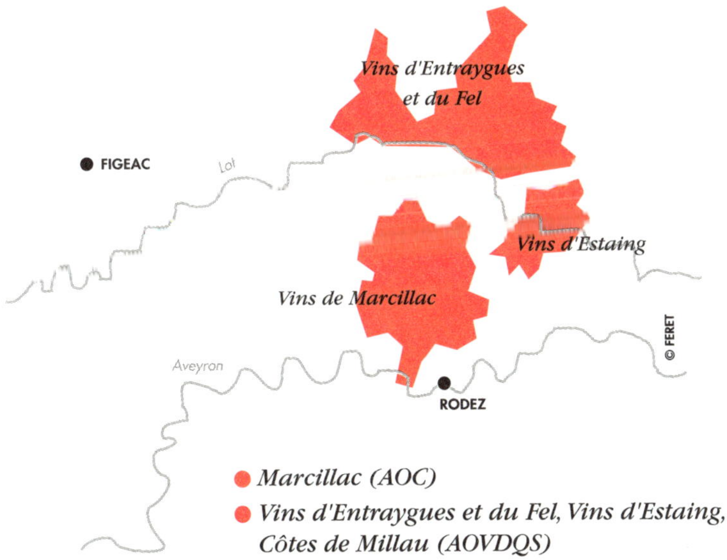

Les appellations de l'Aveyron

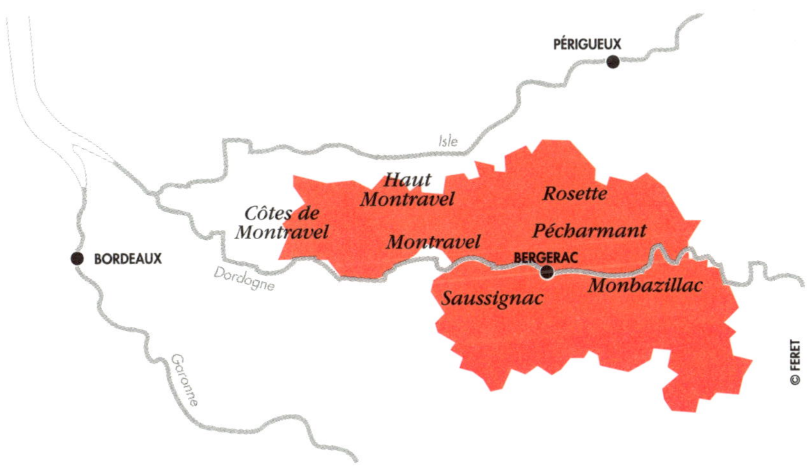

- *Bergerac et Côtes de Bergerac rouges (AOC)*
- *Bergerac et Côtes de Bergerac blancs (AOC)*
- *Monbazillac (AOC)* ● *Saussignac (AOC)*
- *Montravel (AOC)* ● *Côtes de Montravel, Haut Montravel (AOC)*
- *Pécharmant (AOC)* ● *Rosette (AOC)*

Les appellations du Bergeracois

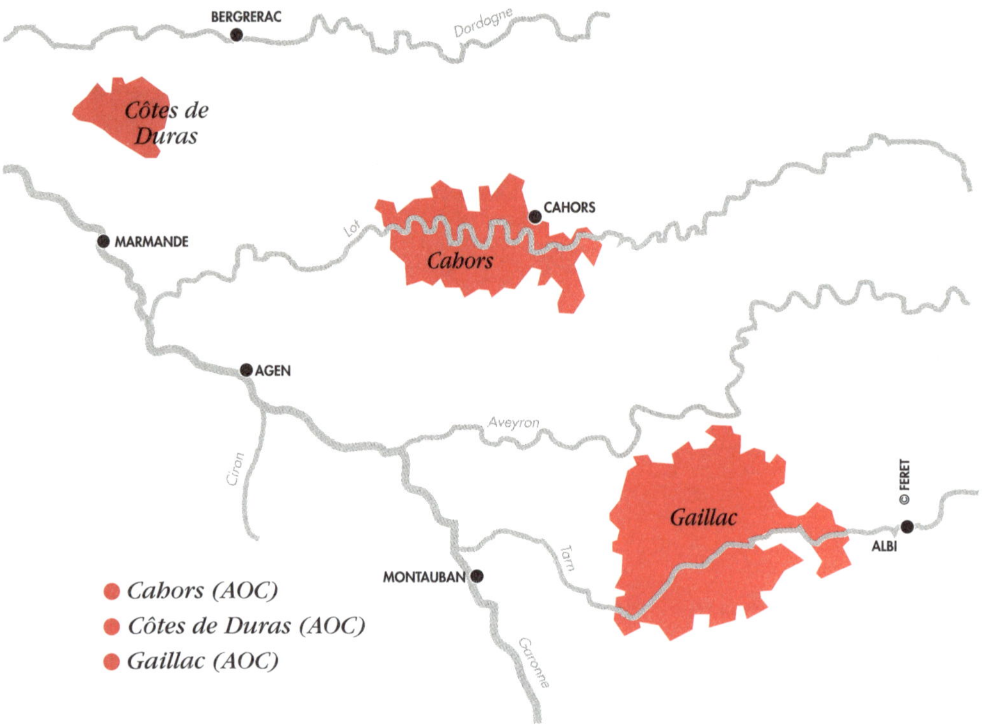

Les appellations de Cahors, de Duras et du Gaillacais

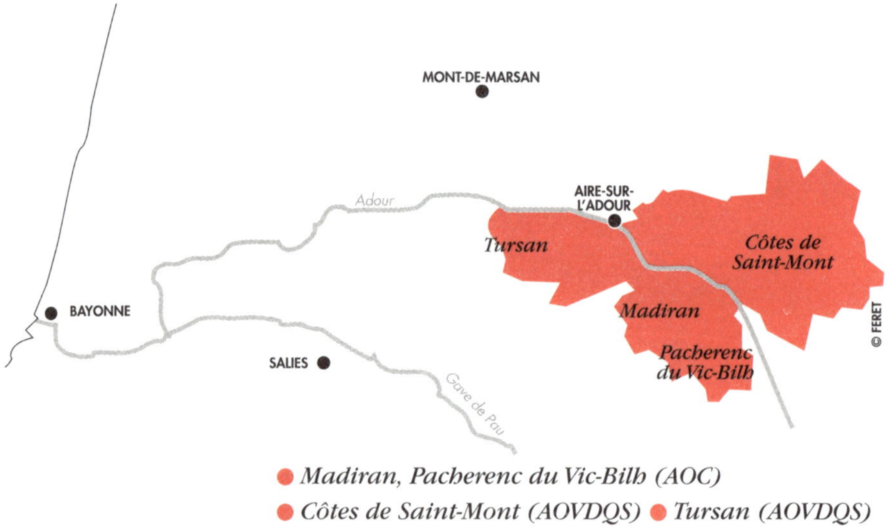

Les appellations de Gascogne

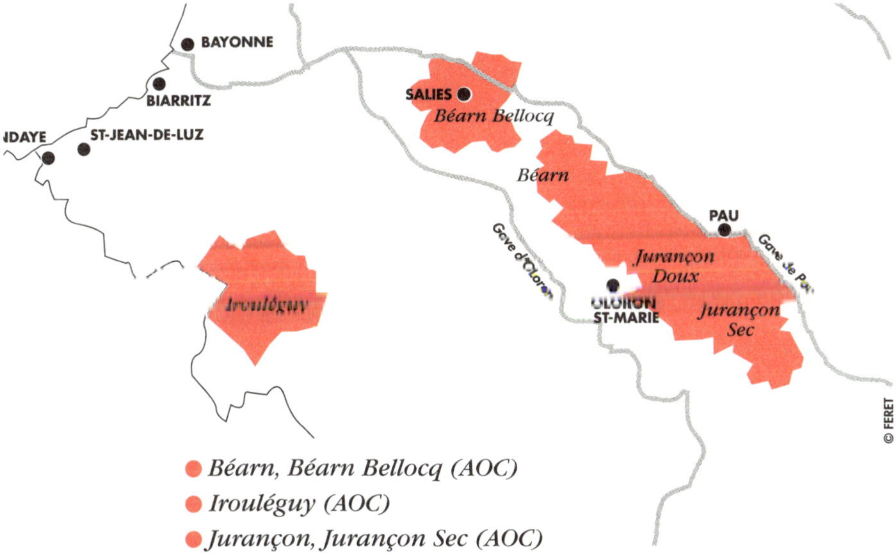

Les appellations de Soule et de Navarre

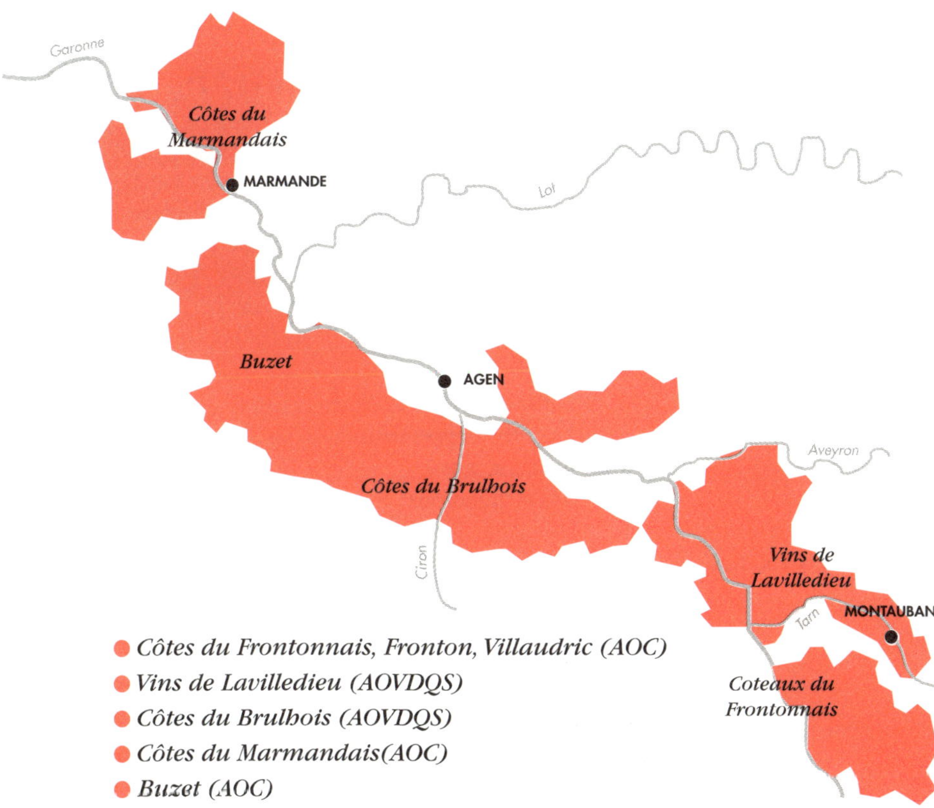

Les appellations du Val de Garonne

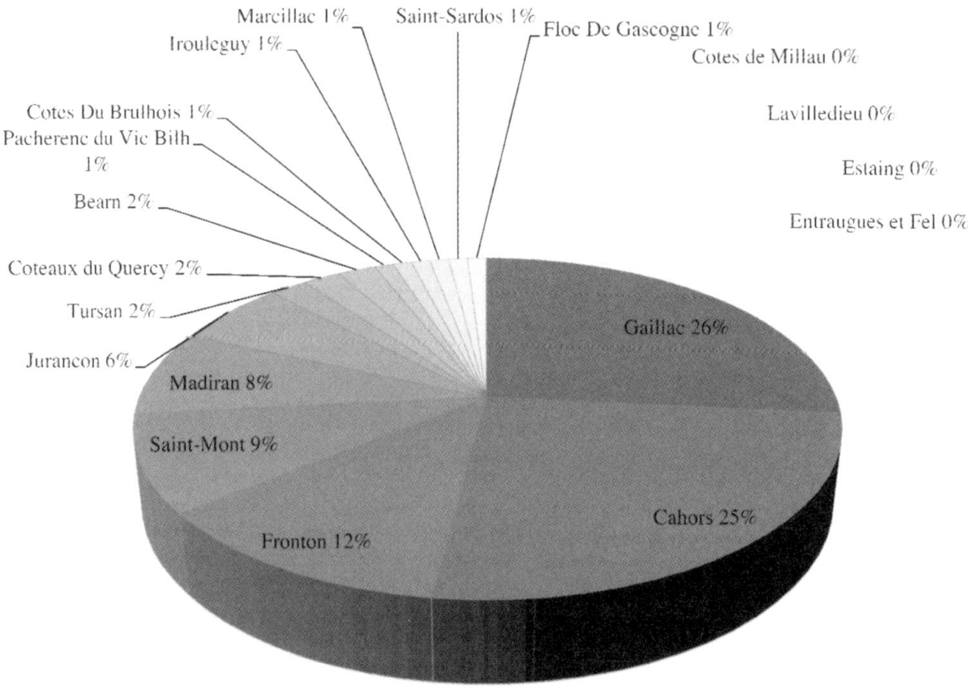

Répartition de la production des vins du Sud-Ouest en 2015
Syndicat interprofessionnel des vins du Sud-Ouest 2015

Plus de la moitié de la production des vins du Sud-Ouest est représentée par les vins du Gaillac et de Cahors. Le reste de la production est partagée entre les autres très disparates.

Les chiffres clés du Sud-Ouest en 2015 :

FACTEURS HUMAINS	1 000 caves particulières 23 caves coopératives 20 négociants 5 000 vignerons
SURFACE EN PRODUCTION	42 000 hectares dont : - 50 % vignerons indépendants - 50 % vignerons coopérateurs 17 AOP / 12 IGP
ENCÉPAGEMENT	Cépages rouges : - Cabernet franc - Cabernet Sauvignon - Malbec - Côt ou Auxerrois - Duras - Les Fer Servadou

- Merlot
- Négrette
- Tannat

Cépages blancs :
- Arrufiac
- Baroque
- Courbu
- L'En de l'el
- Gros Manseng
- Petit Manseng
- Mauzac
- Sauvignon blanc
- Colombard

RÉCOLTE

450 millions de bouteilles dont :
- 242 millions de bouteilles de vins blancs
- 208 millions de bouteilles de vins rouges et rosés dont :
- 30 % en appellation d'origine
- 45 % IGP
- 25 % Vins de France

DIX PREMIERS MARCHÉS EXTÉRIEURS (en bouteilles)

1. Royaume-Uni
2. Belgique
3. Allemagne
4. Pays-Bas
5. Canada
6. Suisse
7. Japon
8. États-Unis
9. Singapour
10. Danemark

Particularités du vignoble du Sud-Ouest

Regroupant sur la même bannière les appellations aussi éloignées qu'Irouleguy, Bergerac ou Gaillac, la région viticole du Sud-Ouest rassemble ce que les Bordelais appelaient les vins du Haut Pays.
Ces vignobles parmi les plus anciens de France sont de véritables musées ampélographiques des cépages d'autrefois.
- Ils sont composés de 17 AOP et 12 IGP.
- 56,9 % des vins produits sont des rouges, 34 % des blancs et 9,1 % des vins rosés.
- La majorité des exportations se concentrent sur cinq pays : Royaume-Uni, Belgique, Allemagne, Pays Bas et Canada et dix pays absorbent 80 % des exportations.

www.france-sudouest.com

CHAPITRE 3
LES INSTITUTIONS ET SOCIÉTÉS DE SERVICE NÉCESSAIRES À VOTRE DÉVELOPPEMENT

LES INSTITUTIONS

BUSINESS FRANCE

BUSINESSFRANCE

Agence nationale au service de l'internationalisation de l'économie française, résultant de la fusion au 1er janvier 2015 d'Ubifrance et de l'AFII, Business France valorise et promeut l'attractivité de l'offre de la France, de ses entreprises et de ses territoires. L'agence constitue un réseau en France et dans le monde dédié à l'accompagnement des entreprises françaises dans leur démarche à l'exportation et à l'implantation sur les marchés étrangers. Business France travaille en partenariat avec les chambres de commerce et d'industrie permettant de conforter un réseau de 85 agences dans 60 pays. Business France est un établissement public industriel et commercial placé sous la tutelle du ministre de l'Économie, des Finances et de l'Industrie, du secrétaire d'État chargé du commerce extérieur et de la direction générale du Trésor.

La mission de Business France est d'accompagner les entreprises françaises dans leur démarche à l'export, selon leurs besoins et leur profil, depuis le diagnostic export complet jusqu'à l'exécution des projets sur les marchés étrangers. De plus, il facilite la découverte des marchés et détecte les possibilités d'implantation.

Business France propose trois familles de services :
- conseil (connaître et cibler un marché pour l'export, les réglementations, l'implantation ou les projets et appels d'offres internationaux) ;
- contacts (identifier, rencontrer et conquérir ses futurs clients) ;
- communication (gagner en visibilité auprès des professionnels, grâce à des services complets et personnalisés de relations presse, de promotion commerciale et de publicité professionnelle).

Mais aussi Business France est capable de mettre en œuvre avec ses partenaires des synergies :
- prêt pour l'export avec Bpi France
- prêt diagnostic de propriété intellectuel avec l'INPI.

Business France facilite le financement des projets à l'exportation avec :
- une diminution du prix des principales prestations (salons) ;
- le développement de la procédure de labellisation (financement d'actions mises en place par d'autres partenaires comme les CCI, les fédérations professionnelles,...) ;
- des ressources humaines pour l'international et l'exportation.

Business France vous accompagne avec la mise en place d'un Volontariat International Entreprise (V.I.E.)

Le Volontariat International en Entreprise (V.I.E) propose une solution en ressources humaines rapide, souple et simple pour l'entreprise. Sur une période de 6 à 24 mois, vous pourrez bénéficier de l'apport d'un jeune diplômé qui, implanté dans le pays visé, pourra mettre en place votre projet d'export ou renforcer à coût modéré votre équipe dédiée sur le terrain.

Grâce à son réseau sur toute la France, Business France s'appuie plusieurs partenaires :
- régionaux : 22 conventions signées avec les chambres régionales de commerce et d'industrie ;
- nationaux : tels que la direction générale des entreprises, COFACE pour soutenir les PME innovantes et faciliter les financements des projets ;
- internationaux : accords de coopération avec les chambres de commerce et d'industrie françaises à l'étranger.

Les principales missions de Business France sont :
- aider au développement international des PME et ETI et de leurs exportations ;
- informer et accompagner les investisseurs étrangers en France ;
- promouvoir l'attractivité et l'image économique de la France, de ses entreprises et de ses territoires ;
- gérer et développer le volontariat international en entreprises (V.I.E)

Business France propose un accompagnement aux propriétés allant de l'information, au recrutement, à la communication jusqu'à la mise en conformité de l'activité.

Business France c'est aussi en quelques chiffres :
- 8 700 V.I.E en poste en 2015 ;
- 50 % des entreprises concluent ou négocient un courant d'affaires dans les six mois (IPSOS 2014) ;
- 10 000 PME et ETI bénéficiaires chaque année des solutions export.

Business France cherche sans cesse d'améliorer l'accompagnement aux entreprises en augmentant ses missions et ses connexions avec les institutions et essaie de garantir des résultats.

www.businessfrance.fr

DIRECCTE

Liberté • Égalité • Fraternité
RÉPUBLIQUE FRANÇAISE
Direction Régionale des Entreprises, de la Concurrence, de la Consommation, du Travail et de l'Emploi

Créées en 2010, les Direccte regroupent des services administratifs issus de divers horizons : commerce extérieur, tourisme, commerce et artisanat, intelligence économique, industrie, travail et emploi, concurrence et consommation.

Une Direccte est composée de trois pôles dont chacun a la compétence pour l'ensemble du territoire réional de l'animation des politiques publiques en son domaine :
- le pôle T (Travail) : pour l'essentiel il anime l'activité de l'inspection du travail ;
- le pôle 3E (Entreprises, Emploi, Économie) : il lui incombe la charge d'impulser la politique emploi et développement économique ;

- le pôle C (Consommation) : il pilote les questions de concurrence et l'animation dans les directions départementales concernées des sujets liés à la consommation (protection des populations).

À ces trois pôles s'ajoute bien évidemment un service support, le secrétariat général, qui répartit la ressource.

La Direccte est un service régional ce qui signifie qu'elle inclut à la fois un siège et des services ancrés dans les départements, services qui sont nommés unités territoriales de la Direccte.

Interlocuteur unique pour les entreprises, la Direccte rassemble à la fois des compétences de contrôle, d'animation et de conseil les concernant.

Ses compétences de contrôle :

- à travers le contrôle de l'application des règles en droit du travail, au moyen des services d'inspection du travail, la Direccte veille au respect des dispositions du code du travail.
- dans le domaine de la concurrence, elle fait en sorte que la loyauté des marchés soit respectée.

Ses compétences d'animation et de conseil :

- le développement économique local (tourisme par exemple) ;
- le soutien aux filières ;
- le support aux pôles de compétitivité ;
- l'animation des acteurs du service public de l'emploi (pôle emploi, missions locales, maisons de l'emploi) ;
- la coopération avec les collectivités territoriales et d'autres services de l'état sur des domaines tels que la formation l'apprentissage, l'orientation, l'accompagnement des entreprises à l'export en lien avec les autres opérateurs publics (Ubifrance AFCCI).

www.direccte.gouv.fr

INTERPROFESSIONS ET SYNDICATS

La création des organisations interprofessionnelles viticoles est fondée sur une volonté des différents maillons d'une filière de s'impliquer dans les problèmes de la filière à tous les stades de la production, de la transformation, de la commercialisation et voire de la distribution.

Ce sont des personnes morales de droit privé, en général des associations régies par la loi du 1er juillet 1901. La profession viticole y est représentée par des organisations spécialisées et représentatives pour le vin. Leurs actes de gestion, comme leurs créances et cotisations, y compris lorsqu'elles sont étendues, sont soumis au droit privé.

Elles ont pour objectif de conduire des actions dans l'intérêt de tous les maillons d'une filière (promotion, recherche).

La plupart des principes de l'interprofession viticole sont inscrits dans la loi du 10 juillet 1975 et codifiée sous les articles L. 631-1 et suivants du Code rural. Certaines ont un régime communautaire. C'est le cas des secteurs de la viticulture.

Elles ont un régime *sui generis* antérieur à la loi de 1975. Dans la pratique, leur fonctionnement est le même que celui des interprofessions issues de la loi de 1975.

Ces entités ont notamment pour objet de conclure des accords entre partenaires :

- sur la connaissance de l'offre et de la demande ;

- sur l'adaptation et la régularisation de l'offre ;
- sur la qualité des produits. À cet effet, les accords peuvent notamment prévoir l'élaboration et la mise en œuvre de disciplines de qualité et de règles de définition, de conditionnement, de transport et de présentation, si nécessaire jusqu'au stade de la vente au détail des produits ; pour les appellations d'origine contrôlées, ces accords peuvent notamment prévoir la mise en œuvre de procédures de contrôle de la qualité ;
- sur les relations interprofessionnelles dans le secteur intéressé, notamment par l'établissement de normes techniques et de programmes de recherche appliquée et de développement ;
- pour la promotion du produit sur les marchés intérieur et extérieur ;
- pour des démarches collectives de leurs membres afin de lutter contre les aléas de la production, de la transformation, de la commercialisation et de la distribution, et contre les organismes nuisibles ;
- pour renforcer la sécurité alimentaire, en particulier par la traçabilité des produits, dans l'intérêt des utilisateurs et des consommateurs ;
- pour développer les valorisations non alimentaires ;
- pour développer la contractualisation entre partenaires de la filière, notamment par l'élaboration de contrats-types.

Leurs accords doivent, en tout état de cause, être « conformes à l'intérêt général et compatibles avec les règles de la politique agricole commune » (art. L-632-3 du Code rural). Ces accords, ainsi que les accords concernant le financement de leurs actions au moyen de cotisations, peuvent être rendus obligatoires, par les pouvoirs publics, à tous les membres des professions constituant l'interprofession.

La reconnaissance en qualité d'organisation interprofessionnelle

L'acte de formation d'une interprofession est libre et indépendant des pouvoirs publics. Les organisations professionnelles peuvent se regrouper en interprofessions, contracter des accords, comportant des appels à cotisations, sur le mode volontaire, sans intervention des pouvoirs publics.

Comme pour les conventions collectives dans la sphère des relations de travail ou encore les règles des comités économiques dans le secteur agricole, elles peuvent demander aux pouvoirs publics de rendre leurs accords obligatoires.

Ces entités doivent alors, préalablement à toute demande d'extension, avoir fait l'objet d'une reconnaissance.

Les pouvoirs publics interviennent *a posteriori*, au moment de reconnaître ce groupement, pour vérifier que divers critères sont satisfaits, et principalement :
- la conformité des statuts à la loi (article L. 632-1 du Code rural) ;
- la représentativité des organisations constitutives de l'interprofession.

L'extension des accords

Un accord conclu dans le cadre d'une organisation interprofessionnelle doit être rendu obligatoire, par arrêté interministériel, à l'ensemble des membres des professions couvertes par le champ de l'interprofession : il s'agit, dans ce cas, d'un accord étendu.

Pour qu'un accord soit étendu, la loi impose qu'il soit adopté à l'unanimité des professions participant à l'interprofession. Les pouvoirs publics vérifient par ailleurs la conformité de ces accords aux dispositions du Code rural et au droit de la concurrence, concernant leur objet et la procédure selon laquelle ils ont été adoptés.

FRANCEAGRIMER

FranceAgriMer

Né le 1er avril 2009 de la fusion de cinq offices agricoles (Ofimer, Office de l'élevage, ONIGC, Onippam et Viniflhor), FranceAgriMer, établissement national des produits de l'agriculture et de la mer sous tutelle de l'État, a été créé par l'ordonnance n°2009-325 du 25 mars 2009, dans le cadre de la révision générale des politiques publiques.

Intermédiaire entre les filières et l'État, FranceAgriMer organise leurs échanges.

FranceAgriMer, établissement national des produits de l'agriculture et de la mer, exerce ses missions pour le compte de l'État, en lien avec le ministère de l'Agriculture, de l'Alimentation, de la Pêche, de la Ruralité et de l'Aménagement du territoire.

FranceAgriMer met en œuvre les politiques publiques de régulation des marchés, assure une veille économique qui renforce l'efficacité des filières et favorise leur organisation.

Grâce au dialogue permanent qu'il suscite auprès des filières, l'établissement constitue le lieu privilégié des échanges entre ces dernières et les pouvoirs publics, se posant comme un partenaire incontournable de concertation et d'arbitrage.

La réglementation européenne évolue, la politique agricole commune se transforme, les défis alimentaires, économiques et environnementaux sont toujours plus nombreux... Autant de facteurs qui demandent aux filières de l'agriculture et de la mer de s'adapter en permanence.

Pour les aider à y parvenir, FranceAgriMer assume des missions économiques, de conseil, de gestion et de coopération. Son rôle est de :

• sur les marchés :
- assurer la veille économique et le suivi des marchés ;
- gérer les mesures communautaires de régulation des marchés ;
- alerter en cas de crise.

• pour les filières :
- renforcer l'efficacité économique des filières ;
- mettre en place une politique de développement durable et de qualité ;
- prévenir les risques des filières.

• pour les professionnels :
- aider les producteurs à s'organiser ;
- encourager le dialogue interprofessionnel ;
- contribuer à la coopération technique.

L'organisation

Établissement public doté d'un conseil d'administration et d'un comité de direction, FranceAgriMer a son siège social en région parisienne, à Montreuil-sous-Bois (93).

Trois délégations nationales s'y rattachent, ainsi que 22 services régionaux, intégrés aux directions régionales de l'Alimentation, de l'Agriculture et de la Forêt (DRAAF) :
- Libourne (33) traite de l'organisation commune de marché vitivinicole ;
- La Rochelle (17) accueille un laboratoire d'analyses.

FranceAgriMer en quelques chiffres :

- 1 139 agents soit 1295 ETP (Équivalents Temps Plein) ;
- 3 délégations nationales ;
- 22 services régionaux, 13 à partir de janvier 2016 ;
- 3 directions ;
- 384 millions d'euros d'aides communautaires pour 125 000 bénéficiaires ;
- 256 millions d'euros d'aides nationales pour 205 000 bénéficiaires (durant 2010).

www.franceagrimer.fr

OIV

OIV
Organisation Internationale de la Vigne et du Vin

L'Organisation internationale de la vigne et du vin (OIV) qui se substitue à l'Office international de la vigne et du vin a été créée par l'accord du 3 avril 2001.

L'OIV y est défini en tant qu'organisme intergouvernemental à caractère scientifique et technique de compétence reconnue dans le domaine de la vigne, du vin, des boissons à base de vin, des raisins de table, des raisins secs et des autres produits issus de la vigne.

Dans le domaine de ses compétences, les objectifs de l'Organisation internationale de la vigne et du vin sont les suivants :

- indiquer à ses membres les mesures permettant de tenir compte des préoccupations des producteurs, des consommateurs et des autres acteurs de la filière vitivinicole ;
- assister les autres organisations internationales intergouvernementales et non gouvernementales, notamment celles qui poursuivent des activités normatives ;
- contribuer à l'harmonisation internationale des pratiques et normes existantes et, en tant que de besoin, à l'élaboration de normes internationales nouvelles, afin d'améliorer les conditions d'élaboration et de commercialisation des produits vitivinicoles et à la prise en compte des intérêts des consommateurs.

Afin d'atteindre ces objectifs, l'Organisation internationale de la vigne et du vin exerce, entre autres, les attributions suivantes :

- promouvoir et orienter les recherches et expérimentations scientifiques et techniques ;
- élaborer, formuler des recommandations et en suivre l'application en liaison avec ses membres, notamment dans les domaines suivants : les conditions de production viticole, les pratiques œnologiques, la définition et/ou la description des produits, l'étiquetage et les conditions de mise en marché, les méthodes d'analyse et d'appréciation des produits issus de la vigne ;
- soumettre à ses membres toutes propositions concernant : la garantie d'authenticité des produits issus de la vigne, en particulier vis-à-vis des consommateurs, notamment en ce qui concerne les mentions d'étiquetage, la protection des indications géographiques et, notamment, les aires vitivinicoles et les appellations d'origine désignées par des noms géographiques ou non qui leur sont associés, dans la mesure où elles ne mettent pas en cause les accords internationaux en matière de commerce et de propriété intellectuelle, l'amélioration des critères scientifiques et techniques de reconnaissance et de protection des obtentions végétales vitivinicoles ;

- contribuer à l'harmonisation et à l'adaptation des réglementations par ses membres ou, en tant que de besoin, faciliter la reconnaissance mutuelle en ce qui concerne les pratiques entrant dans le champ de ses compétences ;
- participer à la protection de la santé des consommateurs et contribuer à la sécurité sanitaire des aliments : par la veille scientifique spécialisée, permettant d'évaluer les caractéristiques propres des produits issus de la vigne, en promouvant et en orientant les recherches sur les spécificités nutritionnelles et sanitaires appropriées, en diffusant des informations résultant de ces recherches aux professions médicales et de santé.

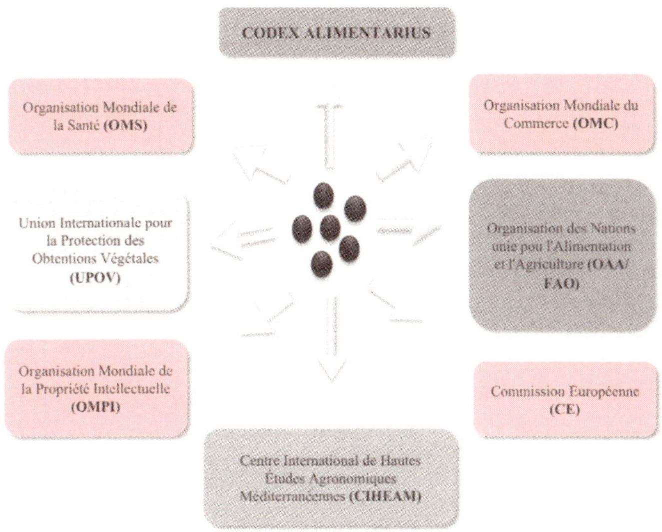

Organigramme du service de l'OIV

www.oiv.int

LES DOUANES

La douane est une administration de régulation des échanges, chargée de faciliter et de sécuriser les flux de marchandises. Elle s'adapte en permanence aux évolutions du commerce et au transport des marchandises pour jouer pleinement son rôle de régulation économique au service des entreprises et, au-delà, de l'ensemble de la collectivité nationale.

La douane d'aujourd'hui s'inscrit, en effet, dans un contexte mondial de développement des flux commerciaux, dans le cadre de la mondialisation des circuits économiques et des échanges de biens liés aux déplacements des voyageurs.

Cette mondialisation, sur laquelle s'est appuyée la croissance mondiale au cours des dernières années, s'est accompagnée d'une ouverture économique, culturelle et politique à des zones géographiques nouvelles et elle a été bénéfique à bien des égards. Mais cette mondialisation peut comporter des risques et doit être régulée pour favoriser, notamment, un développement durable.

En premier lieu, la diversité de nos partenaires économiques nécessite une vigilance accrue, car ces échanges ont lieu entre pays présentant différents niveaux de développement, de protection du consommateur, de préoccupation environnementale, de régimes fiscaux. Ces différences entraînent un besoin de surveillance permanent pour garantir la loyauté des échanges et la sécurité des citoyens.

En second lieu, le développement des échanges peut engendrer de nouvelles fraudes. Profitant d'opportunités inédites, la criminalité, et particulièrement la criminalité organisée, renouvelle ses modes d'action. Elle se trouve ainsi en capacité d'écouler des volumes croissants de produits prohibés, de blanchir les revenus de ses trafics et de constituer une menace accrue pour nos sociétés.

Enfin, de nouvelles menaces et inquiétudes émergent quotidiennement, liées par exemple à la pérennité et à la protection de notre environnement, des espèces et des espaces naturels, ainsi que de notre patrimoine culturel.

C'est à partir de ces constats et de ces préoccupations légitimes, qu'une demande de régulation des échanges s'exprime, à laquelle la douane, administration régalienne organisée autour de la marchandise, est à même de répondre. La douane a adapté son dispositif de contrôle aux frontières intracommunautaires et modernise depuis plusieurs années ses capacités d'intervention.

La douane d'aujourd'hui est d'abord une administration en prise directe avec la chaîne logistique des opérateurs économiques et mouvements de marchandises, au travers de flux d'informations entièrement dématérialisés, connus par anticipation et réconciliés en temps réel.

Elle est une administration capable d'optimiser l'exploitation des informations dont elle dispose, grâce à un fonctionnement en réseau de l'ensemble de ses fonctions de contrôle associées à des bases de données puissantes et une connaissance préalable des opérateurs économiques.

Elle est aussi une administration en capacité de veille, de surveillance et d'intervention sur l'ensemble du territoire, y compris maritime, garantissant la réalisation des contrôles dans des délais rapides et des conditions de sécurité optimales pour ses agents.

Elle est enfin une administration reconnue pour son expertise et son rôle en matière de protection de l'environnement, au travers tant de la fiscalité qu'elle applique que de son intervention sur les déchets, les pollutions et les espèces menacées.

Décrire en bref l'activité de la douane française nécessite de rappeler ses missions, de définir ses moyens, et de préciser son organisation, de plus en plus professionnalisée.

Mission de soutien à la compétitivité économique des entreprises

La douane a pour mission de fluidifier et de sécuriser les échanges économiques, notamment à l'international, mais également dans l'espace national et européen.

Elle joue donc un rôle important dans le bon fonctionnement du marché unique européen et dans la régulation de l'économie nationale en :

- facilitant le commerce international au travers de procédures simplifiées et de conseils personnalisés aux entreprises ;

- favorisant la (re)localisation sur le territoire national d'activités dérivées, notamment logistiques, génératrices d'activités et d'emplois ;
- établissant les statistiques du commerce international, utiles aux pouvoirs publics comme aux entreprises ;
- faisant respecter les règles des politiques commerciale et agricole communautaires dans le cadre fixé par l'Organisation mondiale du commerce (OMC), via notamment l'organisation de certains marchés (fruits et légumes), et le contrôle de filières de production (viticulture) ;
- protégeant l'économie contre les pratiques déloyales, telles que le dumping ou les contrefaçons.

Mission de protection et de lutte contre la fraude

Dans l'espace sans frontière intérieure du marché unique, ouvert aux échanges avec le reste du monde, la douane assure une mission essentielle de protection contre les grands courants de fraude en :

- luttant contre les grands trafics frauduleux liés à la criminalité organisée, notamment les trafics de stupéfiants, de contrefaçons, de cigarettes, d'armes et d'explosifs, ou des espèces animales et végétales menacées d'extinction ;
- surveillant les mouvements de déchets nuisibles et toxiques à l'intérieur du marché unique ;
- contrôlant la circulation des produits stratégiques civils ou militaires, des produits radioactifs et celle des biens culturels, et en empêchant l'entrée en France de produits dangereux ou non conformes aux normes techniques européennes ;
- luttant contre les fraudes fiscales et douanières dans le secteur commercial ;
- contribuant à la fonction garde-côtes (sauvetage, police des pêches, lutte contre les pollutions marines, protection des espaces maritimes, etc.) ;
- luttant contre les transferts illicites de capitaux et le blanchiment ;
- relevant des infractions de droit commun dans l'exercice de ses contrôles et de ses enquêtes judiciaires.

Mission fiscale

La douane perçoit :

- les accises (impôts indirects) sur les tabacs et alcools, les produits pétroliers ;
- la TVA sur les produits importés des pays tiers à l'Union européenne ;
- les droits de douane à l'importation dans l'Union européenne.

L'organisation de la douane

Les effectifs de la douane française, soit environ 18 000 agents, sont répartis sur l'ensemble du territoire métropolitain et d'outre-mer, dans un maillage d'environ 200 bureaux de douane et centres de viticulture, ainsi que 270 unités de surveillance, terrestres et aéronavales.

Les services centraux, situés à Montreuil, sont répartis en 6 sous-directions et un département de statistiques, et plusieurs autres services (relations internationales, communication et contrôle de gestion). Ils pilotent l'activité de la douane, élaborent la réglementation et orientent l'action des services douaniers.

Elle est composée de :

- 12 directions interrégionales
- 42 directions régionales, dont les limites ne coïncident pas nécessairement avec le découpage administratif, mais s'adaptent à l'importance de l'activité douanière.

www.douane.gouv.fr

LES CONSEILLERS DU COMMERCE EXTÉRIEUR DE LA FRANCE

Comité national des conseillers du commerce extérieur de la France

Définition

Choisis pour leur compétence et leur expérience à l'international, les conseillers du Commerce extérieur de la France (CCEF) sont nommés pour trois ans par décret du Premier ministre sur proposition du ministre chargé du Commerce extérieur. Depuis 114 ans, ils mettent bénévolement leur expérience au service de la présence économique française dans le monde :

- en conseillant les pouvoirs publics ;
- en transmettant leur expertise aux entreprises, notamment les PME, qu'ils parrainent dans leur développement à l'international ;
- en allant à la rencontre des jeunes qu'ils sensibilisent aux métiers de l'international et en assurant la promotion du V.I.E.

Les conseillers du commerce extérieurs sont 4 300 personnes représentées dans 146 pays dans le monde.

Missions

• *Conseiller*

Les CCEF mènent une action de veille sur les « dossiers sensibles » du commerce extérieur.

Au cœur des marchés internationaux et experts dans leur domaine, ils transmettent leurs informations, avis et recommandations aux pouvoirs publics dont ils éclairent les décisions.

En partenariat avec les principaux acteurs institutionnels du commerce extérieur français (DGT, Ubifrance, chambres de commerce, Medef International, Coface, Oséo, AFII, etc.), les CCEF organisent, en France et dans le monde, des colloques, séminaires et symposiums régionaux.

Ces rencontres permettent aux CCEF et aux décideurs économiques (français et internationaux) de confronter et transmettre leurs expériences ou analyses sur les problématiques des échanges mondiaux ou des marchés spécifiques.

• *Parrainer*

Les CCEF transmettent leur expertise aux entreprises, notamment aux PME, qu'ils parrainent et accompagnent bénévolement dans leur développement à l'international. Souvent nommés CCEF lorsqu'ils étaient en poste à l'étranger, ils apportent leurs connaissances de terrain et permettent aux PME d'appréhender plus facilement l'ensemble des aspects d'une stratégie export et de mobiliser les relais susceptibles de faciliter leur développement international.

Le parrainage CCEF / entreprise se déroule :

- soit de façon limitée dans le temps (conseils ponctuels, orientations, mises en relation) ;
- soit à travers une action de plus longue durée, avec le concours possible d'étudiants dans le cadre de leur formation ;
- soit en ouvrant leurs colloques, forums et symposiums régionaux dans le monde à des PME.

• *Former*

Les CCEF interviennent auprès de nombreux établissements d'enseignement (écoles de commerce, écoles d'ingénieurs, universités, BTS commerce international...) pour sensibiliser les jeunes aux métiers de l'international et faire partager leur expérience (témoignages, jurys, tutorats...).

Ils favorisent le contact « école-entreprise » en associant des étudiants au parrainage de PME (réalisation d'études de marché, prospection, stage...). Un certificat de reconnaissance des CCEF est attribué aux étudiants qui se sont distingués par leur participation aux activités proposées par les CCEF et par les résultats obtenus, il constitue un lien entre les étudiants et leurs futurs employeurs.

Les CCE collaborent avec l'éducation nationale et participent notamment à la constitution d'une banque de « cas pratiques de commerce international ».

www.cncef.org

LES CHAMBRES DE COMMERCE ET D'INDUSTRIE

Définition

Les chambres de commerce et d'industrie (CCI) sont, en France comme dans d'autres pays, des organismes chargés de représenter les intérêts des entreprises commerciales, industrielles et de services d'une zone géographique et de leur apporter certains services.

Ce sont des établissements publics, dénommés par le législateur établissements publics économiques, qui peuvent, en outre, gérer des équipements au profit de ces entreprises.

Organisation

Le réseau des CCI est composé :

- des CCI territoriales (CCIT), qui correspondent à un niveau départemental ; certaines CCIT peuvent être dénommées CCI métropolitaines si leur circonscription se trouve dans les limites administratives d'une métropole (agglomération comprenant 500 000 habitants) ;
- les CCI des départements d'outre-mer qui couvrent une région exercent les attributions des CCIT des CCIR et sont dénommées CCIR ;
- des CCI départementales d'Île-de-France, qui depuis le 1er janvier 2013 sont des établissements sans personnalité juridique de la CCI de Région Paris Île-de-France;
- des CCI des collectivités territoriales d'Outre-mer et de Nouvelle-Calédonie ;
- des CCI de Région (CCIR), qui correspondent à un niveau administratif régional ;
- des groupements interconsulaires constitués entre deux ou plusieurs CCIT et/ou CCIR ;
- de l'Assemblée des chambres françaises de commerce et d'industrie (ACFCI) qui est l'établissement placé à la tête du réseau au niveau national.

En quelques chiffres : un réseau de 152 établissements publics de niveau national, régional et local :

- 126 chambres de commerce et d'industrie territoriales (CCIT) dont
    - 6 CCI départementales d'Ile-de-France (départements 75 -92 - 93 - 94 - 78 -95)

- 6 collectivités d'Outre-Mer et de Nouvelle-Calédonie : Nouvelle-Calédonie, Polynésie française, Saint-Barthélemy, Saint Martin, Saint Pierre-et-Miquelon, Wallis-et-Futuna.

- 26 chambres de commerce et d'industrie de région (CCIR) dont 5 CCI de région des DOM : Guyane, Iles de Guadeloupe, La Réunion, Martinique et Mayotte
- CCI France

ainsi que 115 chambres de commerce et d'industrie françaises à l'international (CCIFI) réparties dans 85 pays.

Missions du réseau consulaire

• *Les missions générales*

Les CCI sont des établissements publics, placés sous la tutelle de l'État, et qualifiés par la loi de « corps intermédiaires de l'État ».

Ils exercent ensemble une fonction de représentation des intérêts de l'industrie, du commerce et des services auprès des pouvoirs publics ou des autorités étrangères. Ils assurent l'interface entre les différents acteurs concernés et contribuent au développement économique des territoires et au soutien des entreprises et de leurs associations.

Les établissements du réseau remplissent des missions de service public et d'intérêt général.

• *Les missions spécifiques*

Chaque établissement du réseau peut assurer des missions :

- d'intérêt général qui lui sont confiées par la loi ou le règlement ;
- d'appui, d'accompagnement, et de conseil auprès des créateurs, repreneurs d'entreprises et des entreprises ;
- d'appui et de conseil pour le développement international des entreprises en partenariat avec l'Agence française pour le développement international des entreprises ;
- en faveur de la formation professionnelle initiale ou continue ;
- de création et de gestion d'équipements, en particulier portuaires et aéroportuaires ;
- de nature marchande, confiées par une personne publique ou qui s'avèrent nécessaires aux autres missions ;
- d'expertise, de consultation, ou d'étude à la demande des pouvoirs publics ou de sa propre initiative.

www.cci.fr

LES ENTREPRISES DE SERVICE

ALTIOS

Créée en 1991, Altios International est spécialisée dans le conseil aux entreprises françaises désireuses de développer leur chiffre d'affaires sur les marchés lointains : Amérique du Nord, Amérique Latine, Asie, Océanie.

Leader français dans l'accompagnement des entreprises sur les marchés Grand Export, Altios International a contribué à l'implantation commerciale de plus de 3000 sociétés au cours de ces 19 dernières années.

En mobilisant les ressources nécessaires à la réalisation des ambitions internationales de leurs clients, ils s'engagent à leur faire économiser temps et argent, à optimiser leurs démarches et à leur procurer de nouveaux débouchés sur des marchés familiers.

Quelques-uns de leurs points forts :

- Un rayonnement unique sur les marchés lointains : États-Unis, Chine, Australie, Inde, Brésil, Canada, Russie, Mexique.
- L'expérience du terrain : 19 années d'activité et plus de 3000 clients
- 150 collaborateurs spécialisés : consultants, commerciaux, comptables, experts, acheteurs, ingénieurs...
- Un savoir-faire développé par filière : habitat, textile, agro-alimentaire, santé, industrie mécanique, BTP, high-tech...
- Un accompagnement optimal grâce à des réseaux d'experts validés et reconnus : juridique, fiscalité, logistique, recrutement - L'adaptation des prestations aux besoins réels du client.
- Trois types de clientèle : PME-PMI, grandes entreprises, collectivités.
- Une culture entrepreunariale et une créativité au service du développement de leurs clients.
- Une indépendance génératrice de valeur ajoutée.

Les services

• *Un accompagnement complet à l'international*

Selon le projet et le marché sur lequel le client souhaite se développer, plusieurs alternatives s'offrent à vous lorsqu'il s'agit de s'implanter. ALTIOS International accompagne pour choisir la solution qui correspond le mieux au projet.

Depuis la définition de stratégie export jusqu'au développement de réseaux commerciaux, d'implantations par création de filiale ou acquisition, en passant par des solutions de recrutement et de domiciliation, Altios maîtrise chaque phase du développement à l'international.

Il simplifie l'ensemble des développements à l'international avec un interlocuteur unique favorisant une approche sur-mesure, continue et efficace des projets.

Études et prospection

• *Conquérir de nouveaux marchés et accélérer sa croissance*

Grâce à nos implantations locales et notre connaissance des réseaux d'affaires locaux, Altios International vous apporte un accès rapide aux marchés étrangers vous faisant gagner un temps précieux dans le développement de vos activités.

• *Approcher un marché :*

- Étude des potentiels
- Stratégie d'implantation et de distribution
- Optimisation commerciale de vos salons
- Recherche de partenaires commerciaux
- Test-produit, mission commerciale

• *Développer vos courants d'affaires :*
- Audit marché et optimisation de votre politique commerciale - Animation et suivi de vos clients sur le terrain - Mise à disposition de ressources humaines dédiées - Centre d'affaires : juridique, logistique, comptabilité, recrutement

• *Animer vos flux export :*
- Domiciliation commerciale & représentation
- Création et animation de filiale
- Gestion de réseau de distribution avec service logistique
- Hébergement et encadrement de V.I.E.

• *S'implanter sur un marché :*
- Partenariat et Joint Venture
- Implantation industrielle (meilleur emplacement, meilleures aides)
- Acquisition d'entreprise, transfert de savoir-faire - Bureau d'achats, sourcing

Domiciliation

• *Domicilier son entreprise sans les coûts d'une filiale*

Sur les grands marchés mondiaux (États-Unis, Canada, Mexique, Brésil, Angleterre, Allemagne, Pologne, Russie, Inde, Chine, Australie...), Altios a développé de véritables incubateurs pour l'hébergement des ressources de leurs clients (commercial, VIE...) favorisant leur expansion.

Simples, flexibles et économiques, ces services s'adressent aux entreprises qui ne veulent pas créer de filiale mais qui ont besoin d'une implantation locale pour fonctionner efficacement sur le marché.

Altios domicilie ainsi un grand nombre de sociétés françaises en mettant à leur disposition des structures d'accueil intégrées combinant poste de travail, salles de réunion, appui administratif, portage salarial et expertise stratégique du pays.

• *Un hébergement « clé en main » :*
- La domiciliation de la société avec une adresse et un numéro de téléphone dans le pays
- Installation du personnel avec un bureau en open space ou fermé
- Un équipement complet pour les salariés : téléphone, photocopieur, fax, Internet
- L'accès aux salles de réunion d'Altios pour accueillir les clients et partenaires
- Une intégration facilitée des ressources humaines grâce à des équipes conviviales et multiculturelles
- En l'absence du client, la réception et la gestion des appels par le secrétariat d'Altios.

• *Les démarches RH :*
- Le recrutement local des salariés : commerciaux, techniciens, administration des ventes...
- La gestion des visas et permis de travail des équipes
- Le portage salarial des équipes
- La gestion des fiches de paie mensuelles et des prélèvements sociaux
- L'encadrement et l'accompagnement local du personnel par les managers d'Altios
- Un accès privilégié à des services complémentaires : commercial, marketing, comptabilité, logistique...

• *Externalisation / Représentation commerciale :*
- Mise à disposition d'un expert pays Altios International à temps partagé
- Permanence et représentation commerciale dans le pays
- Animation et déploiement des réseaux commerciaux
- Suivi commercial opérationnel des affaires

Implantation

• *Accélérer le développement par création de filiale, JV ou acquisition :*

Altios International accompagne dans l'ensemble du processus d'implantation permettant de sécuriser le projet du client : stratégie, financement, comptabilité, juridique... Ils garantissent une assistance complète, personnalisée et efficace.

Ils mettent à la disposition du client l'expertise technique de leurs professionnels, leur expérience locale des marchés et leurs réseaux (avocats, experts comptables, banques, logisticiens...) pour optimiser leur opération.

Ces services sont définis et réalisés sur-mesure à partir de leurs filiales : Australie, Brésil, Chine, États-Unis, Inde, Mexique, Pologne, Russie, Tchéquie.

• *Création et domiciliation de filiale :*
- Création de la filiale dans le pays,
- Domiciliation juridique et fiscale de la filiale,
- Facilité d'ouverture du compte en banque en relation avec le Crédit Agricole,
- Mise à disposition d'administrateur local (obligatoire en Russie, Brésil et Australie).

• *Gestion comptable de filiale :*
- Gestion administrative et comptable de la filiale grâce à une équipe dédiée,
- Recrutement, hébergement et gestion de la paie du personnel,
- Préparation des bilans annuels en relation avec un expert-comptable
- Reporting financier mensuel et état de consolidation vers la maison mère.

• *Implantation industrielle :*
- Étude de faisabilité et du business plan relatifs à l'implantation,
- Recherche de sites et des financements,
- Négociation des baux,
- Optimisation des process comptables, juridiques et RH,
- Accompagnement sur la phase de démarrage.

• *Acquisition :*
- Identification, recherche et évaluation d'opportunités d'acquisition,
- Audit et sélection de cibles,
- Coordination des travaux avec les experts locaux,
- Aides à l'investissement.

Stratégie & financement export

Altios International innove en proposant un service spécifique aux entreprises exportatrices pour optimiser leur expansion internationale.

Présent dans plus de 80 pays, il accompagne dans le cadre d'un projet global de développement à l'international en intervenant depuis l'élaboration de votre stratégie de déploiement la plus performante à sa mise en place opérationnelle, en passant par le montage des dossiers de financements publics à l'export.

Altios International entend ainsi renforcer son rôle d'accompagnement des PME et ETI confrontées à des enjeux prioritaires de développement à l'international.

Leur objectif est d'accélérer l'expansion de leurs clients en leur apportant une expertise mondiale des marchés cibles et leurs spécialistes dédiés pour le financement des opérations souhaitées.

• *Un déploiement international en trois étapes :*

Phase 1 : La stratégie de développement du client
- Préciser son projet de développement international
- Déterminer son modèle économique et sa faisabilité
- Identifier les marchés prioritaires via les implantations d'Altios à l'étranger
- Mesurer les barrières et les risques
- Analyser et définir les options stratégiques
- Définir un plan d'actions international par étape

Phase 2 : Le financement des implantations
- Évaluer l'investissement nécessaire
- Identifier les aides publiques existantes
- Sélectionner et assembler les aides les plus pertinentes
- Construire le business plan pour appuyer la demande de financement
- Monter et instruire les dossiers de financements
- Mettre à disposition les fonds pour son développement export

Phase 3 : Mise en œuvre de la stratégie
- Planifier et piloter le projet
- Bénéficier en France d'un spécialiste Altios International pour le suivi du développement export
- Organiser et construire son développement à l'international.

Des spécialistes en financements publics à l'international :

Il est difficile pour un dirigeant d'entreprise de se retrouver dans l'écosystème des aides publiques. L'instruction de dossiers de financement est complexe et chronophage. Nécessitant un regard d'expert, les dossiers d'aides ne sont pas optimisés et le dirigeant d'entreprise perd alors son temps sur des tâches administratives alors qu'il souhaiterait se concentrer sur le développement de son activité.

Afin de répondre à cette complexité, Altios International s'est organisé pour accompagner les entreprises dans la recherche et l'instruction financements export pour accélérer leur développement international :
- assurance prospection Coface,
- contrat de développement international,
- crédit d'impôt export,
- banque mondiale,
- programmes européens,
- financements bilatéraux,
- appels à projets…

Altios International assure non seulement une fonction d'identification des aides mais surtout un rôle d'ensemblier des différentes ressources financières pour ses clients. Il instruit dans la durée les dispositifs régionaux, étatiques, européens et internationaux (Banque mondiale, Nations Unies…) répondant aux besoins stratégiques et financiers de leurs clients.

Institutionnel

S'appuyant sur son réseau mondial et son savoir-faire acquis en matière d'internationalisation des entreprises, ALTIOS International a développé des services spécifiques pour accompagner les institutionnels dans leurs opérations à l'international.

Leurs services couvrent les domaines suivants :

• *Accompagnement export de Région & Clusters à l'étranger :*
- Domiciliation de bureaux de représentation sur le marché
- Accompagnement export de PME régionales
- Internationalisation de clusters et de PME

• *Promotion des investissements directs étrangers :*
- Représentation de territoires à l'étranger
- Recherche d'investisseurs internationaux
- Organisation de missions institutionnelles

• *Promotion de salons à l'international :*
- Représentation de salons internationaux
- Organisation de conventions d'affaires B2B
- Prospection exposants, promotion visiteurs, actions PR

Leur position de référence en France et l'efficacité de leurs actions leur ont permis de conclure un partenariat avec le Crédit Agricole et LCL qui recommandent leurs services à leur clientèle Entreprise.

www.altios-international.com

BPIFRANCE

La banque publique d'investissement a été crée le 1er janvier 2013. Depuis l'assemblée générale du 12 juillet 2013, OSEO est devenu BPI financement. C'est un établissement public placé sous la tutelle du ministère de l'Économie et des Finances (direction générale du Trésor) et du ministère de l'Enseignement supérieur et de la Recherche.

Bpifrance finance les entreprises de l'amorçage jusqu'à la cotation en bourse en passant par la transmission, en crédit, en garantie et en fonds propres. Bpifrance les accompagne aussi à l'export, en partenariat avec Business France et Coface, et dans leurs projets d'innovation.

Avec 2 200 collaborateurs aux côtés des entrepreneurs, Bpifrance poursuit trois objectifs :
- accompagner la croissance des entreprises ;
- préparer la compétitivité de demain ;
- contribuer au développement d'un écosystème favorable à l'entrepreneuriat.

Bpifrance accompagne les PME de l'amorçage à la cotation en bourse et offre une solution à chaque étape du développement de l'entreprise :
- aide aux entreprises dans leurs premiers besoins d'investissement : amorçage, garantie, innovation ;
- soutien de la croissance des PME partout en France : capital-risque et développement, « build-up », cofinancement, garantie ;
- renforcement des ETI dans leur développement et leur internationalisation : capital développement et transmission, cofinancement, crédit export, accompagnement ;
- participation au rayonnement des grandes entreprises et stabilisation de leur capital : capital transmission, cofinancement crédit export, accompagnement.

BpiFrance en quelques chiffres en 2015 :
- 86 000 entreprises accompagnées
- 21,7 milliards d'euros débloqués pour les entreprises sous trois formes : 12,5 milliards de financements, 7,8 milliards de crédits bancaires garantis, 1,4 milliards d'investissement en capital.
- 90 % des décisions prises en régions
- plus de 40 implantations régionales.

Bpifrance travaille en partenariat avec les régions pour développer une offre de financement adaptée aux spécificités territoriales.

Les régions sont intégrées au sein des instances de gouvernance Bpifrance :
- conseil d'administration : deux administrateurs représentent les régions. Par ailleurs, le président du comité national d'orientation est invité permanent du conseil d'administration ;
- comité national d'orientation (CNO): trois représentants régionaux y siègent et l'un d'entre eux en assure la présidence;
- comités régionaux d'orientation (CRO) : présidé par le président du conseil régional, chaque CRO formule un avis sur l'action de Bpifrance dans la région et veille à sa cohérence avec la stratégie de développement économique régionale, en associant les acteurs économiques du territoire.

www.bpifrance.fr

COFACE

coface

Coface a été fondée en 1946 en tant qu'agence spécialisée dans l'assurance-crédit à l'exportation. Elle a été privatisée en 1994 et est aujourd'hui une société anonyme filiale à 100 % du groupe bancaire Natixis.

Coface (Compagnie française d'assurance pour le commerce extérieur) est un des leaders mondiaux de l'assurance-crédit, il accompagne les entreprises, quels que soient leur taille, leur secteur d'activité ou leur nationalité, dans leur développement sur leur propre territoire et à l'international.

Mission

• *Expert des risques commerciaux*

Coface commercialise des solutions d'assurance-crédit qui visent à protéger les entreprises contre le risque de défaillance financière de leurs acheteurs. En amont, grâce à une analyse minutieuse et complète des risques pays, sectoriels et de crédit, le groupe aide ses clients à évaluer et prévenir les risques, afin qu'ils puissent prendre les meilleures décisions au meilleur moment. Cette analyse s'appuie sur un puissant réseau international qui lui permet aussi de proposer à ses clients des services d'assurance-crédit dans 97 pays, directement ou via ses partenaires.

• *Gestionnaire des garanties publiques*

Depuis 1946, Coface gère, pour le compte de l'État, une large gamme de garanties destinées à favoriser et soutenir les exportations françaises dans le cadre des dispositions des articles L 432-1 à L 432-4 du Code des assurances. Il s'agit d'assurer des risques, non assurables par le marché privé, au bénéfice des entreprises qui prospectent les marchés à l'exportation et commercialisent des produits et services. Coface gère également les accords conclus dans le cadre du Club de Paris pour consolider les dettes publiques contractées par les pays débiteurs.

Cinq garanties sont ainsi gérées par la Direction des garanties publiques (DGP) de Coface pour le compte de l'État. Nous ne parlerons que de deux d'entre elles :

- l'assurance prospection : nous développerons ultérieurement l'assurance-prospection dans le chapitre des subventions.
- l'assurance crédit export : nous développerons ultérieurement cette partie dans le chapitre des assurances.
- L'assurance investissement, qui couvre les entreprises françaises réalisant des investissements à l'étranger et les banques qui les financent contre les risques de spoliation et/ou de destruction d'origine politique.
- L'assurance change, qui permet à toute entreprise de remettre des offres et/ou de conclure un contrat en devises sans être exposée aux variations de change.
- L'assurance des cautions et préfinancements, qui couvre les émetteurs de cautions bancaires ainsi que les banques assurant le préfinancement export contre le risque de non-remboursement par l'exportateur

www.coface.fr

CHAPITRE 4
LES ÉLÉMENTS NÉCESSAIRES À METTRE EN ŒUVRE AVANT LA COMMERCIALISATION DES VINS

PROTÉGER SA MARQUE AVEC L'INPI

LA PROTECTION DE LA MARQUE

Qu'est-ce qu'un nom commercial ?

Le nom commercial est la dénomination sous laquelle une entreprise est connue de ses fournisseurs, de ses clients et du grand public. Ce nom peut être celui du fondateur ou toute autre chose choisie.

Le nom commercial peut être identique au nom sous lequel l'entreprise s'est greffée au tribunal de commerce ; s'il s'agit d'une société, on parle de dénomination sociale.

Le nom commercial s'acquiert par le premier usage et ne nécessite aucune formalité de dépôt ou d'enregistrement, mis à part une recherche d'antériorité pour s'assurer qu'une activité similaire ne l'utilise pas déjà.

Un nom commercial peut être utilisé indéfiniment car il est protégé dans le temps ; en revanche, la protection est limitée dans l'espace et l'étendue de la zone protégée dépend de la notoriété des noms concernés.

Une dénomination doit remplir trois conditions :

- elle doit être « distinctive » ; cela exclut les mots ou expressions d'usage courant utilisés pour désigner un produit ou un service comme « cave coopérative » ou « épicerie » ;
- elle ne doit pas être interdite par la loi : c'est-à-dire qu'elle ne doit pas tromper le public sur la nature ou l'origine du produit ou du service. Également, elle doit être conforme aux bonnes mœurs et à l'ordre public ;
- elle ne doit pas porter atteinte aux droits d'autrui : il est possible d'avoir deux noms commerciaux identiques, s'il y en a un à Paris et un autre à Montpellier, dans ce cas il n'y a pas de concurrence déloyale. En revanche, il ne pourrait pas y avoir 2 cavistes du même nom dans une même rue ou dans une petite ville. De même, pour certaines marques établies au niveau national, la notion de délimitation géographique est importante : il ne peut pas y avoir un caviste nommé Yves Saint-Laurent, où qu'il se trouve en France car ce nom a une portée et une notoriété nationales.

Les recherches d'antériorité

Pour éviter tout conflit, il est conseillé d'effectuer une rechercher sur le site de l'INPI pour vérifier la disponibilité d'un nom de société (www.inpi.fr).

Il est possible dans ce cas de vérifier si le nom commercial n'existe pas déjà en consultant le Registre national du commerce et des sociétés (RNCS) sur www.inpi.fr.

Il est également possible de demander une recherche informatisée dans les dénominations sociales, sigles, noms commerciaux et enseignes immatriculées au RNCS.

Cette recherche peut être complétée par la recherche des services de l'INPI, qui sera bien plus approfondi que la première. Cette recherche est payante, elle coûte : 50€ pour 3 classes ou 3 GAS maximums (80€ pour une recherche conjointe), 10€ par classe supplémentaire jusqu'à 5 classes, et 500€ pour toutes les classes.

Il est possible qu'un nom ne figure pas au Registre national du commerce et des sociétés et qu'il ne soit malgré tout pas utilisable. Dans ce cas, il faudra étendre la recherche au fichier des marques en vigueur en France.

COMMENT DÉPOSER UNE MARQUE AUPRÈS DE L'INPI

Toute entreprise ou personne physique peut déposer une marque à l'INPI (Institut national de la Propriété industrielle). Mais un certain nombre de formalités sont à respecter. Quelle est la démarche à suivre ?

Quelle marque ?

On peut déposer une marque d'entreprise, de fabrique ou de commerce, ou tout simplement le nom d'une entreprise. Il peut s'agir :

- d'un signe verbal qui peut s'écrire ou se prononcer (un ou plusieurs mots formant le nom de l'entreprise ou la marque ou encore un slogan) ;
- d'un signe figuratif (dessin, logo, forme avec couleurs et nuances) ;
- d'un signe sonore (son ou ensemble de sons pouvant être traduits à l'écrit).

Le dépôt se fait sous certaines conditions :

- ces signes doivent être distinctifs et suffisamment originaux ;
- le dépôt ne doit pas porter atteinte à des droits antérieurs (marque d'une autre entreprise déjà déposée ou simplement utilisée dans le même domaine d'activité, car il y a alors risque de confusion).

Ainsi, une marque ayant une consonance ou une apparence similaire à une autre marque ne pourra être déposée. Enfin, certains termes ne peuvent en aucun cas être déposés. Il s'agit de termes trop génériques ou pouvant donner lieu à une confusion. On citera à titre d'exemple « France », « Europe » ou encore « Docteur ».

L'entreprise ou la personne physique qui dépose la marque choisit les classes, c'est-à-dire les domaines d'activité dans lesquels il souhaite la protéger. Il existe 45 classes, et le créateur de la marque doit en choisir au moins 3 lors de sa demande. La liste des classes est disponible sur le site de l'INPI (www.inpi.fr).

Pourquoi déposer une marque ? Les conséquences juridiques du dépôt

Le dépôt permet d'acquérir un droit exclusif sur la marque, permettant d'interdire à toute personne physique ou morale d'utiliser la marque dans les secteurs choisis lors du dépôt. En cas de violation du droit, le créateur peut exercer une action en contrefaçon devant les tribunaux civils ou pénaux.

Les sanctions possibles sont :

- en matière civile, une interdiction d'utiliser le signe. La prescription est de 3 ans ;
- en matière pénale, un emprisonnement jusqu'à 5 ans et/ou une amende de 300 000 à

500 000€ (doublée en cas de récidive) avec des peines complémentaires (fermeture temporaire ou définitive de l'entreprise, confiscation de produits…).

Il faut cependant noter que la non-utilisation d'une marque déposée pendant plus de cinq ans entraîne la déchéance du droit du créateur.

L'ÉTENDUE TERRITORIALE ET LA DURÉE DE PROTECTION DU DÉPÔT

Les recherches d'antériorité ne sont pas obligatoires mais vivement conseillées. Cette démarche, à effectuer avant le dépôt, permet de s'assurer que la marque n'a pas été déposée ou n'est pas utilisée dans les classes choisies pour le dépôt. Une première recherche peut être effectué par le créateur sur les sites : www.bases-marques.inpi.fr, ou encore www.inpi.fr. Cette recherche peut être complétée par la recherche des services de l'INPI, qui sera bien plus approfondie que la première.

La demande d'enregistrement peut être effectué à l'INPI (à Paris ou dans un centre régional), ou au greffe du tribunal de commerce du domicile du demandeur, ou à défaut du tribunal de grande instance. Le dossier peut également être envoyé à l'INPI à Paris par pli recommandé avec accusé de réception. Le formulaire est disponible sur le site de l'INPI.

Ce dépôt vous coûtera 225 euros jusqu'à 3 classes puis 40 euros par classe suplémentaire. Le dépôt prend effet à la date de publication de la demande.

La publication de la demande s'effectue dans le Bulletin officiel de la propriété industrielle (BOPI).

L'opposition à enregistrement : les personnes qui ont une antériorité sur le signe ou le nom déposé, peuvent faire opposition auprès de l'INPI dans un délai maximum de 2 mois à compter de la publication de la demande d'enregistrement au Bulletin officiel de la propriété industrielle. Le directeur de l'INPI dispose alors de 6 mois maximum pour statuer sur cette opposition. Si l'opposition aboutit, la demande d'enregistrement de la marque est rejetée.

Le certificat d'enregistrement de la marque est délivré après vérification de la régularité de la marque et du dépôt et lorsque le délai d'opposition est terminé. La marque est alors inscrite au Registre national des marques.

COMMENT ÉTENDRE LA PROTECTION DE LA MARQUE À L'ÉTRANGER

La durée d'effet du dépôt est de 10 ans. La protection d'une marque doit être renouvelée au cours des 6 mois précédant la fin de la protection décennale. Ce délai expire le dernier jour du mois au cours duquel la protection prend fin. Un délai de grâce de 6 mois peut être accordé à l'expiration de cette période de renouvellement moyennant le versement d'une redevance de retard (125 euros). Ce renouvellement a un coût : 250 euros pour les 3 classes.

La protection concerne la France et les TOM.

Des conventions internationales ont été signées pour simplifier les démarches de dépôt à l'étranger.

- La Convention de Paris permet au déposant d'une marque de bénéficier d'un droit de priorité sur les dépôts effectués à l'étranger pendant un délai de 6 mois.
- L'OMPI : une marque, préalablement enregistrée en France, peut être déposée au Bureau international de l'organisation mondiale de la propriété intellectuelle (OMPI) situé en Suisse. Ce dépôt se fait par l'intermédiaire de l'INPI. Il permet d'étendre la protection, pendant une durée de 20 ans renouvelable dans un ou plusieurs des pays qui ont signé l'arrangement de Madrid. L'émolument de base pour 10 ans (jusqu'à 3 classes) est de 653 francs suisses si la marque est en noir et blanc ou 903 francs suisses si elle est en couleur. Une taxe de 60 euros doit également être versée à l'INPI.
- L'UE et la marque communautaire : un dépôt unique est possible. Les formulaires de demande de marque communautaire doivent être retirés puis déposés auprès de l'Office de l'harmonisation dans le marché intérieur (OHMI), créé à Alicante en Espagne, ou des services centraux de la propriété industrielle des États membres (INPI pour la France).

La taxe de dépôt est de 900 euros jusqu'à 3 classes de produits et services (ou 750 euros par voie électronique). Pour chaque classe supplémentaire, la taxe est de 150 euros. Une taxe de 850 euros sera également perçue pour l'enregistrement de la marque. Pour son renouvellement, il faudra compter 1 500 euros (1 350 euros par voie électronique).

Le dépôt de marque communautaire présente un certain nombre d'avantages pour les entrepreneurs désirant protéger leur marque sur le territoire européen :

- il s'agit de l'enregistrement d'une marque unique protégée dans les États membres, et non de l'enregistrement d'un portefeuille de marques nationales
- le dépôt de la marque communautaire peut se faire directement, contrairement au dépôt international qui nécessite une marque nationale enregistrée ou au minimum déposée ;
- une procédure unique a été mise en place en cas de contrefaçon ;
- l'utilisation de la marque dans un seul État permet de s'opposer à la déchéance du droit pour non-usage

LA PROTECTION DES NOMS DE DOMAINE DE VOTRE SITE INTERNET

Une adresse Internet se présente le plus souvent sous la forme : http://www.coface.fr

- http correspond à l'identification du protocole de transfert ;
- www correspond à World Wide Web ;
- coface.fr est le nom du domaine.

Le nom de domaine est une partie libre, suivi de l'extension de type .com (pour une extension globale) ou .fr (pour une extension nationale).

Le choix et la protection du nom de domaine sont très importants pour deux raisons :

- si le nom est mal choisi, le site ne sera pas correctement référencé et les clients auront du mal à trouver le site ;
- deuxièmement, comme pour une marque, l'attribution d'un nom de domaine se fait sur la base du premier arrivé, premier servi. Il se peut alors que vous vous voyiez refuser l'utilisation d'un nom de domaine.

Cependant, la protection dont bénéficient les marques peut s'exercer si l'activité du site Internet mis en cause concerne des produits identiques ou similaires. Une entreprise peut obtenir la radiation d'un nom de domaine correspondant à sa propre dénomination lorsque l'enregistrement recouvre d'un acte frauduleux, de parasitisme ou de concurrence déloyale.

La victime peut obtenir la publication de la condamnation sur le site incriminé.

Il n'y a pas de critère pour le choix entre un nom de domaine en .fr ou en .com.

Il n'y a pas de justificatif pour le dépôt d'un nom de domaine.

Celui-ci peut se faire auprès d'organismes habilités par le NIC (Network Information Center) :

www.gandi.net
www.domaine.fr
www.lycos.fr
www.networksolutions.com

Pour le dépôt de nom en .fr, il faudra donner le numéro SIRET-SIREN pour les particuliers une photocopie d'une facture EDF, carte d'identité, permis de conduire.

Le dépôt se réalise par l'intermédiaire des fournisseurs d'accès à Internet qui déposeront le nom auprès de l'AFNIC (Association française pour le nommage Internet en coopération).

Règles de nommage :

- utilisation de chiffres, lettres ou tiret ;
- aucune différence entre majuscule et minuscule ;
- le point doit uniquement utilise pour les sous-domaines ;
- longueur maximale : 63 caractères par sous domaine et 255 pour l'ensemble des sous-domaines ;
- longueur minimale : 3 lettres, 1 chiffre + 1 lettre.

L'AFNIC ne fait pas de recherche d'antériorité, le demandeur doit s'assurer que le nom n'est pas déposé. Pour cela il existe des bases de recherche (whois.net, ripe, name-droppers, networksolutions, internic, afnic). La réservation d'un nom de domaine coûte 200 euros environ.

Banques de données accessibles :

- INPI : comment déposer une marque, un brevet… (www.inpi.fr)
- Base de données marques : renseignements sur les marques françaises (www.bases-marques.inpi.fr)
- OMPI : Organisation mondiale de la propriété intellectuelle (www.wipo.int)
- EPO : Office européen des brevets (www.european-patent-office.org)

LES QUATRE OBJECTIFS DE L'ÉTIQUETAGE

- permettre au consommateur de se renseigner utilement, ce qui suppose qu'aucune désignation ou présentation du produit ne soit trompeuse ou susceptible d'induire l'acheteur en erreur ;
- permettre d'identifier le responsable en vue des contrôles éventuels ;
- permettre la promotion des produits des entreprises, en particulier à travers l'usage des marques de commerce ;
- pénaliser dans leur désignation et leur présentation les vins tranquilles ne bénéficiant pas d'une indication géographique ou d'une appellation d'origine, ainsi d'ailleurs que les vins mousseux obtenus par gazéification.

LES RÈGLES DE BASE

L'étiquetage vinicole est actuellement défini par le paragraphe 1 de l'article 38 du règlement communautaire n°2392/89 du conseil du 24 juillet 1989 établissant les règles générales pour la désignation et la présentation des vins et des moûts de raisins.

Le droit communautaire européen définit l'étiquetage comme « l'ensemble des désignations et autres mentions, signes, illustrations ou marques caractérisant le produit, qui figurent sur le même récipient, y compris son dispositif de fermeture, ou sur le pendentif attaché au récipient ».

Pour les vins plus tranquilles (vins de table et de pays, AOP), la réglementation européenne sur l'étiquetage est d'application différente selon la catégorie de vin concernée et prévoit pour chacun d'eux des mentions obligatoires ou facultatives.

LES MENTIONS OBLIGATOIRES D'UN VIN DE FRANCE

L'étiquette d'une bouteille de vin de France doit obligatoirement porter les mentions suivantes s'il s'agit de vins produits et vinifiés en France :
- La mention « vin de France », lorsque ces vins sont vendus en France. Elle doit être inscrite en caractères lisibles.
- La mention « produit en France », en toute langue de l'Union européenne, lorsqu'ils sont vendus sur les marchés d'exportation.
- Le nom ou raison sociale de l'embouteilleur, adresse de son siège principal (cependant, afin d'éviter toute confusion, lorsque la commune ou la localité du siège principal de l'embouteilleur peut être confondue avec une appellation d'origine, elle doit être remplacée par le code postal). Les noms et adresses de l'embouteilleur doivent être accompagnés de l'expression « mis en bouteille par » ou « embouteilleur ». Les caractères typographiques de l'adresse, et, éventuellement, du lieu d'embouteillage, ne doivent pas dépasser la moitié de ceux composant la dénomination vin de France.
- L'indication du titre alcoométrique par unité ou demi-unité de % vol. peut être précédé des termes « titre alcoométrique acquis » ou « alcool acquis » ou de l'abréviation « alc ». Cette mention est obligatoire dans l'étiquetage des vins circulant sur le territoire de l'Union européenne.

- L'indication du volume nominal (volume de liquide) que le récipient est censé contenir en litres (l), centilitres (cl) ou millilitres (ml). Pour les vins issus du mélange de vins provenant de plusieurs États membres, l'étiquette doit comporter la mention « Mélange de vins de différents pays de la Communauté européenne ».
- Pour les vins issus de moûts importés et vinifiés en France, la mention « Vin obtenu en France à partir de raisins récoltés en... » est obligatoire.

L'étiquette d'une bouteille de vin de France peut aussi comporter des mentions facultatives (marques commerciales, recommandations aux consommateurs).

LES MENTIONS OBLIGATOIRES D'UN IGP

L'étiquette doit obligatoirement porter les mentions suivantes :
- l'indication IGP suivie immédiatement du nom de l'unité géographique de production ;
- l'expression IGP peut figurer à un emplacement quelconque de l'étiquette.

L'étiquette peut aussi comporter certaines mentions facultatives :
- les noms du producteur de l'exploitation viticole (domaine, mas, coopérative, etc, à l'exception des termes château ou clos). Les noms et adresse du propriétaire ou du groupe de propriétaires récoltants (coopérative vinicole, groupement d'intérêt économique, etc.). Un certain nombre d'autres mentions sont autorisées (marques de commerce, conseils de consommation, précisions sur le mode d'élaboration, indication du ou des cépages, etc.), à condition de correspondre à des faits réels.

LES MENTIONS OBLIGATOIRES D'UN AOP

L'étiquette d'une bouteille de vin d'appellation d'origine protégée doit obligatoirement porter les mentions suivantes :
- le nom de l'appellation d'origine ;
- la mention appellation d'origine. Elle figure immédiatement en dessous de l'appellation sur une ou deux lignes ;
- le nom et la raison sociale de l'embouteilleur, ainsi que l'adresse de son principal établissement ;
- le volume net (c'est-à-dire le volume contenu dans la bouteille) en litres (l), centilitres (cl), ou millilitres (ml) ;
- l'indication du titre alcoométrique en % vol ;
- la mention « France », « produit en France » ou « product of France » (cette mention est obligatoire à l'exportation mais reste facultative sur le territoire français).

L'étiquette d'une bouteille d'AOP peut aussi comporter certaines mentions facultatives :
- le nom et l'adresse du propriétaire ou du groupe de propriétaires récoltants (coopérative vinicole, groupement d'intérêt économique, etc.) ;
- la mention du nom de l'exploitation (cave coopérative, domaine, clos, château, etc.) ;
- la mention indiquant la mise en bouteille par les vignerons réunis (cave coopérative) ou la mise en bouteille à la propriété (au domaine, au château, dans la région de production, etc.). Ces mentions ne sont autorisées que si la mise en bouteille a effectivement eu lieu à l'endroit où les raisins ont été récoltés et vinifiés ou à proximité immédiate ;

- d'autres mentions complémentaires dont l'indication du millésime, les qualités et l'originalité d'un vin (vin de primeur, etc.), des conseils d'utilisation, etc. Ces mentions ne peuvent figurer sur l'étiquette que lorsqu'elles sont conformes aux réglementations françaises et européennes.

Dans certaines régions vinicoles françaises (en Bordelais, en Bourgogne ou en Champagne, par exemple), un classement d'exploitation a été mis en place par des professionnels dès le siècle dernier. De même, l'étiquette peut faire référence au type de produit ou au mode d'élaboration : vin jaune, de paille, primeur, nouveau, sur lies, sélection de vins nobles, vendanges tardives, etc.

L'indication d'un nom de cru ne concerne, selon l'article 284 du Code du vin, que les vins ayant droit à une appellation d'origine.

Les mentions « Cru Classé » ou « Grand Cru Classé » peuvent être utilisées pour les vins de Bordeaux lorsqu'ils proviennent des domaines viticoles figurant dans le classement qualitatif de 1855 ou le classement de Saint-Émilion.

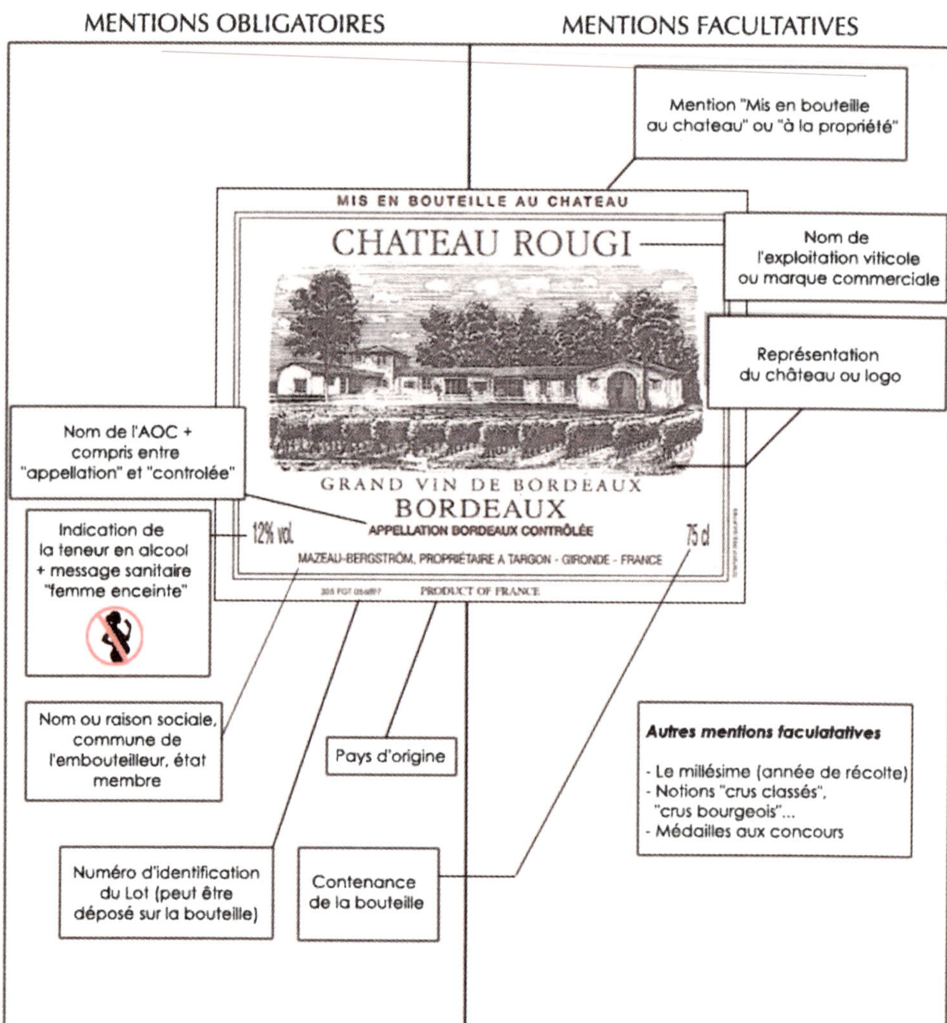

LES MENTIONS OBLIGATOIRES DE L'AOP CHAMPAGNE

Les mentions obligatoires

- L'appellation Champagne doit figurer en caractères très apparents sur l'étiquette et être répétée sur le bouchon de liège. Depuis 1999, le nom ou raison sociale de l'élaborateur est obligatoire, ainsi que la commune où il siège.
- La mention de la teneur en sucre : « brut », « demi-sec »,...
- Le nom et l'adresse de l'élaborateur.

Les mentions complémentaires (selon le cas)

- L'indication du millésime qui, pour le Champagne, est le signe des caractéristiques exceptionnelles de l'année indiquée.
- « Blanc de blanc » : Champagne fait uniquement avec du raisin blanc.
- M.A. : marque d'acheteur ou marque secondaire d'un négociant (exemple Champagne au nom du distributeur) ou marque d'un négociant commercialisant du Champagne fait par un autre négociant ou vigneron.
- C.M. ou C.R. : coopérative manipulante ou coopérative récoltante.
- R.M. : Récoltant Manipulant vendant lui-même son vin.
- N.M. : Négociant Manipulant (marque principale). Ces lettres renvoient à une classification d'enregistrement et ne préjugent en rien de la qualité.

Figure également sur les étiquettes un numéro correspondant au numéro d'enregistrement de la marque auprès du CIVC (Comité interprofessionnel des vins de Champagne). Il arrive qu'un négociant puisse être manipulant sous la marque (N.M.) et sous marque d'acheteur (M.A.)

À noter : chez un récoltant manipulant ou chez un négociant manipulant, il est toujours possible pour le consommateur de faire étiqueter du Champagne à son propre nom. Tout est une question de quantité et de prix.

Capsules : pour la vente en France, la capsule fiscale recouvrant les bouchons de champagne doit être verte et indiquer le nom de l'élaborateur ou un N° commençant par « 51 », « 10 » ou « 02 » correspondant aux principaux départements de l'aire d'appellation mais aussi « 52 » ou « 77 » deux départements faisant partie de l'aire d'appellation ayant une petite production de Champagne.

CHAPITRE 5
LES OUTILS ESSENTIELS POUR EXPORTER

LES INCOTERMS

GÉNÉRALITÉS

Avant d'envisager un transport de marchandises à l'international, il faut répondre à cette question importante : à quel moment les risques et les frais sont-ils transférés à l'acheteur ?

En 1936, pour la première fois, la chambre de commerce internationale (CCI), située à Paris, publie sous le nom d'Incoterms 1936 (INternational COmmercial TERMS), une série de règles internationales pour répondre à cette question et l'interprétation des termes commerciaux les plus utilisés dans le commerce extérieur (la dernière révision de ces règles date de 2000).

Ainsi en se référant, dans leurs contrats, à l'un des Incoterms de la CCI, l'acheteur et le vendeur réduisent l'incertitude inhérente à toute transaction internationale : pratiques commerciales et interprétations différentes d'un pays à l'autre. Ils précisent leurs responsabilités et obligations respectives pour la livraison de marchandises et les obligations documentaires du vendeur.

Ainsi les Incoterms, bien que facultatifs, sont des clauses standardisées et reconnues, qui permettent d'éviter les litiges en répartissant clairement entre l'acheteur et le vendeur :
- les frais,
- les risques.

De plus, ils dissocient la question du transfert des risques de celle du transfert de propriété, ce dernier restant régi par la loi applicable au contrat.

Concrètement, dans un contrat de vente international, les Incoterms vont clarifier les points suivants :
- situer le point critique du transfert des risques du vendeur à l'acheteur dans le processus d'acheminement des marchandises (risques de perte, détériorations, vols des marchandises) permettant ainsi à celui qui supporte ces risques de prendre ses dispositions notamment en termes d'assurance ;
- indiquer qui du vendeur ou de l'acheteur doit souscrire le contrat de transport ;
- répartir entre les deux les frais logistiques et administratifs aux différentes étapes du processus ;

- préciser qui prend en charge l'emballage, le marquage, les opérations de manutention, de chargement et de déchargement des marchandises ou l'empotage et le dépotage des conteneurs ainsi que les opérations d'inspection ;
- fixer les obligations respectives pour l'accomplissement des formalités d'exportation et /ou d'importation, le règlement des droits et taxes d'importation ainsi que la fourniture des documents. Il existe 13 incoterms retenus par la CCI, (codification originale anglaise sur 3 lettres, ex : FOB) plus une localisation précise ex : « FOB Le Havre ».

Source : Crédit agricole fiches techniques

FICHE PRATIQUE INCOTERMS 2015

Schéma récapitulatif des 13 Incoterms

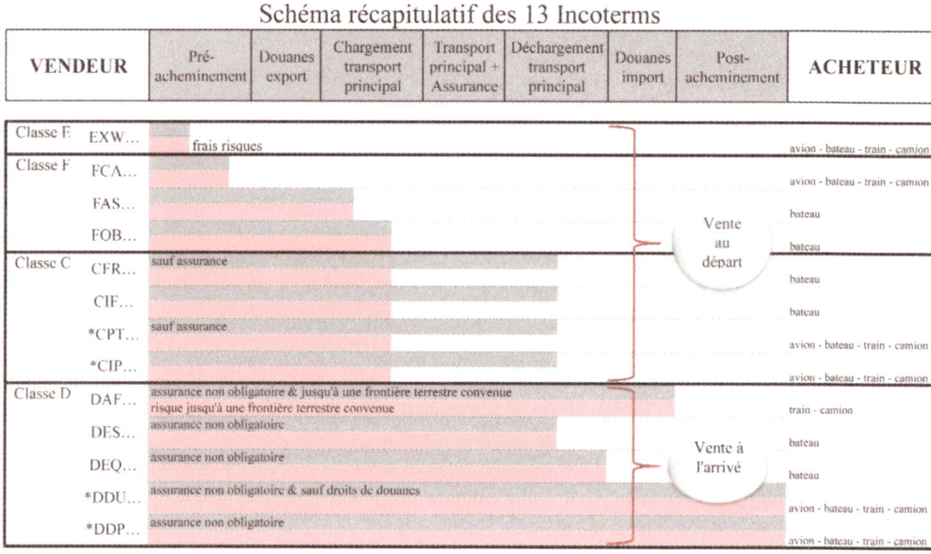

** Lieu convenu: peut aller jusqu'aux locaux de l'acheteur*

Source : Sbusiness-law 2012

CARACTÉRISTIQUES DES INCOTERMS

Les 13 Incoterms 2015 sont répartis en deux familles :

Les Incoterms multimodaux

• *Départ usine - (EXW) - Ex Works*

Le vendeur (exportateur) met la marchandise à disposition de l'acheteur dans les locaux mêmes du vendeur. L'acheteur est responsable pour tous les frais de transport, acquittement des droits de douanes et police d'assurance, et accepte les responsabilités de risques de perte une fois la marchandise achetée et placée aux portes de l'usine. Le prix « Ex Works » n'inclut pas le prix du chargement de la marchandise dans le véhicule et aucune allocation n'est faite pour le dédouanement. À proscrire lorsqu'il y a un passage en douane Export. À utiliser principalement dans les échanges intra-communautaires.

• *Franco transporteur - (FCA) - Free Carrier*

Le vendeur (exportateur) dédouane la marchandise à l'exportation et la livre au transporteur et lieu spécifiés par l'acheteur. Le lieu convenu peut être l'usine du vendeur ou les locaux d'un transporteur. Si le lieu choisi n'est autre que l'entrepôt du vendeur, ce dernier doit charger la marchandise dans le véhicule de transport. L'acheteur assume le risque de perte à partir de cet instant, et doit prendre en charge les coûts de transport jusqu'à la destination finale.

• *Port payé jusqu'à - (CPT) - Carriage Paid To*

Le vendeur (exportateur) dédouane la marchandise à l'exportation et est responsable du coût du transport jusqu'à la destination convenue. Le transfert de risques se produit une fois la marchandise transférée au transporteur et l'acheteur supportera les risques de perte et de vol à partir de cet instant.

• *Port payé, assurance comprise jusqu'à - (CIP) - Cost, Insurance and Freight*

Le vendeur (exportateur) transporte la marchandise jusqu'au lieu de destination convenu et effectue les formalités de douane à l'exportation. Le vendeur est responsable du transport et du coût de l'assurance jusqu'au lieu de destination convenu. L'acheteur assume tous les coûts et risques de perte.

• *Rendu au terminal - (DAT) - Delivered At Terminal*

Le vendeur (exportateur) livre la marchandise, la décharge et la met à disposition de l'acheteur au terminal désigné dans le port ou tout autre terminal de destination convenu.

• *Rendu au lieu de destination - (DAP) - Delivered At Place*

Le vendeur (exportateur) livre la marchandise et met celle-ci à disposition de l'acheteur sur le moyen de transport prêt pour le déchargement au lieu de destination convenu.

• *Rendu droits acquittés - (DDP) - Delivered Duty Paid*

Le vendeur (exportateur) est responsable de tous les coûts concernant la livraison de la marchandise (non déchargée) à la destination nommée, du dédouanement dans le pays d'importation et il doit supporter les droits à l'importation. Sous l'Incoterm DDP, le vendeur fournit littéralement une livraison « porte à porte », y compris le dédouanement à l'importation. Le transfert de risques se produit quand la marchandise est livrée à l'acheteur, habituellement dans ses lieux. Le vendeur assume donc entièrement le risque de perte et ce jusqu'à livraison de la marchandise à sa destination finale. Une transaction DDP se lira « DDP lieu de destination ».

Les Incoterms maritimes et fluviaux

• *Franco le long du navire - (FAS) - Free Alongside Ship*

Le vendeur (exportateur) est appelé à livrer la marchandise le long du navire et à effectuer le dédouanement à l'exportation. Lorsque la marchandise est placée le long du navire dans le port d'exportation, « le transfert de risques » intervient entre le vendeur et l'acheteur. L'acheteur est responsable de l'embarquement de la marchandise sur le navire et d'honorer les frais de transport jusqu'à sa destination finale.

• *Franco à bord - (FOB) - Free On Board*

Le vendeur (exportateur) est responsable de livrer la marchandise depuis son entreprise et de la charger à bord du navire au port d'exportation. Il est également responsable du dédouanement dans le pays d'exportation. Dès que la marchandise passe la « passerelle du navire » le « risque de perte » est transféré à l'acheteur (importateur). À partir de cet instant, l'acheteur doit assumer les coûts de transport et assurance, et doit également prendre en charge les formalités de dédouanement dans le pays d'importation. Une transaction FOB sera lu « FOB, port d'exportation ». Si l'on prend l'exemple d'une transaction pour laquelle le port d'exportation est Boston, la transaction sera lue « FOB, Boston ».

• *Coût & Frêt - (CFR) - Cost and Freight*

Le vendeur (exportateur) est responsable du dédouanement de la marchandise à l'exportation, de sa livraison à bord du navire, et du paiement du frêt international. L'acheteur assume le risque de perte ou de dommage une fois que la marchandise est à bord du navire au port d'embarquement et doit contracter une police d'assurance, décharger la marchandise, la dédouaner, et payer son transport jusqu'à sa destination finale.

• *Coût, Assurance & Frêt - (CIF) - Cost, Insurance and Freight*

Le vendeur (exportateur) est responsable de la livraison de la marchandise à bord du navire. Il est également responsable du dédouanement à l'exportation. De plus, il se doit de produire une police d'assurance, au bénéfice de l'acheteur (importateur). Le transfert de risques a lieu au moment où la marchandise est à bord du navire. Si la marchandise est endommagée ou volée pendant le transport international, c'est la responsabilité de l'acheteur de remplir une déclaration de perte ou de vol sur la base de la police d'assurance contractée par l'exportateur. L'importateur doit dédouaner la marchandise à l'importation et payer pour tout transport et assurance supplémentaire dans le pays d'importation. Une transaction CIF sera lue « CIF, port de destination ».

LES ASSURANCES

L'ASSURANCE CAUTION RISQUES EXPORTATEUR

L'exportation commence souvent par l'émission d'un ou plusieurs engagements de caution, garantie ou contre-garantie. Les émetteurs sont donc de plus en plus sollicités.

La nouvelle assurance bénéficie à l'émetteur (banques ou compagnies d'assurance) qui partage alors avec Coface le risque de défaillance financière du donneur d'ordre en cas d'appel de ces cautions par l'acheteur étranger pour quelque raison que ce soit.

Le partage de risque avec les émetteurs s'inscrit dans la durée car tous les engagements soumis à la garantie sont couverts jusqu'à pleine mainlevée, quelle que soit la durée de la caution.

Concernant les PME, Coface peut intervenir soit directement, soit en contre garantissant OSÉO Sofaris.

Pour qui ?

Tous les émetteurs français ou installés en France et/ou dans l'Union européenne peuvent bénéficier de cette garantie.

Pour quel type d'engagement ?

Tous les types d'engagement de caution « classiques », hormis les cautions d'offset, liés à une opération d'exportation, réalisée par une entreprise française et dont la part française s'élève au moins à 20 % du montant total de l'opération.

Pour les entreprises dont le chiffre d'affaires est inférieur ou égal à 150 millions d'euros, la part étrangère est automatiquement garantie. Pour celles dont le chiffre d'affaires est supérieur à 150 millions d'euros, la part étrangère est automatiquement garantie si elle est inférieure ou égale à 50 % du montant du contrat. Au-delà, l'avis de la Direction générale des entreprises est requis.

Ces engagements peuvent être libellés en toutes devises et émis sur tous pays, à l'exception des pays fermés même au comptant par la politique d'assurance-crédit en vigueur.

Comment ?

Une enveloppe annuelle est fixée pour l'exportateur en fonction de l'analyse du risque par Coface, à charge pour l'exportateur de répartir cette enveloppe entre les émetteurs choisis.

- Les émetteurs signent avec Coface une police cadre « multi exportateurs ». Cet acte permet ensuite de demander une garantie à tout moment pour une ou plusieurs entreprises donneuses d'ordre. Aucun droit d'ouverture de dossier n'est facturé.
- Chaque émetteur envoie par télécopie à Coface pour chaque entreprise une demande de ligne (correspondant à un encours garanti). Cette demande est doit être contresignée par l'exportateur. - Coface notifie les conditions de garantie pour l'opération donnée à l'émetteur, le montant étant imputé sur l'enveloppe « exportateur ».

Remarque

Ce produit, couvrant l'émetteur contre le risque exportateur/donneur d'ordre, est différent du produit d'assurance-crédit qui couvre l'exportateur/donneur d'ordre du risque d'appel de la caution par l'acheteur étranger.

Les éventuelles interfaces entre les deux produits (et notamment la délégation, par l'exportateur à l'émetteur de la caution, de son droit à indemnisation) sont traitées par des clauses spécifiques dans chacune des garanties délivrées par Coface.

L'ASSURANCE DES CRÉDITS DE PRÉFINANCEMENT RISQUES EXPORTATEUR

Une entreprise qui exporte ou veut exporter doit le plus souvent s'aligner lors de la négociation commerciale sur les conditions financières proposées par ses concurrents. Elle est amenée à supporter des délais de paiement importants, à signer des contrats avec des acomptes très faibles voire nuls. Ces contraintes pèsent sur la trésorerie de l'entreprise exportatrice qui doit obtenir de nouvelles facilités bancaires pour équilibrer ses dépenses / recettes pendant la période de fabrication d'un contrat export.

La nouvelle assurance conjugue les intérêts des banques en qualité de prêteur et des entreprises qui cherchent à emprunter pour équilibrer le poste dépenses / recettes pendant cette période délicate.

Elle bénéficie au prêteur qui partage ainsi avec Coface le risque de non recouvrement de tout ou partie de sa créance détenue sur l'exportateur, à qui a été accordé un crédit de préfinancement et qui est en situation de défaillance financière. Le montage du financement s'en trouve facilité.

L'assurance peut bien sûr être combinée avec une assurance crédit export et/ou une assurance des cautions.

Pour qui ?

Tous les établissements bancaires français ou installés en France et/ou dans l'Union Européenne

Pour quel crédit ?

Tous les crédits de préfinancement libellés en euros liés à une opération d'exportation identifiable, réalisée par une entreprise française destinée à tous pays à l'exception des pays fermés même au comptant par la politique d'assurance-crédit en vigueur.

Pour les entreprises françaises dont le chiffre d'affaires est supérieur à 150 millions d'euros, le contrat d'exportation peut comporter une part étrangère allant jusqu'à 50 % de la part rapatriable.

Comment ?

- Le prêteur signe une police-cadre « multi-exportateurs ». Il pourra ensuite solliciter la garantie à tout moment sur une ou plusieurs entreprises emprunteuses. Aucun droit d'ouverture de dossier n'est facturé.
- Pour chaque crédit de préfinancement à garantir pour une entreprise, le prêteur envoie par télécopie une demande d'agrément (correspondant au montant à assurer). Cette demande est cosignée par l'exportateur.
- Coface notifie les conditions de garantie.

Remarque?

Ce produit, couvrant le prêteur contre le risque exportateur, peut donner lieu à interfaces avec une garantie d'assurance-crédit délivrée à l'exportateur au titre du contrat d'exportation concerné.

L'ASSURANCE INVESTISSEMENT

Lorsqu'elles investissent à l'étranger, les entreprises françaises sont exposées à divers risques notamment de nature politique.

Ces risques peuvent être garantis dans le respect des dispositions de la loi anti-corruption et des règles en matière d'impact environnemental, examen par l'assureur sur la base d'une demande qui ne donne plus lieu à la perception d'un droit d'ouverture de dossier (sauf pour les opérations en financement de projet et les concessions) et décision prise par une Commission interministérielle qui statue sur les conditions de la promesse de garantie acceptée.

L'assureur émet alors une promesse de garantie, valable 6 mois, qui peut être prorogée jusqu'à réalisation effective du projet d'investissement. La police peut alors être délivrée à l'investisseur, ce qui ouvre droit à facturation de la prime.

Pour qui ?

Toutes les sociétés de droit français devant réaliser un investissement à l'étranger (industriel, commercial ou de services) et les banques françaises qui les accompagnent peuvent bénéficier de cette garantie.

La demande doit être déposée avant la réalisation de l'investissement. Toutes les formes d'investissements peuvent être couvertes, quel qu'en soit le montant, sur une durée de 3 à 20 ans ainsi que les prêts bancaires d'accompagnement :

- Participation en capital : pour créer une entreprise, quel que soit le pourcentage ou le montant de votre participation ou pour développer une entreprise existante en souscrivant à une augmentation de capital, même si votre investissement initial n'a pas été garanti.
- Dotation à une agence, une succursale ou à un établissement étranger ayant sa propre comptabilité.

- Prêt d'actionnaire à long terme ou avance en compte courant.
- Caution en contrepartie de prêts locaux d'équipement à moyen et long terme.
- Redevances (sous réserve d'une participation majoritaire française dans la filiale et pour une durée minimale de 3 ans) à provenir d'un accord de concession de licence, savoir-faire, procédé, marque dont la rémunération est liée à l'activité de l'entreprise étrangère.
- Prêt bancaire d'accompagnement d'un investissement en capital destiné à financer les actifs immobilisés (sous réserve d'une présence au capital de l'emprunteur d'une société française à hauteur d'au moins 25 % et ce pendant au moins 5 ans après souscription du prêt et absence d'un actionnaire étranger majoritaire).

L'ASSURANCE-CRÉDIT

Vendre à crédit est une nécessité des économies modernes. En accordant des crédits à l'export, l'entreprise développe une politique commerciale attractive vis-à-vis de ses clients mais court également le risque de ne pas être payée. L'assurance-crédit permet de se prémunir contre ces risques en gérant le risque client et en procurant une prévention efficace. Elle est accessible aux grandes entreprises comme aux PME-PMI.

Les 2 types de risque couverts par l'assurance-crédit sont le risque commercial et le risque politique. En effet, l'assurance crédit est destinée à couvrir des problèmes de paiement ne découlant pas d'un litige direct avec le client.

Le risque commercial est représenté par le non-paiement ou par l'insolvabilité d'un acheteur privé. Le risque politique est dû à la responsabilité de l'État.

Une police d'assurance-crédit peut aussi couvrir les sinistres causés par une guerre ou des troubles civils dans le pays de votre client ou entre deux ou plusieurs pays.

L'annulation ou le non renouvellement des licences d'exportation ou d'importation ; le risque de change etc. Les polices d'assurance-crédit tendent à inclure sous le même contrat de plus en plus de risques : par exemple certaines compagnies proposent, à présent, une seule police garantissant à la fois la France et l'export, le risque commercial, la prospection, le risque politique et le risque de change.

Il existe plusieurs prestataires proposant ses services dont vous trouverez les coordonnées en annexe :

- Coface www.coface.fr
- Groupama www.groupama-ac.net
- Heuler Hermes www.eulerhermes.fr
- Pouey www.pouey-international.fr

Il est important de mettre en concurrence ces prestataires. Ainsi, il sera important de négocier sur :

- la prime d'assurance ;
- le délai de remboursement du sinistre ;
- le taux de remboursement de l'impayé ;
- le coût pour la demande d'information sur chaque client ;
- le montant du « non dénommé ».

L'assurance-crédit gérée par Coface pour le compte de l'État offre une large gamme de produits adaptés aux besoins de chaque entreprise et aux caractéristiques de chaque contrat.

Pour qui ?

Les produits d'assurance-crédit s'adressent :

- aux entreprises qui exportent des biens d'équipement, réalisent des ensembles industriels, des marchés de travaux publics ;
- aux entreprises qui signent des contrats de concession de droit d'usage avec un opérateur étranger en matière de brevets, marques, licences, biens culturels, etc. ;
- aux banques qui accordent des crédits acheteurs supérieurs à 2 ans pour financer ces exportations
- aux banques et établissements de confirmation de commande qui confirment des crédits documentaires destinés au règlement d'opérations d'exportation ;
- aux banques et établissements escompteurs avec ou sans recours, ou cessionnaires, de créances commerciales issues de contrats d'exportation.

Comment ?

Chaque garantie délivrée tient compte des spécificités de l'opération et donne lieu à délivrance d'une police individuelle.

Pendant l'instruction des projets de contrats, avant dépôt d'une demande formelle, l'assurance-crédit joue un rôle de conseil tant auprès des exportateurs que des banques.

Après dépôt d'une demande d'assurance, l'opération est analysée par l'assureur, qui vérifie son éligibilité par rapport notamment aux critères de « l'Arrangement OCDE » (Organisation de coopération et de développement économique).

À la suite de l'instruction, l'opération est présentée pour décision, soit en comité interne dans le cadre des délégations consenties par l'État à l'assureur.

Une promesse de garantie, valable 4 mois, est alors émise à la signature de la documentation contractuelle et, le cas échéant, la mise en place du crédit acheteur finançant l'opération. La police peut alors être délivrée à l'assuré concerné, ce qui donne lieu à facturation de la prime.

Quels risques ?

Les risques qui pèsent sur une opération d'exportation se manifestent à tous les stades de l'opération et peuvent, soit résulter d'incidents pendant l'exécution du marché, soit être liés au remboursement de la créance. Afin de répondre au mieux aux nombreux risques encourus par l'exportateur durant les différentes phases du déroulement de son contrat d'exportation ou par les banques qui mettent en place le financement, l'assureur peut garantir le risque de fabrication (ou risque d'interruption de marché), et / ou le risque de crédit (ou risque de non paiement), tant pendant l'exécution du marché que pour les montants dus après la fin de cette exécution.

Le risque de fabrication se situe entre la signature du contrat commercial et la fin des obligations contractuelles. Le risque de crédit, quant à lui, intervient après la fin des obligations contractuelles et jusqu'au dernier paiement du débiteur étranger.

L'assuré peut aussi choisir de faire garantir le risque « politique » seul (auquel est systématiquement associé le risque « catastrophique »), le risque « commercial » seul ou les deux risques associés. Selon l'option retenue, les garanties de l'assureur couvrent donc les risques d'interruption de marché et / ou de non-paiement des créances détenues sur des acheteurs privés ou publics résultant de faits générateurs de nature politique ou de nature commerciale.

Quelle couverture ?

Le taux de couverture, appelé quotité garantie, est généralement fixé à 95 % (le chiffre peut varier d'une assurance à l'autre). Il peut être réduit au cas par cas.

Selon les garanties, les entreprises dont le CA est inférieur ou égal à 75 millions d'euros peuvent bénéficier d'une quotité garantie de 100 %.

Quel coût ?

La prime varie selon :

- la nature des garanties : risque de fabrication, risque de crédit, cautions ;
- les risques couverts : commercial, politique (associés ou isolément) ;
- la classification du pays concerné dans les 7 catégories de primes OCDE ;
- le statut de l'acheteur (privé, public, souverain) ;
- la durée du risque ;
- la structure du financement.

Quel recouvrement ?

L'assureur engage les actions de recouvrement, soit directement auprès des débiteurs, soit par l'intermédiaire de cabinets d'avocats, de sociétés de recouvrement ou des missions économiques dans les pays concernés.

LES OUTILS POUR SÉCURISER VOS PAIEMENTS

Vous avez exporté ou importé des biens, ou des prestations de services, et vous devez vous faire payer ou payer votre fournisseur. De nombreux types de règlements s'offrent à vous. Ils présentent tous des niveaux différents de contrainte et de fiabilité pour l'acheteur et pour le vendeur. Ce qui suppose un arbitrage permanent entre la sécurité apportée par le mode de maniement, sa simplicité d'utilisation et sa rapidité d'exécution.

POUR QUEL MODE DE PAIEMENT OPTER ?

Le chèque

Du fait de réglementations différentes à l'étranger, le règlement par chèque de vos exportations est un moyen de paiement que nous vous recommandons d'éviter. Évitez également *a priori* le paiement par chèque de banque.

Le virement bancaire international : SWIFT

Le virement SWIFT constitue le moyen le plus rapide et le moins coûteux. Il s'appuie sur le réseau électronique interbancaire SWIFT, auquel sont commutés plusieurs milliers de banques dans le monde.

La remise documentaire

La remise documentaire consiste pour l'exportateur à confier à sa banque les documents commerciaux et financiers, avec mandat de les faire remettre par une banque à l'acheteur contre paiement comptant ou engagement de payer à une échéance donnée. Offre l'avantage d'être un système simple, mais ne constitue pas une garantie de paiement et suppose donc une relative confiance envers votre acheteur.

Le crédit documentaire : l'indispensable

Le crédit documentaire est un engagement écrit pris par une banque à la demande de votre acheteur ou de vous-même lorsque vous agissez à l'import, de vous payer ou de payer un montant déterminé contre remise, dans un délai fixé, des documents conformes prévus dans l'ouverture du crédit documentaire.

La différence essentielle entre la remise documentaire et le crédit documentaire réside dans le fait que la remise documentaire ne comporte aucun engagement de paiement d'une ou plusieurs banques.

Le crédit documentaire fait intervenir quatre participants :
- l'acheteur ou donneur d'ordre ;
- la banque émettrice, banque de l'acheteur ;
- la banque notificatrice, généralement banque du vendeur ;
- le vendeur, ou bénéficiaire.

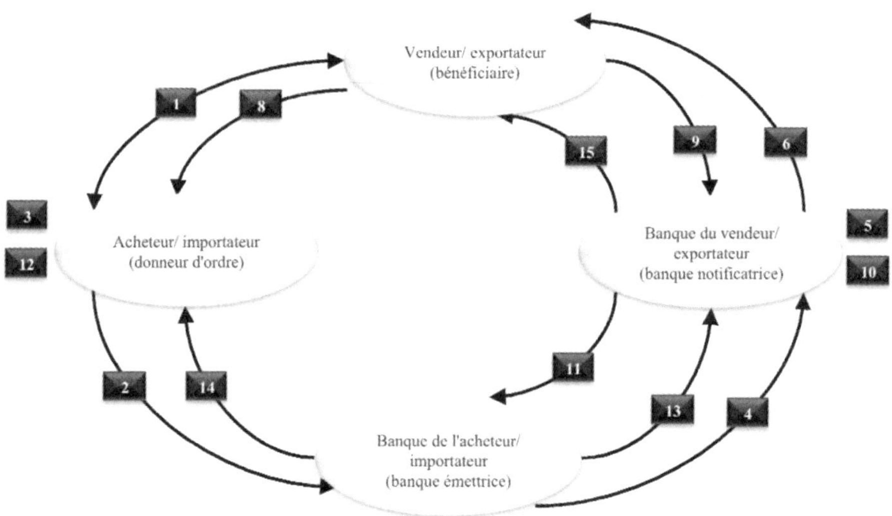

Source : Desjardins 2015

Les différentes étapes du crédit documentaire
- Conclusion du contrat : entre l'acheteur/importateur et le vendeur/exportateur. Lors des négociations, il a été convenu que le mode de paiement serait un crédit documentaire irrévocable.
- Instructions d'ouverture : l'acheteur demande à sa banque d'ouvrir un crédit documentaire qui devra être notifié sans confirmation de la part de la banque du vendeur. Dans les instructions d'ouverture, l'acheteur remplit un formulaire en spécifiant les documents requis pour l'importation de la marchandise.
- Solvabilité de l'acheteur : la banque de l'acheteur vérifie la solvabilité de son client de même que les signatures sur le formulaire de demande. Elle s'assure également que les instructions soient claires et complètes.
- Ouverture : la banque de l'acheteur émet le crédit documentaire et le fait parvenir par le réseau SWIFT à la banque du vendeur. L'acheteur reçoit alors une copie de l'envoi.

- Contrôle : après réception du crédit documentaire, la banque du vendeur vérifie l'authenticité du crédit documentaire et s'il est soumis aux RUU (Règles et Usances Uniformes). Elle vérifie ensuite si les instructions ne contiennent pas d'erreurs.
- Notification : la banque du vendeur avise son client qu'il a reçu un crédit documentaire en sa faveur.
- Contrôle : lors de la réception de l'avis, le bénéficiaire vérifie si les conditions spécifiées dans le crédit documentaire sont conformes à ce qui avait été établi lors des négociations. Si le bénéficiaire est en désaccord avec une clause quelconque, il doit demander à l'acheteur de modifier les conditions.
- Expédition de la marchandise : le bénéficiaire expédie la marchandise et prépare les documents demandés dans les instructions du crédit documentaire.
- Remise des documents : le bénéficiaire présente les documents à sa banque.
- Vérification : la banque du vendeur vérifie que tous les documents sont conformes à ce qui avait été exigé dans le crédit documentaire. Si des erreurs sont présentes, son client n'est plus assuré d'être payé.
- Envoi des documents : la banque du vendeur envoie les documents à la banque de l'acheteur et demande à être payée.
- Vérification : la banque de l'acheteur vérifie à son tour tous les documents afin de statuer sur leur conformité.
- Paiement : si tout est conforme, la banque de l'acheteur procède au paiement à la banque du vendeur, moins les frais applicables.
- Débit de l'acheteur et remise des documents : la banque de l'acheteur débite son client du montant du crédit documentaire moins les frais applicables et lui remet tous les documents. L'acheteur peut alors dédouaner la marchandise et en prendre possession.
- Paiement : la banque du vendeur paie son client moins les frais applicables.

Les principaux types de crédits documentaires

- Le crédit documentaire révocable : il permet à la banque émettrice de le modifier ou l'annuler à son gré sans avoir à aviser préalablement le bénéficiaire. C'est une formule très peu utilisée.
- Le crédit documentaire irrévocable : il comporte un engagement ferme donné en faveur du vendeur par la banque émettrice agissant sur instruction de l'acheteur d'exécuter le paiement sous la réserve de la remise des documents conformes. Il ne peut être annulé ou modifié sans l'accord de toutes les parties intéressées.
- Le crédit documentaire irrévocable et confirmé : il ajoute à l'engagement de la banque émettrice celui de votre propre banque (confirmation).

Les différents modes de réalisation du crédit documentaire

- Le crédit documentaire par paiement à vue : la banque émettrice paye les documents réguliers dès leur présentation par l'acheteur.
- Le crédit documentaire par paiement différé : dans ce cas la banque émettrice paye les documents conformes au terme d'un certain délai (par exemple 90 jours). Le délai n'est pas matérialisé par une traite mais le vendeur dispose de l'engagement de paiement à l'échéance de la banque émettrice et éventuellement de la banque confirmatrice.
- Le crédit documentaire par acceptation : il s'agit d'un paiement différé avec émission d'un effet soit sur la banque émettrice, soit sur la banque confirmatrice, soit sur une banque tierce. Le bénéficiaire peut demander l'escompte de cet effet auprès de sa banque.
- Le crédit documentaire par négociation : il permet le paiement « d'avance » par la banque négociatrice des documents. La banque émettrice, à réception des documents, paiera la banque négociatrice.

Les crédits documentaires spéciaux

- Le crédit documentaire revolving : il permet dans le cas d'un courant d'affaires régulier le renouvellement automatique dans les conditions préalablement négociées.
- Le crédit documentaire transférable : il peut être transféré partiellement ou totalement en faveur d'un ou plusieurs bénéficiaires secondaires, fournisseurs réels de la marchandise.
- Le crédit documentaire adossé ou *back to back* : il se substitue au crédit transférable si cette modalité n'est pas possible. Il sera alors émis, à la demande de l'exportateur, un second crédit documentaire, en faveur de son fournisseur.

CHAPITRE 6
COMMENT FINANCER VOTRE COMMERCIALISATION ?

L'ASSURANCE PROSPECTION GÉRÉE PAR LA COFACE : L'OUTIL INDISPENSABLE

L'ASSURANCE PROSPECTION PREMIERS PAS (A3P)

Depuis 1946, Coface gère, pour le compte de l'État, une large gamme de garanties destinées à favoriser et soutenir les exportations françaises dans le cadre des dispositions des articles L 432-1 à L 432-4 du Code des assurances. Il s'agit d'assurer des risques, non assurables par le marché privé, au bénéfice des entreprises qui prospectent les marchés à l'exportation et commercialisent des produits et services.

Objectif

Elle prend en charge le risque commercial des premières démarches de prospection des TPE/PME à l'étranger et présente un double intérêt :
- soutien de trésorerie ;
- assurance forfaitaire contre la perte subie en cas d'échec commercial.

Quels bénéficiaires ?

Elle touche les entreprises françaises de tous les secteurs d'activité (sauf négoce international) ayant au minimum un bilan fiscal, dont le chiffre d'affaires global est inférieur à 50 millions d'euros et le chiffre d'affaires à l'exportation est égal ou inférieur à 200 000 euros ou représente moins de 10 % du chiffre d'affaires global.

Quelles dépenses ?

Elle concerne les dépenses de prospection non récurrentes, sans agrément préalable :
- déplacements, frais de voyage, frais de séjours (forfait 200 euros par jour et par personne) et salaires des salariés ou des représentants légaux (forfait 200 euros par jour et par personne) ;
- frais de publicité et de démonstration y compris envoi d'échantillons ;
- frais et honoraires versés à des tiers au titre de conseil ou de gestion dans la limite de 10 000 euros (études de marchés confiées à un tiers, conseils juridiques, interprétariat, traduction) ;
- site Internet (création ou adaptation en langue étrangère) ;
- participation à une manifestation commerciale acceptée par Coface ;
- adaptation des produits aux normes et exigences des marchés prospectés ;
- frais fixes d'agents à l'étranger ;
- frais liés à la venue en France d'agents ou de clients étrangers.

À quelles conditions ?

- Budget maximum garanti : 30 000 euros
- Quotité garantie : 65 %
- Taux d'amortissement : 10 %
- Durée de la garantie : 3 ans à compter de la date du début de l'exercice fiscal de l'année dans laquelle est effectuée la démarche de prospection et la demande de garantie correspondante (année n), avec 2 périodes successives :
  - versement de l'indemnité : l'entreprise en détermine le moment en adressant à Coface le relevé de dépenses afin de procéder à la liquidation de la garantie, quand elle le souhaite, dans les 12 mois de la prise d'effet du contrat de garantie. L'indemnité est versée dans les 15 jours.
  - remboursement de l'indemnité : à l'issue du 3e exercice fiscal (année n+2), calculé sur l'augmentation des chiffres d'affaires export annuels par rapport à celui de l'année n-1 ou à la moyenne des 2 ou 3 années n-1, n-2 et n-3.

Une entreprise peut demander deux A3P successives sur des années différentes. Au-delà l'entreprise peut bénéficier de l'assurance prospection « classique ».

Le montant des reversements ne peut excéder le montant des indemnités perçues par l'entreprise. Les indemnités non amorties à l'issue de la période d'amortissement restent acquises à l'entreprise.

À quel coût ?

Prime de 4 % des dépenses prises en compte déduite de l'indemnité (sauf minimum de prime à la signature : 200 euros).

Comment s'assurer ?

L'entreprise dépose une demande de garantie en ligne et obtient une réponse sous 48 h.

L'ASSURANCE PROSPECTION

Quel est l'intérêt ?

L'assurance-prospection est une assurance contre le risque d'échec commercial d'une action de prospection à l'étranger ainsi qu'un soutien financier.

Le mécanisme est simple : pendant la période de garantie, la Coface verse une indemnité à l'expiration de chaque exercice en tenant compte des dépenses engagées, dans la limite du budget de dépenses garanti, et des recettes réalisées dans la zone de garantie pendant l'exercice considéré.

Pendant la période d'amortissement, l'assuré reverse chaque année un pourcentage de ses recettes réalisées dans la zone prévue au contrat.

Dans tous les cas, l'assuré ne reverse jamais plus que l'indemnité versée.

La garantie est matérialisée par un contrat qui définit :

- la zone garantie ;
- le budget garanti ;
- la date de prise d'effet et la durée du contrat ;
- le taux et la durée d'amortissement ;

- les modalités d'indemnisation ;
- la prime.

Pouvez-vous l'obtenir ?

Vous pouvez l'obtenir si :

- vous êtes une entreprise française,
- votre chiffre d'affaires est inférieur ou égal à 500 millions d'euros.

Sur quels pays ?

Le contrat peut garantir la prospection d'un, de plusieurs ou de tous pays étrangers (sauf embargo), sous réserve d'un examen de vos perspectives de débouchés.

Pour quelles dépenses ?

L'ensemble des frais engagés par l'entreprise pour sa démarche de prospection de la zone garantie, frais différents de ceux qu'elle engage dans son activité habituelle ou frais supplémentaires par rapport à ces derniers.

Par exemple :

- location et aménagement d'un stand pour la participation à une manifestation ;
- études de marché ;
- déplacements à l'étranger des délégués de l'entreprise ;
- salaires de ces salariés pendant la durée de leurs déplacements ;
- frais de fonctionnement d'un bureau ou d'une filiale commerciale ;
- frais de publicité ;
- création d'un site Internet.

À quel coût ?

Une prime de 2 % du budget de prospection garanti, payable au début de chaque exercice de garantie. En cas d'avance sur indemnité, prime portée à 4 %.

Comment l'obtenir ?

- Par Internet : en transmettant les éléments nécessaires à l'examen de votre demande de garantie en ligne.
- Par e-mail, par fax ou par courrier :

En transmettant à votre correspondant régional Coface les informations requises dans la demande de garantie en ligne.

Dès réception de votre demande, votre correspondant régional Coface prendra contact avec vous pour obtenir les compléments d'information nécessaires à l'instruction de celle-ci.

Si votre entreprise a plus de 3 ans d'existence, le délai de décision est, en général, pour une demande de budget inférieur ou égal à 50.000 euros et d'une durée de garantie de un à trois ans, de 48h (mesure applicable depuis septembre 2009).

La décision, pour les autres demandes, intervient dans le mois qui suit le dépôt de la demande complète.

Exemple

Un viticulteur ayant une propriété de 200 hectares à Bordeaux en Entre-deux-Mers, désire prospecter sur les États-Unis durant 3 ans.

Après examen de son dossier, et étude de ses dépenses garanties, la Coface lui octroie des dépenses éligibles à hauteur de 300 000 euros sur 3 ans.

La période de garantie est la 1e, 2e et 3e année. Chaque année, il versera une prime de 2 % sur ses dépenses garanties. Il sera indemnisé de la différence entre ses dépenses garanties et 7 % de son chiffre d'affaires sur une base de quotité garantie de 65 % de ses dépenses.

La période d'amortissement est la 4e, 5e, 6e et 7e. Durant les quatre futures années, les dépenses du viticulteur cessent d'être prises en compte, par contre, il devra reverser 7 % de son chiffre d'affaires, mais en aucun cas, le remboursement ne peut excéder le montant des indemnités perçues.

Dans le cas envisagé, le chiffre d'affaires réalisé par l'assuré sur la zone ne permet pas un remboursement intégral des indemnités perçues. Le solde des indemnités, soit 5 750 €, reste acquis à l'assuré (cf. *Subventions pour la viticulture*, C. Engel aux éditions Féret).

www.coface.fr/assurance-prospection.fr

LE CRÉDIT D'IMPÔT POUR LES DÉPENSES COMMERCIALES EXPORT

Le crédit d'impôt encourage les investissements matériels et immatériels à l'export, tout en exigeant de l'entreprise le recrutement de personnel commercial.

Les bénéficiaires sont les négociants, coopératives, viticulteurs, associations type loi de 1901 soumise à l'impôt sur les sociétés et enfin les groupements d'intérêt économique sont éligibles.

Le crédit d'impôt ne peut être obtenu qu'une seule fois. Il est imputé sur l'impôt dû par le contribuable au titre de l'exercice au cours duquel les dépenses ont été engagées.

Il intervient en complément de subventions publiques, pour les frais excédant le plafond d'aide :
- 50 % du montant des dépenses éligibles, déduction faite des dépenses garanties par une assurance prospection ou couvertes par des subventions publiques (VIE,...)
- Crédit d'impôt export = (dépenses éligibles-subventions publiques-assurance prospection)*50 %

Cependant, ce crédit d'impôt est plafonné à :
- 40 000 € pour chaque entreprise ou société ;
- 80 000 € pour les associations ou GIE.

Modalités d'intervention

Ce crédit d'impôt est appliqué à partir des exercices clos du 31/12/2008 et jusqu'aux exercices clos le 31/12/2017.

Les dépenses de prospections éligibles sont celles ayant eu lieu dans les 24 mois suivants le recrutement du commercial ou du VIE :

Exercices	(a) Dépenses garanties	(b) Primes (a)*2%	© Dépenses engagées	(d) Dépenses prises en compte	(e) Recettes (exportation sur zone garantie)	(f) Amortissement (e)*7%	(g) Solde (d) – (f)	(h) Quotité garantie	(i) Indemnités (+) (g) * (h)
PÉRIODE DE GARANTIE									
1re année	10 000	200	11 000	10 000	5 000	350	9 650	[illegible]%	6272
2e année	8 000	160	9 500	8 000	10 000	700	7 300	[illegible]%	4745
3e année	12 000	240	10 000	10 000	35 000	2 450	7 550	[illegible]%	4907
Bilan	30 000	600	30 500	28 000	50 000	3 500	24500		15924
PÉRIODE D'AMORTISSEMENT Reversements (-)									
4e année	Les dépenses cessent d'être prises en compte				40 000	2 800			-2 800
5e année					35 000	2 450			-2 450
6e année					30 000	2 100			-2 100
7e année					1[illegible]00	2 800			-2 800
Bilan de la période d'amortissement					145 000	10 150			-10 150
Résultat final de l'indemnité									5 750

- les frais et indemnités de déplacement et d'hébergement liés à la prospection commerciale en vue d'exporter ;
- les dépenses permettant de s'informer sur les clients et les marchés ;
- les dépenses liées à la participation à des foires et salons ;
- les dépenses permettant de faire la promotion des produits et services de l'entreprise en vue d'exporter ;
- les indemnités mensuelles et les frais liés au VIE ;
- les dépenses de conseil permettant de se développer à l'international.

www.impots.gouv.fr

L'AIDE AU DIAGNOSTIC RÉSERVÉ AUX CAVES PARTICULIÈRES

Objectif

La concurrence accrue sur les marchés français et mondiaux nécessite que la qualité des vins produits en France et proposés à la vente soit en adéquation avec les marchés visés. Pour répondre à l'exigence d'amélioration du niveau qualitatif des produits et de positionnement stratégique et commercial, le soutien du volet aval de l'activité des caves particulières a été identifié comme un besoin prioritaire et se traduit par un accompagnement à la décision stratégique de l'exploitant.

À ce titre, FranceAgriMer met en place une aide à la réalisation d'un diagnostic d'exploitation. Une aide financière aux exploitations vitivinicoles en cave particulière est possible.

Les dépenses seront prises en compte dans la limite de 50 % du coût hors taxe de l'audit plafonné à 4 000 euros.

Les aspects audités porteront sur :
- le diagnostic de production ;
- le diagnostic financier ;
- le diagnostic aval (commercialisation) ;
- le diagnostic global.

Le diagnostic devra déboucher sur une synthèse complète, fine et pertinente sur les trois aspects : production, financier et commercial.

L'auditeur devra faire valoir une vision générale de l'entreprise. Une analyse du positionnement aval de l'exploitation sera effectuée ainsi qu'une analyse de l'adéquation de moyens mis en œuvre vis-à-vis de la stratégie de l'exploitation.

Les difficultés rencontrées au sein de l'exploitation devront être décrites.

L'auditeur devra livrer un ou plusieurs *scenarii* de développement en détaillant expressément les principaux points de ses recommandations.

Un résumé du diagnostic établi par l'auditeur accompagnera la demande de financement et devra comporter 3 grands chapitres comme vu précédemment.

www.franceagrimer.fr

PRÊT DÉVELOPPEMENT EXPORT BPIFRANCE

Objectif

Pour financer les dépenses immatérielles de votre programme d'investissement, Bpifrance, en partenariat avec Business France, a créé le Prêt Pour l'Export (PPE).

Bénéficiaires

Toute PME constituée en société, créée depuis plus de trois ans, bénéficiaire et en croissance qui souhaite se développer à l'international peut en bénéficier. Les entreprises peuvent déjà avoir une activité à l'étranger ou y accéder pour la première fois.

Toute ETI (entreprise de taille intermédiaire) : entreprise ou groupes d'entreprise employant moins de 5 000 personnes et un chiffre d'affaires inférieur à 1,5 milliard d'euros ou un total inférieur à 2 milliards d'euros.

Financements

Les dépenses financées sont :

- investissements immatériels ;
- investissements corporels à faible valeur de gage ;
- opérations de croissance externe ;
- augmentation du besoin en fonds de roulements (BFR) générée par le projet de développement ;
- à l'exclusion des opérations de restructuration financière.
- les matériels spécifiques ou de démonstration, à faible valeur de revente ;
- les besoins en fonds de roulement ;
- la création d'une filiale à l'étranger.

Modalités d'intervention

Le prêt est accordé :

- sans garantie sur les actifs de l'entreprise ni caution personnelle du dirigeant ;
- de 30 000 à 5 000 000 euros ;
- dans la limite des fonds propres et quasi fonds propres de votre entreprise ;
- d'une durée de 7 ans, à taux fixe, remboursable à partir de la 3e année.

www.bpifrance.fr

L'AIDE À LA PROMOTION PAYS TIERS : FRANCEAGRIMER

En application des règlements Conseil n°479/2008 du 28/04/2008 et Commission n°555/2008 du 27/06/ 2008, l'organisation commune de marché (OCM) vitivinicole permet d'apporter une aide financière à la mise en œuvre d'actions structurées de promotion des vins européens.

Sont concernés les vins sous appellation d'origine protégée (AOP), indication géographique protégée (IGP) et les vins de cépage. Sont visés : les consommateurs et prescripteurs des pays tiers (hors Union européenne).

Il s'agit de favoriser l'image des vins européens et leur exportation hors Union européenne. Un autre objectif de l'aide consiste à renforcer la connaissance qu'ont les opérateurs des marchés des pays tiers.

Les bénéficiaires peuvent être des entreprises, des organisations ou des interprofessions.

Les actions éligibles à l'aide à la promotion dans les pays tiers sont les suivantes :
- relations publiques, promotion et publicité ;
- participation à des manifestations, foires et expositions internationales ;
- campagnes d'information sur les appellations et la production biologique ;
- études de nouveaux marchés ;
- études d'évaluation des actions précitées.

Dans tous les cas, l'aide représente 50 % maximum du montant des dépenses éligibles pour des actions réalisées.

Pour 2017, des modifications ont été apportées qui rendent les dossiers beaucoup plus complets. Voici celles apportées à ce jour :

- les demandeurs peuvent soit faire une demande de prolongation des dossiers ayant atteint 3 années soit déposer de nouveaux dossiers ;
- les nouveaux dossiers couvrent au maximum deux années ;
- un seuil plancher de 10 000 euros de dépenses par an et par pays ou zone de pays est introduit ;
- la téléprocédure devient obligatoire pour le dépôt des prochains dossiers ;
- les dossiers n'ayant pas réalisé de dépense sur une année donnée ou n'ayant pas fourni les justificatifs dans les délais seront annulés ;
- plusieurs règles sont clarifiées : montant minimum par facture, règles relatives aux dépenses de personnel, calcul du coût horaire… ;
- l'attestation des décaissements par le commissaire aux comptes ou l'expert comptable devient obligatoire.

Les évolutions réglementaires fixent un cadre rigoureux à la démarche de prospection dans un pays tiers. L'objectif est de limiter les dépenses.

www.franceagrimer.fr

Deuxième Partie

LES RÉSEAUX DE DISTRIBUTION ET LEURS MARCHÉS

CHAPITRE 1
LES RÉSEAUX DE DISTRIBUTION EN FRANCE

FIXER SON PRIX PAR RÉSEAU DE DISTRIBUTION

Fixer les prix

Afin d'élaborer une stratégie cohérente de prix, il faut déterminer les coûts de production, situer son domaine face à la concurrence et définir les attentes des clients ainsi que les circuits de vente.

Établir les marges et calculer les coûts

Pour être rentable, le prix de vente du vin doit être supérieur à la somme des coûts unitaires nécessaires à sa fabrication et à sa commercialisation. En d'autres termes, sa marge doit être positive :

Prix de vente = Coût de revient complet + marge

La marge ajoutée au coût de revient permet de dégager un bénéfice, elle est fixée en fonction des objectifs et des contraintes.

Il est nécessaire de connaître l'ensemble de ses coûts, d'évaluer ses marges afin de rémunérer ses intermédiaires selon le circuit de distribution envisagé.

Il est aussi important de prévoir dans ses prix, des réductions pour l'ensemble de ses clients, afin que le prix de vente puisse rémunérer tous les intermédiaires.

L'établissement d'une politique tarifaire cohérente et bien étudiée vous permet d'être plus fort lors d'une négociation, d'être mieux préparé avec vos marges et ristournes déjà calculées dans votre prix. Vous savez donc jusqu'où votre prix peut être abaissé.

Attention à ne jamais se situer en dessous de son seuil de rentabilité et ne jamais vendre à perte.

Nous avons établi un exemple de tableau de calcul des coûts réels pour une bouteille de blanc :

	BOUTEILLES			BOUCHONS		CAPSULES		ÉTIQUETTES	CONTRE ÉTIQUETTES	GENCOD	CARTONS	PALETTES
	Cl	Format	Couleur	Dimension	Qualité	Qualité	Fiscalisées					
BACCHUS BLANC												

Mise En Bouteille - 1000 blles	**QUANTITE**	**PRIX**	**P.U**
BOUTEILLES	1000		
BOUCHONS	1000		
CAPSULES	1000		
ÉTIQUETTES	1000		
CONTRE ÉTIQUETTES	1000		
CARTONS	1000		
TOTAL MATIERES SECHES			**SS TOTAL 1**
MISE EN BOUTEILLES			
FILTRATION	1		
GOMME (uniquement rouge)			
STABILISATION	1		
FRAIS DIVERS			
TOTAL TRAITEMENTS			**SS TOTAL 2**
FRAIS TRANSPORT	100		
Chargement + Film palette	600		
DROIT CIRCULATION	1		
INTERPROFESSION	1		
TOTAL DIVERS			**SS TOTAL 3**
TOTAL GENERAL FRAIS BOUTEILLES			**0,6510 €**

L'ensemble des frais et taxes liés à la production du vin sont saisis

Ce calcul est utilisé dans le tableau tarif

Calculer les coûts de production d'une bouteille

Source : *Gestion opérationnelle de l'entreprise viticole* - A.Messal - Éditions Féret

Pour qu'une activité soit rentable, il est essentiel de calculer avec précision, quel est le coût de revient d'une bouteille. Cette démarche déterminera par la suite la politique tarifaire du vignoble ainsi que la stratégie de vente.

Fixer un prix en fonction de son circuit de distribution

Gérer et contrôler son prix final est peu évident quand de nombreux intermédiaires sont impliqués. Ce qui est le cas quand le domaine ne commercialise pas en direct et qu'il vend ses vins par le biais d'agents, de grossistes ou d'importateurs.

Afin de maîtriser ses prix sur le marché, il est obligatoire de créer une grille tarifaire en fonction de ses circuits de vente et de ses volumes (tarif dégressif). Nous avons synthétisé la structure d'un prix ci-dessous :

	Coût de production	Coûts administratifs + commerciaux	Marge nette du viticulteur	Accords commerciaux	Agents	TVA
	80 %	20 %	20 %	15 %	15 %	19,60 %
Prix basé selon le coût à l'hl	2,00 €					
Calculé sur la base des 20 % de coûts administratifs et commerciaux		0,40 €				
Sous-total	2,40 €					
Marge nette du viticulteur			0,48 €			
Sous-total		2,88 €				
Accords commerciaux				0,43 €		
Sous-total		3,31 €				
Agents					0,50 €	
Sous-total			3,81 €			
PV HT			**3,81 €**			

Le coût de revient inclut également toutes les charges associées à l'activité et à la vente et les taxes.

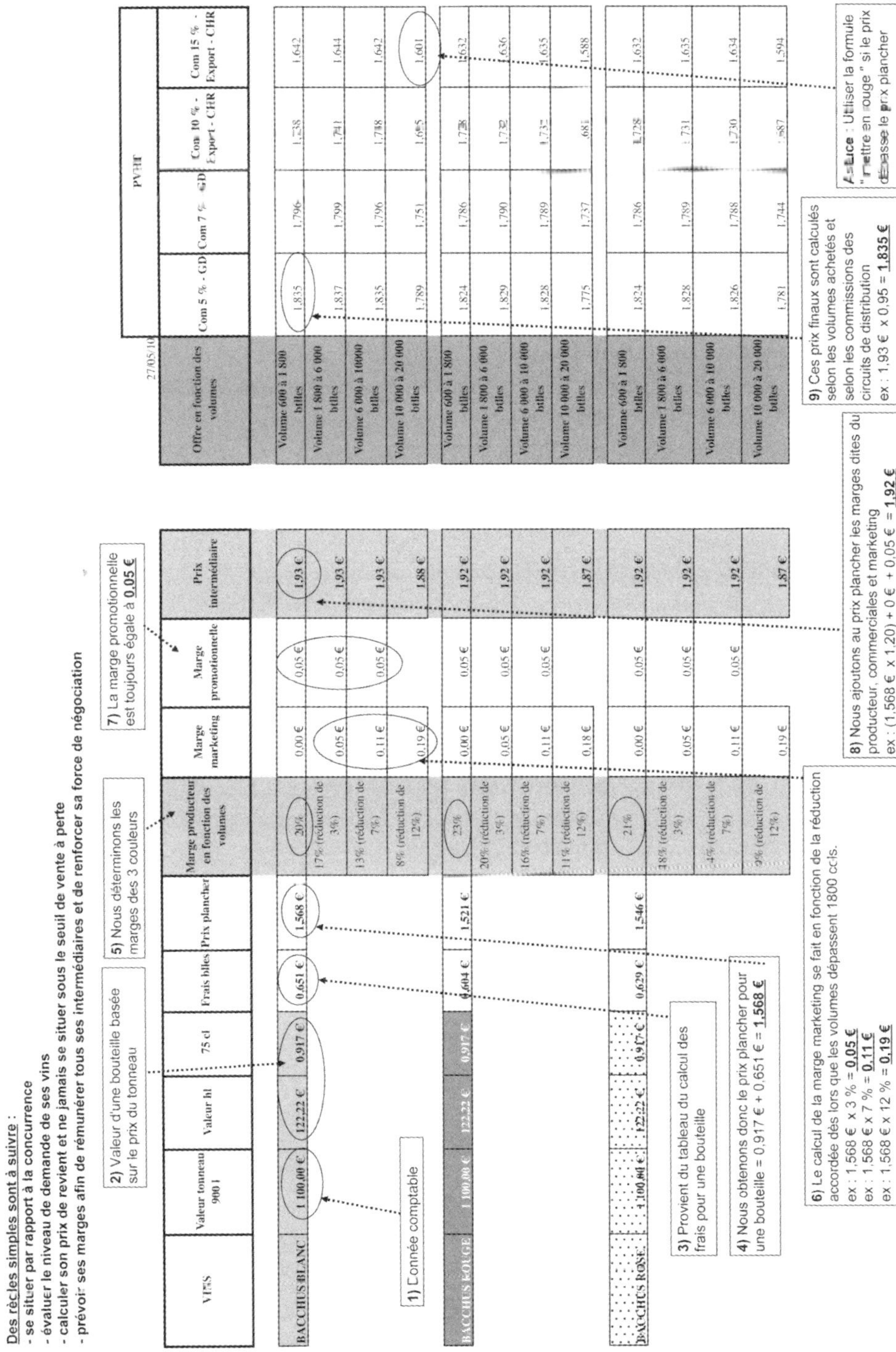

VINS	Valeur tonneau 900 l	Valeur hl	75 cl	Frais blles	Prix plancher	Marge producteur en fonction des volumes	Marge marketing	Marge promotionnelle	Prix intermédiaire
BACCHUS BLANC	1 100,00 €	122,22 €	0,917 €	0,651 €	1,568 €	20%	0,00 €	0,05 €	1,93 €
						17% (réduction de 3%)	0,05 €	0,05 €	1,93 €
						13% (réduction de 7%)	0,11 €	0,05 €	1,93 €
						8% (réduction de 12%)	0,19 €		1,88 €
BACCHUS ROUGE	1 100,00 €	122,22 €	0,917 €	0,604 €	1,521 €	23%	0,00 €	0,05 €	1,92 €
						20% (réduction de 3%)	0,05 €	0,05 €	1,92 €
						16% (réduction de 7%)	0,11 €	0,05 €	1,92 €
						11% (réduction de 12%)	0,18 €		1,87 €
BACCHUS ROSE	1 100,00 €	122,22 €	0,917 €	0,629 €	1,546 €	21%	0,00 €	0,05 €	1,92 €
						18% (réduction de 3%)	0,05 €	0,05 €	1,92 €
						14% (réduction de 7%)	0,11 €	0,05 €	1,92 €
						9% (réduction de 12%)	0,19 €		1,87 €

Offre en fonction des volumes	PVHT Com 5 % - GD	Com 7 % - GD	Com 10 % - Export - CHR	Com 15 % - Export - CHR
Volume 600 à 1 800 btlles	1,835	1,796	1,738	1,642
Volume 1 800 à 6 000 btlles	1,837	1,799	1,741	1,644
Volume 6 000 à 10000 btlles	1,835	1,796	1,738	1,642
Volume 10 000 à 20 000 btlles	1,789	1,751	1,695	1,601
Volume 600 à 1 800 btlles	1,824	1,786	1,728	1,632
Volume 1 800 à 6 000 btlles	1,829	1,790	1,732	1,636
Volume 6 000 à 10 000 btlles	1,828	1,789	1,732	1,635
Volume 10 000 à 20 000 btlles	1,775	1,737	1,681	1,588
Volume 600 à 1 800 btlles	1,824	1,786	1,728	1,632
Volume 1 800 à 6 000 btlles	1,828	1,789	1,731	1,635
Volume 6 000 à 10 000 btlles	1,826	1,788	1,730	1,634
Volume 10 000 à 20 000 btlles	1,781	1,744	1,687	1,594

Exemple de calcul grille tarifaire France/Export

LE POIDS DE LA GRANDE DISTRIBUTION EN FRANCE

Présentation du marché de la grande distribution (GD)

La grande distribution a pris son essor en France dans les années 1960 ; l'après-guerre, avec son développement de la population, le besoin de reconstruire, son envie de vivre et inconsciemment ou pas son envie de consommer, était une période idéale pour la naissance de vraies sagas familiales.

Les Leclerc, Auchan, Carrefour, Intermarché, Système U, Casino et autres (et tous ceux qui ont disparu ou ont été absorbés par leurs concurrents) sont nés par la volonté d'hommes visionnaires, entreprenants et qui avaient un vrai « sens du commerce ».

Leur but était de mettre au service de la population tous les biens de consommation courante au meilleur prix ; les notions d'offre, d'assortiment, de promotions, de marketing qui sont maintenant courantes ne l'étaient bien sûr pas directement à cette époque, même si les idées germaient au fil des découvertes.

Et qu'on le veuille ou non, le vin, en France, était à cette époque un des biens de consommation courante le plus important ! Le vin, partie de notre histoire, de notre patrimoine, de notre culture régionale et nationale a donc fait son entrée dans les linéaires.

Le but ici n'est pas de juger les réactions de chacun mais simplement de constater qu'aujourd'hui, 55 % des vins consommés en France ont été achetés par les consommateurs en grande distribution, hard discount compris.

Les enseignes avec leurs acheteurs spécialisés consacrent beaucoup de temps et de moyens pour construire des assortiments correspondant à nos attentes et des opérations comme les foires aux vins de printemps et surtout d'Automne ; le rayon vin est parmi ceux qui monopolisent le plus de ressources chez les distributeurs. Le produit est complexe, la production est très atomisée et nécessite donc une expertise forte, et pour ne rien faciliter la nature nous donne des vins différents tous les ans.

La grande distribution ne s'articule pas de façon nationale (pour une question de gestion) mais autour d'un découpage par région :

- Nord
- Région parisienne
- Ouest Nord
- Ouest Sud
- Sud-Ouest
- Sud-Est
- Centre Est
- Centre Ouest
- Est

Principales grandes enseignes

Une vingtaine d'enseignes se partagent le marché de la grande distribution en France. Six groupes dominent ce marché : Auchan, Casino, Carrefour, Intermarché, Leclerc et Système U. Les groupes étrangers sont très peu présents, à l'exception de hard discounters comme Lidl qui a réussi quelques percées.

Afin d'y voir un peu plus clair, voici les principaux groupes et leurs enseignes françaises :

Groupe	Carrefour	Auchan	Leclerc	Systeme U	Intermarché	Cora	Groupe Casino	Métro	Lidl
Principales enseignes représentatives du groupe	Carrefour, Carrefour Market, Carrefour City, Carrefour Contact, Promocash	Auchan, Simply Market	Leclerc	Hyper U, Super U, Marché U	Intermarché, Netto	Cora, Match	Géant, Casino, Petit Casino, Monoprix, Francprix, Leader Price	Métro	
Nombre d'hyper	237 Carrefour	138 Auchan	640 Leclerc (hyper et super)	70 Hyper U	1832 Intermarché (hyper et super)	59 Cora	127 Géant		
Nombre de super	960 Carrefour Market	262 Simply Market		762 Super U		140 Match	444 Casino, Monoprix		
Nombre de magasins de proximité	3673 (Carrefour City et Contact, Shopi, 8 à huit...)			738 Marché U	350 relais Mousquetaires		6825		
Cash and carry	139 Promocash							2000 entrepôts	
Hard discount	850 ED	59 Cora	140 Match		308 Netto		801 Leader Price		1620

Source : LSA 2015

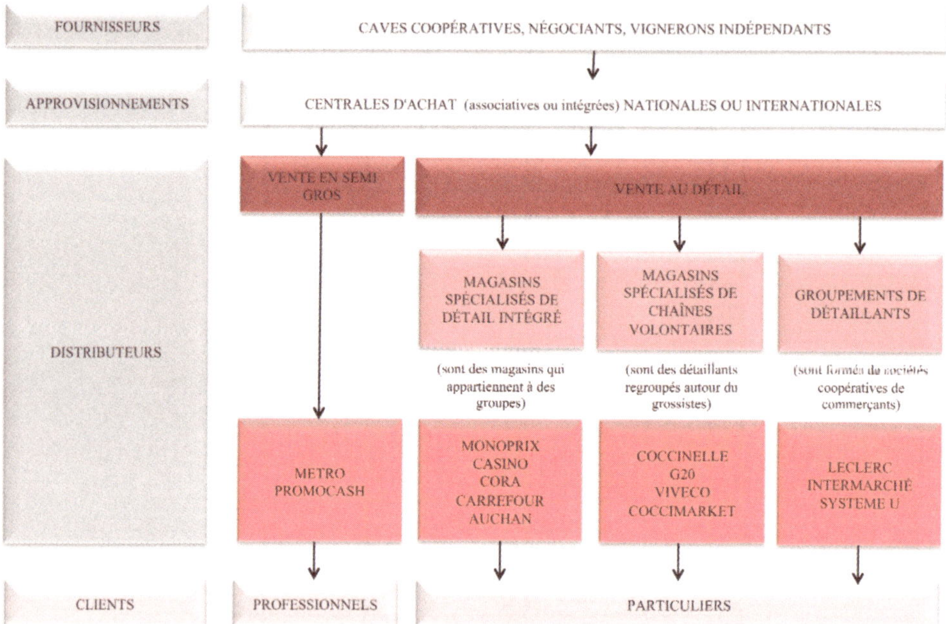

L'organisation du circuits de distribution de la grande distribution

Source : *La vente de vin en grande distribution* - J. Conche - Éditions Féret 2011

La grande distribution représente 87 % des volumes de vins vendu en France. Cette organisation nécessite une procédure pour chaque étape : du sourcing à la vente des produits.

Chiffres 2015	Vins tranquilles	Vins effervescents
Bouteille vendues	1,29 milliards	167,4 millions
Chiffre d'affaires en €	4,2 milliards	1,37 milliards
Croissance en volume	-1,20%	0,8 %
Croissance en valeur	1,9 %	2,3 %
Prix moyen bouteille	3,24 €	8,16 €

Résumé sur le secteur d'activité de la grande distribution

Source : FranceAgriMer

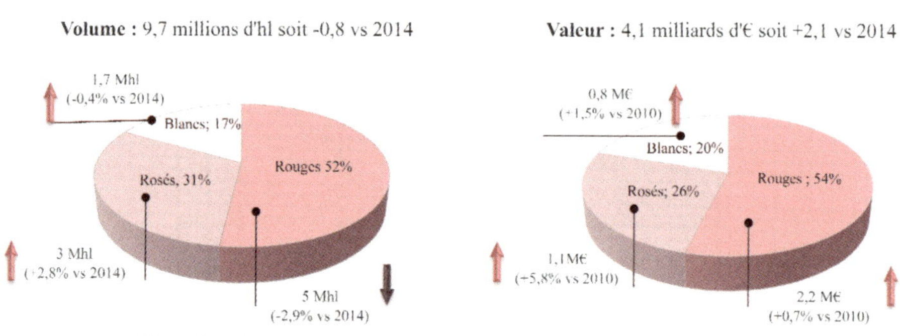

Comparatif 2014/2015 des ventes en grande distribution par couleur pour les vins tranquilles

Source : France AgriMer

Entre 2014 et 2015 pour les vins rouges, on observe une baisse de volume mais une progression en valeur. Les Français achètent moins de vin, mais optent pour des vins plus qualitatifs.

Pour les blancs et les rosés, les volumes comme la valeur sont en augmentation.

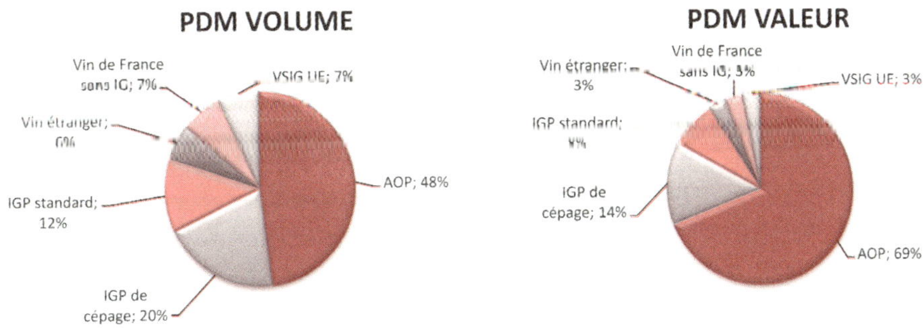

Le marché des vins tranquilles par catégorie

Sur le marché des vins tranquilles, les ventes sont largement dominées en valeur et en volume par les vin en AOP. En dernière position on retrouve les vins de France et les vins étrangers.

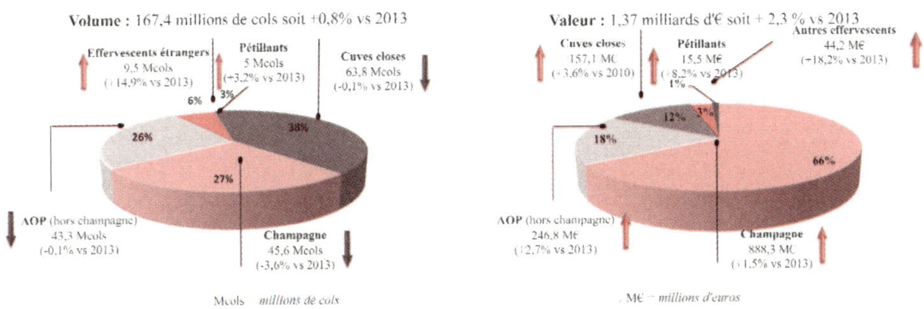

Comparatif 2013/2014 des ventes en GD par couleur pour les vins effervescents

Source : France AgriMer

On observe le même phénomène pour les vins effervescents : une baisse de volume avec un plus grand chiffre d'affaires, ce qui renforce la tendance du consommer moins mais consommer mieux.

Particularités de la grande distribution en France en 2015

Total magasins = 9 656
- 2 019 hypermarchés
- 5 615 supermarchés
- 2 022 magasins hard discount (ED, Mutant, Leader Price et Netto)

LES CAVISTES : UN RÉSEAU EN ESSOR

Description

Ils font partie du circuit traditionnel. Les cavistes sont soit indépendants soit franchisés. Le démarchage de ce réseau est long et difficile mais valorisant en termes d'image et de notoriété.

À noter que certains cavistes dits de chaîne présentent certaines similitudes avec la vente en grande distribution en termes de négociation, de référencement et des volumes exigés.

Les cavistes sont de bons prescripteurs, car ils sont pour la majorité de vrais spécialistes, des dégustateurs avertis mais aussi des passionnés du vin. Ils sont donc un important réseau à développer afin d'optimiser leur approche. Il est important de se questionner plus précisément sur leur activité avant de les rencontrer afin de parfaire la façon de les démarcher.

On retrouve les plus grandes concentrations de cavistes dans les zones de production viticoles ou de proximité ce qui paraît logique : frais de transport réduits, sourcing plus facile, etc. En revanche, le nombre de caves dans un endroit donné n'est pas en corrélation avec la densité de population sur cette même zone.

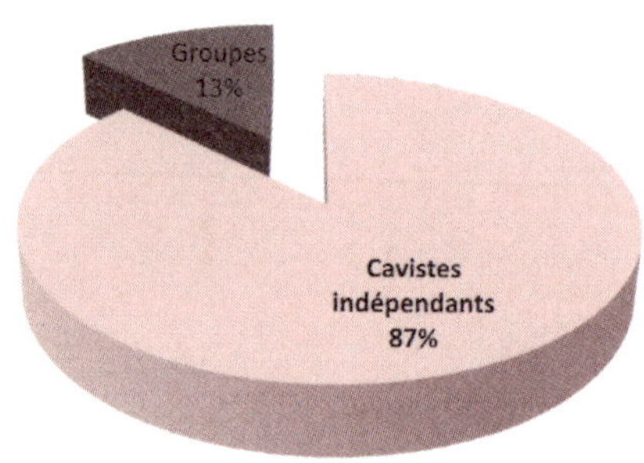

Structure du secteur des cavistes en France métropolitaine

La structure des cavistes en France est largement dominée par les caves indépendantes avec 87 % contre 13 % pour les groupes. En effet, l'avantage des caves indépendantes est la possibilité d'avoir leur propre concept et de choisir les références qu'elles veulent.

Pour les franchisés c'est différent, tout est centralisé pour l'achat des vins et il faut également respecter la politique du groupe. Une grande part du chiffre d'affaires est également redistribuée au groupe. L'avantage est que l'on profite de l'expertise commerciale du groupe et d'une puissance de communication et marketing ainsi que de formations.

On peut remarquer qu'il existe une grande disparité du chiffre d'affaires réalisé par les cavistes selon différents critères :

- le lieu de la cave ;
- le nombre de salariés ;
- la surface de vente ;
- la sélection du vin ;
- la stratégie d'approvisionnement des vins et de logistique ;
- le positionnement des prix.

La France totalise en 2014

- 4 313 cavistes indépendants avec 945 millions d'euros de chiffre d'affaires
- 1 217 cavistes franchisés avec 502,5 millions d'euros de chiffre d'affaires

www.caviste-independant.com

LES RÉSEAUX DES CAFÉS, HÔTELS ET RESTAURANTS : CHR

Tout comme pour les cavistes, les CHR constituent le circuit dit traditionnel, circuit difficile à développer car la démarche commerciale est longue et difficile.

Les CHR de chaîne (franchisés)

Ils présentent certaines ressemblances avec la vente en grande distribution car ils utilisent une démarche de référencement avec négociation de prix. Le parcours pour arriver à être référencé est long.

Nous sommes dans un environnement très concurrentiel où négociants, grossistes, producteurs et caves coopératives se retrouvent. Il est important de noter que ce circuit de distribution est plus aisé pour les plus grosses structures que pour les producteurs « isolés ». Ils possèdent une force de vente plus importante et plus à même d'assurer le suivi commercial ainsi que des volumes plus conséquents.

Les CHR indépendants

Ils sont différents, ils présentent des similitudes avec les cavistes indépendants où la relation se fait sur le long terme. Ce type de clientèle convient donc mieux aux producteurs indépendants. Deux possibilités apparaissent : soit ces établissements appartiennent à la zone de production du vigneron, soit ils se situent hors zone de production. C'est un signe de qualité de posséder une clientèle dans sa zone de production mais il est aussi très gratifiant d'être présent sur les menus de grands restaurants gastronomiques qui vont alors représenter de fortes références pour votre domaine.

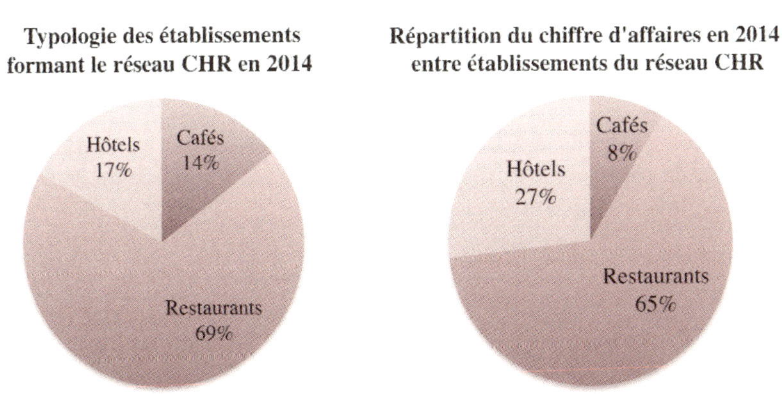

Répartition des établissements et leur pourcentage de chiffre d'affaires en 2014

Source : FranceAgriMer

De manière générale le pourcentage d'établissements est proportionnel au chiffre d'affaires, sauf peut-être pour les hôtels qui génèrent un chiffre d'affaires bien plus important que sa proportion sur le réseau CHR.

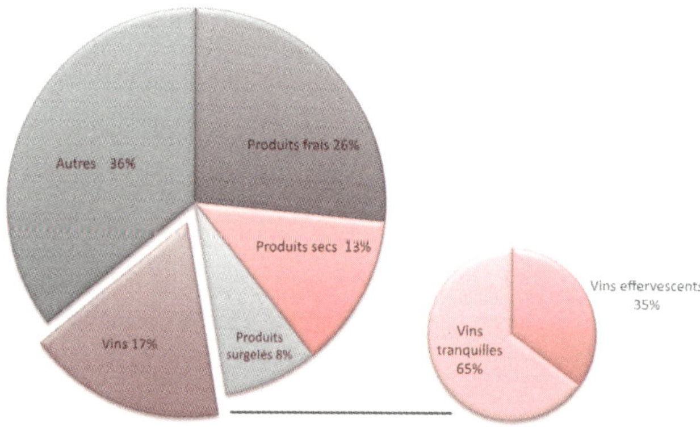

Part des achats des cafés, hôtels, restaurants en France en 2014

La part d'achat des vins par les CHR est de 17 % dont 65 % de vins tranquilles et 35 % de vins pétillants.

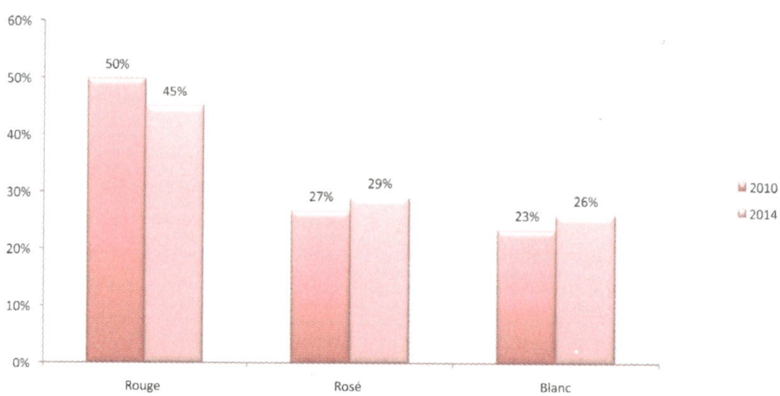

Comparatif 2014/2010 des vins consommés en restauration par couleur
Source : CNIV 2015

Depuis 2010, la tendance est à la baisse pour les vins rouges. Les vins blancs et rosés, quant à eux, ont la cote. Cela s'explique notamment par la normalisation de l'utilisation de ces vins à l'apéritif.

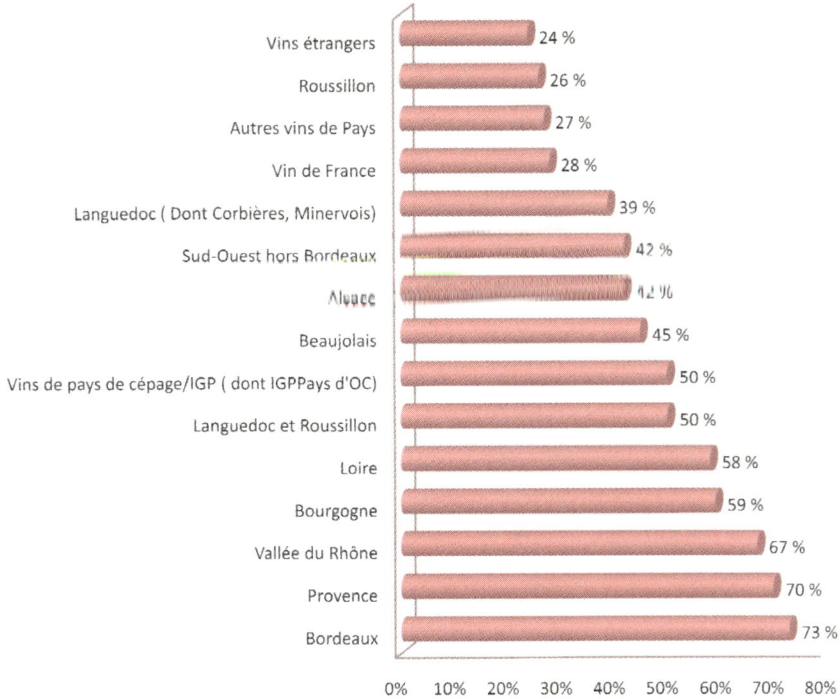

Taux de pénétration par région viticole en France en 2014

Source : CNIV/panel CHD Facts

La Champagne détient le record en terme de taux de pénétration chez le CHR, suivi par Bordeaux. Les vins étrangers ainsi que les vins du Roussillon sont en dernière position.

En règle générale, les différentes appellations ont su augmenter leur taux de pénétration à l'acception du Roussillon et de la Loire.

Lorsqu'on parle des CHR, on désigne les cafetiers, les hôteliers et les restaurateurs. On recense 180 600 commerces en France qui cumulent un chiffre d'affaires de 67,4 milliards d'euros :

- 26 000 cafés = chiffre d'affaires de 5,8 milliards d'euros
- 30 500 hôtels = chiffre d'affaires de 18,1 milliards d'euros
- 124 100 restaurants = chiffre d'affaires de 43,6 milliards d'euros

On observe une progression du chiffre d'affaires de la filière en 2014 :

- augmentation pour les hôtels et les restaurants ;
- baisse pour les cafés, pubs et autres discothèques ;
- la part des ventes de vin représente 17 %.

Dans le monde

Aujourd'hui, Internet dans nos échanges qu'ils soient commerciaux ou sociaux prend une proportion de plus en plus importante. Les chiffres liés à Internet donnent le tournis. Pourtant aujourd'hui seule 42 % de la population mondiale (3,025 milliards d'internautes) est connectée à Internet.

Le succès de l'accès à Internet via un mobile bouscule les chiffres à travers la planète avec plus de 3 milliards d'internautes dans le monde soit 1 personne sur 2.

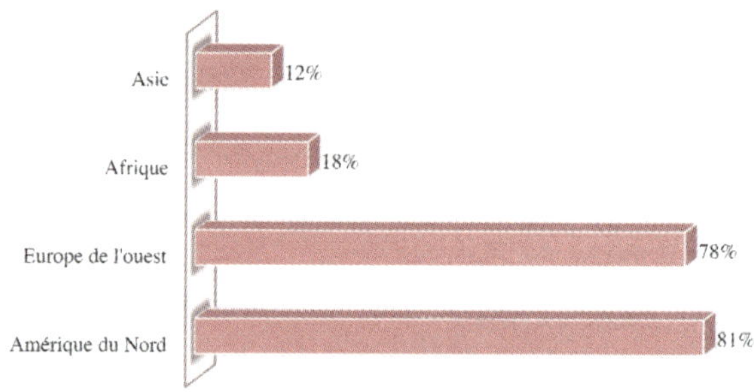

Taux de pénétration Internet

Source : Médiamétrie

Top 5 des sites les plus visités dans le monde:

1. Google
2. Facebook
3. Youtube
4. Yahoo !
5. Baidu

En France

Selon Médiamétrie, en décembre 2015, on comptait 44,8 millions d'internautes (soit 86,6 % des Français) et 20,3 millions de mobinautes.

La diversification des réseaux passe aussi par la vente en ligne qui, contrairement à d'autres réseaux, est toujours en forte croissance. Les leaders de ce marché sont : www.venteprivees.com et www.vigneron-independant.com. La concurrence est très présente et nombreuse : plus de 300 sites existent à ce jour. À noter que la grande distribution se met elle aussi à la vente de vin sur Internet (ooshop.com, houra.fr ou auchandirect.fr) et que la tendance à la vente privée est en essor (1jour1vin.com ou ventealapropriété.com).

Voici un classement des sites français différent des classements habituels car ils ont été jugés par les internautes avec dans le Top 3 : nicolas.com, rouge-blanc.com et vin.fr.

Depuis quelques années, on peut remarquer une croissance très importante des ventes en ligne de vin. En 2015, 30 % des Français ont déjà acheté du vin sur Internet.

Voici les nouvelles tendances du marché :

- positionnement des cavistes en ligne de plus en plus comme les cavistes traditionnels ;
- développement de la vente ligne entre particuliers ;
- succès croissant des ventes de vin par abonnement ;
- développement des sites vignerons.

Ce développement se fait à l'aide de différents outils Internet qui sont directement intégrés dans la stratégie de marketing et de communication :

- réseaux sociaux ;
- blogs ;
- application sur les mobiles.

Le but de tous ces outils est de pouvoir donner toujours plus d'informations aux consommateurs à travers des vidéos, des clubs, des forums.

Le marché de vente en ligne est en pleine croissance surtout en France .

Classement des motivations	Classement des critères
Un gain de temps	1
La facilité de l'achat	2
Le prix	3
Le choix	4
La sécurité du paiement	5

		Evolution du classement 2013-2015	Note pondérée sur 20
1	www.amazon.com	–	16,34
2	www.jiuxian.com	▲ +1	15,98
3	www.lavinia.es	▲ +13	15,79
4	www.danmurphys.com.au	–	15,7
5	www.vente-privee.com	▼ -3	15,68
6	www.laithwaites.co.uk	▼ -1	15,66
7	www.yesmywine.com	▼ -6	15,58
8	www.wineshop.it	– 1	15,47
9	www.wine.com	– 5	15,33
10	www.weine.de	▼ -2	15,29
10	independant.com	–	15,1
12	www.chateaunet.com	▲ +9	15,17
13	www.bbr.com	–	15,11
14	www.auchan.fr/vin	▲ +1	15,11
15	www.millesima.fr	▲ +12	15,09
16	www.mon-vigneron.com	–	14,95
17	www.vinatis.com **	▼ -7	14,89
18	www.savourclub.fr	=	14,75
19	www.defivin.com	–	14,74
19	www.wineandco.com	–	14,74
21	www.vinchezmoi.com	▲ +8	14,7
22	www.cave-spirituelle.com	▼ -3	14,68
23	www.votresommelier.com	=	14,67
24	www.lavinia.fr	▲ +1	14,61
25	www.nicolas.com	▼ -12	14,59
26	www.cdiscount.com	▲ +4	14,58
27	www.mondovino.com	▼ -15	14,56
28	www.vcommevin.com	▼ -11	14,55
29	www.carrefour.fr	▼ -7	14,35
30	www.levindefrance.com	–	13,99
31	www.vinfute.fr	–	13,99

Classement international 2015 des sites Internet de vente de vins

Source : Kedge 2015

		Evolution du classement 2013-2015	Note pondérée sur 20
1	www.vente-privee.com	=	15,68
2	independant.com	–	15,29
3	www.chateaunet.com	▲ +8	15,17
4	www.auchan.fr/vin	▲ +2	15,11
5	www.millesima.fr	▲ +12	15,09
6	www.mon-vigneron.com	–	14,95
7	www.vinatis.com **	▼ -3	14,89
8	www.savourclub.fr	=	14,75
9	www.defivin.com	–	14,74
9	www.wineandco.com	–	14,74
11	www.vinchezmoi.com	▲ +8	14,7
12	www.cave-spirituelle.com	▼ -3	14,68
13	www.votresommelier.com	=	14,67
14	www.lavinia.fr	▲ +1	14,61
15	www.nicolas.com	▼ -11	14,59
16	www.cdiscount.com	▲ +4	14,58
17	www.mondovino.com	▼ -14	14,56
18	www.vcommevin.com	▼ -11	14,55
19	vins-champagnes.carrefour.fr	▼ -7	14,35
20	www.levindefrance.com	–	13,99
21	www.vinfute.com	–	13,78

Classement international 2015 des sites Internet de vente de vins

Source : Kedge 2015

L'INFLUENCE DES NOUVELLES TECHNOLOGIES

L'importance des blogs

Si 26 % des Français consultent des blogs une à plusieurs fois par semaine, ils sont 17 % à consulter régulièrement des blogs spécialement dédiés au vin. Parmi eux, 82 % accordent une très grande importance aux conseils qu'ils y trouvent : un intérêt qui se traduit d'ailleurs pour 27 % d'entre eux par la transformation en acte d'achat de vins qui y sont recommandés.

Le rôle des réseaux sociaux

Pour les Français, les réseaux sociaux doivent avant tout fournir des informations complètes sur un produit en particulier (62 %). Ils cherchent également à y découvrir de nouveaux produits (2 6%) et à pouvoir y partager un avis sur les vins dégustés (14 %). En 2015, 37 % des Français ont déjà consulté un réseau social dédié au vin, et 17 % d'entre eux ont acheté un vin qui y était recommandé.

Et les applications dans tout cela ?

En 2015, le nombre d'applications dédiées au vin et à la gastronomie utilisées par les Français est relativement stable : 37 % des Français en possèdent au moins une sur leur smartphone ou tablette. Une proportion largement supérieure parmi les grands acheteurs (71 %) et chez les jeunes (54 %). Les attentes des Français vis-à-vis de ces applications résident avant tout dans les conseils qu'ils y trouvent pour choisir le vin, ex aequo avec les accords mets-vins (12 %). 28 % des détenteurs de supports mobiles ont déjà acheté du vin par ce biais, un chiffre largement en hausse par rapport à l'an dernier (9 %).

Internet est-il responsable d'un changement de consommation ?

Pour 85 % des personnes interrogées, Internet n'a rien changé dans la manière de consommer les vins. Internet joue avant tout un rôle d'informations même si aujourd'hui Internet représente tout de même 6 % des achats de vins en France.

Source : SOWINE

Entretien avec Michel Remondat PDG Vitisphère - Montpellier

Nom et prénom : Michel REMONDAT
Société : Vitisphere SA
Au cours des cinq dernières années, la croissance de Vitisphere oscille entre 15 et 20 %.
Chiffres clés : - Création : juin 2000. - 4 plateformes : Vitisphere.com, vitijob.com, winealley.com, viavitis.fr + deux lancements en 2012 intervignes.com et vinsenvrac.com. - Audience : 230 000 visiteurs/mois, et 1 200 000 pages vues/mois. - Un business model de plus en plus solide.
- Entreprise privée, indépendante.
Raisons d'être « Conjuguer l'esprit d'entreprise et l'intérêt général » en : - créant de la valeur (exemple : création de 11 emplois permanents et de 5 marques reconnus dans l'univers du Net vitivinicole autour de la marque chapeau Vitisphere...) ; - participant à la promotion de la vitiviniculture française et européenne.

Qui je suis dans le monde du vin ?

J'ai plus de 30 années d'expériences, marquées par quatre entreprises distinctes, mais avec pour fil conducteur ininterrompu, la vigne et le vin. Après mon diplôme d'ingénieur, je décroche un premier job avec les Caves de la Cévenne ardéchoise. Il s'agit de mettre en place un groupement de producteurs pour fédérer dix caves coopératives. L'Ardèche, je connais. J'y suis né dans une famille de viticulteurs.
Quelques années plus tard, je rejoins le groupe Crédit Agricole d'abord pour développer le Bureau viticole régional méditerranéen, puis animer le département Crédit de la Caisse régionale de Montpellier. Au Crédit Agricole du Midi, la viticulture occupait une place prépondérante. J'ai appris le métier de banquier, à une époque où les banquiers avaient les pieds sur terre.
Attiré par le vin, l'économie, le marketing, j'ai pu passer de la banque à la mise en place, puis à la direction du CIVL (Conseil interprofessionnel des vins du Languedoc). Expérience passionnante, j'ai là aussi beaucoup appris et participé avec d'autres à l'émergence d'une magnifique région viticole, le Languedoc.
Après cinq années de vie interprofessionnelle, j'avais l'envie, peut-être la maturité, pour créer une entreprise. La rencontre avec Nicolas Motelay, principal associé de Vitisphere, allait donner au début de l'année 2000 le départ de l'aventure Vitisphere. Vitisphere est une des pionnières de l'Internet vitivinicole.

NB : Pour fêter leurs dix ans d'activités, les consultants de Wine Intelligence ont recherché les 30 personnalités qui ont contribué à changer le monde du vin au cours des dix dernières années. Parmi les trente, il y a seulement quatre Français, et nous en faisons partie. C'est probablement, la capacité de création, l'influence, la persévérance de l'équipe Vitisphere qui ont retenu l'attention de Wine Intelligence. L'étonnement passé, nous en sommes fiers, car nous voulons toujours participer à l'évolution de la filière vin.

Consommation, consommateurs, concurrences...

À ce jour, Vitisphere ne s'adresse pas directement aux consommateurs de vin. Nous concevons, nous éditons et animons des places de marchés numériques dédiés aux professionnels de la vigne et du vin. Le but de nos plateformes est d'informer, de faciliter les mises en relations, de mettre à la disposition des entreprises du vin, des services en ligne.

Évidemment à travers l'évolution de nos clients (des professionnels de la vigne, de l'œnologie, du marketing, de la logistique, du commerce du vin), nous voyons bien que les consommateurs changent, et que les marchés évoluent :

- la France a perdu son leadership, à la fin du siècle dernier ;
- le modèle économique n'est plus l'AOC (ou l'AOP), mais le cépage et la région de production ;
- la France est au 4e rang pour le marché des vins en vrac, elle était la deuxième en 2000.
- la France n'est plus que le deuxième pays exportateur derrière l'Italie. Elle est talonnée par l'Espagne. Elle était la première en 2000 ;
- elle est toujours le plus grand marché intérieur ;
- elle profite plutôt bien de la croissance des marchés asiatiques ;
- ses grands crus sont encore la référence ;
- ses vins effervescents tire l'export ;
- elle possède les plus grands spiritueux à base de vin (Cognac) ;
- elle a rénové sa réglementation en s'alignant sur l'Europe ;
- la croissance de la production mondiale est portée par les hispaniques : les pays les plus dynamiques sont l'Espagne, le Chili, l'Argentine, sans oublier l'Uruguay, le Mexique ;
- l'Espagne a pris le leadership du marché du vin en vrac. L'appareil de production hispanique est déjà restructuré : les bodegas espagnoles, argentines et surtout chiliennes se hissent au premier rang des entreprises vitivinicoles ;
- le Chili a plus que doublé sa production et ses exportations entre 2002 et 2011 et plus de 40 % des producteurs de vin dans le monde parlent espagnol !
- les marchés anglophones sont à la peine : les USA ne sont toujours pas le premier marché de consommation ; l'Australie ne réalisera pas son plan de développement ; l'extrême capitalisation des entreprises viticoles les rend dépendantes des marchés financiers ; l'accroissement des dérèglements climatiques pèse plus sur les viticultures technologiques.

Que doit entreprendre la filière pour anticiper les nouveaux modes de consommations ?

À mon avis, les cinq premières observations à prendre en compte sont :

1) Le développement des marchés se fera par les prix de l'extrême :
- les très haut de gamme seront de plus en plus rares et chers ;
- les vins low-cost seront de plus en plus demandés.

2) Les contraintes environnementales pèseront...
- le développement du marché des vins en vrac sera croissant (30 millions d'hectolitres en 2000, 52 millions d'hectolitres en 2011, 80 millions d'hectolitres en 2020 !)
- le bag in box poursuivra son développement ;
- les contenants seront allégés (bouteille en verre allégé, développement des matériaux

PET…)
- la recherche devra remplacer les pesticides probablement en agissant sur la génétique (création de variétés hybrides par exemple).
3) Internet jouera un rôle de plus en plus grand dans la communication, le commerce des vins. Les terminaux mobiles accélèreront le développement de l'Internet.
4) La praticité prendra plus d'importance avec un développement des bouchages synthétiques et des bouchages à vis, et le rapport qualité-prix sera réévalué…
5) Au cours de la prochaine décennie, on verra :
- le développement des vins bio, ou biodynamiques, ou organiques… ;
- la consommation de vins rosés continuera d'augmenter ;
- le retour de la mode des vins non boisés ;
- de vieux cépages referont surfaces…

CHAPITRE 2
LES RÉSEAUX DE DISTRIBUTION À L'INTERNATIONAL

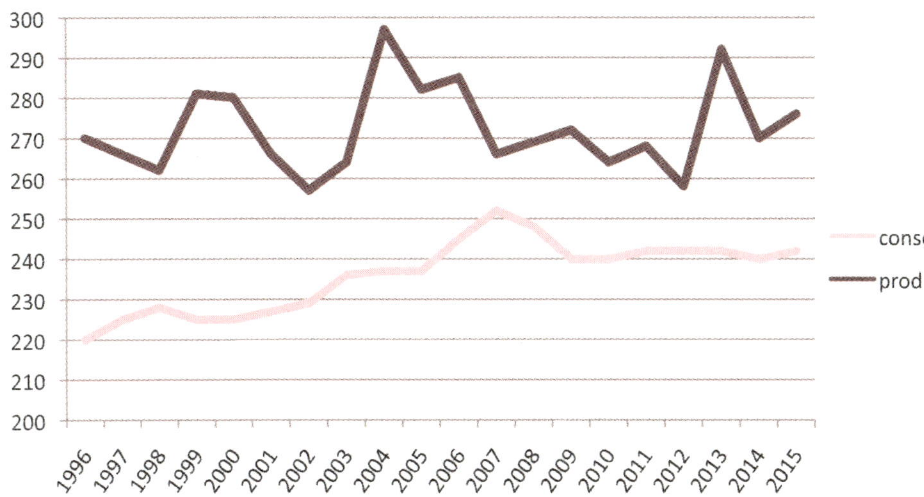

Production et consommation mondiale de vin en millions d'hectolitres (période 1995-2015)

Source : CIVB

Ce graphique représente deux courbes : la production et la consommation mondiales entre 1995 et 2015. Sur les dernières années, on peut observer un transfert de la consommation habituellement basée sur les pays producteurs vers de nouveaux pays dont la consommation de vin n'est pas culturelle.

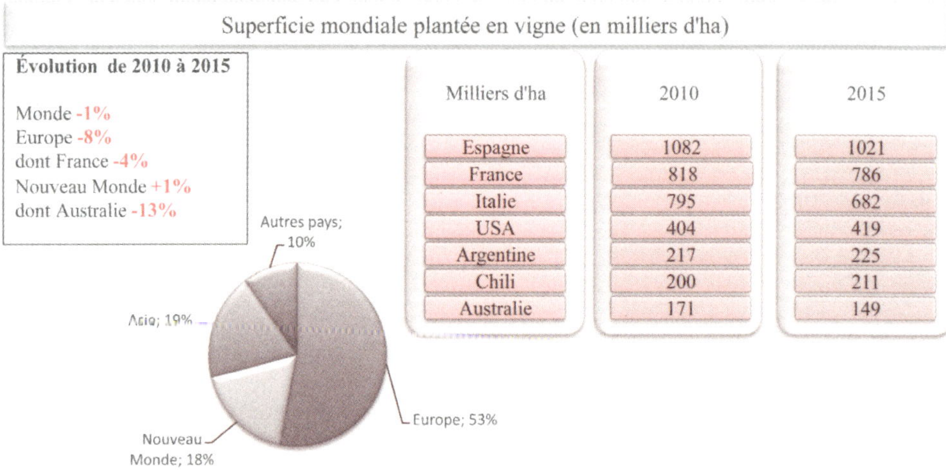

Répartition des surfaces mondiales de vignes et classement des cinq plus gros vignobles 2010 et 2015

Source : CIVB

Plus de la moitié des surfaces de vigne plantées dans le monde se trouve en Europe et le reste est partagé entre le nouveau monde et l'Asie, cependant on observe une érosion des surfaces en Europe depuis 2008. À titre d'exemple, la France a perdu 5 % de ses surfaces en 5 ans.

	Volume (Miohl)		Valeur (Mds euros)		Type	Structure verticale en 2015	
	2014	2015	2014	2015		volume	valeur
Mondial	102,4	104,3	25,6	28,3	bouteille	54 %	72 %
					effervescent	8 %	18 %
	variation de 1,8 %		variation de 10,6 %		vrac et >2L	38%	10%

Source : OIV, GTA

Structure du marché mondial du vin

Le poids dans les échanges mondiaux de vins en bouteille continue de légèrement diminuer en volume entre 2014 et 2015. Ainsi, entre 2000 et 2015, la part des exportations en bouteille se réduit, passant de 65 % à 54 % en 2015, mais leur dernière progression annuelle en valeur (et donc en prix unitaire) est élevée (+10,5 %).

Les vins effervescents continuent de connaître la plus grande progression tant au niveau du volume que de la valeur globale (respectivement +5,6 % et +10,8 % / 2014). Les vins en vrac et en conteneurs de plus de 2 l ont connu une augmentation assez nette de leurs exportations globales en volume (+3,8 % / 2014), mais une érosion en valeur unitaire puisque la valeur de leurs exportations ne progresse que de 3,5 %.

En termes de valeur des exportations, les vins en bouteille représentent encore 72 % de la valeur totale des vins exportés, les vins effervescents se rapprochent des 18 % (bien qu'ils ne représentent que 8 % du volume total) ; les vins en vrac ou en conteneurs de plus de 2 l comptent quant à eux pour 10 % de la valeur totale, même s'ils représentent 38 % du marché mondial en volume

Le volume des importations mondiales en 2015 s'élèvent à 102,6 Miohl, soit une augmentation de 1,3 Miohl par rapport à 2014. Les dix premiers pays importateurs représentent 70 % des importations en volume.

L'Allemagne est le 1er pays importateur du monde avec 15 Miohl en 2015. Les volumes de leurs importations se stabilisent mais on observe une diminution de leurs importations en valeur par rapport à 2014 (-3,6 %).

En termes de valeur, ce sont les États-Unis qui occupent la première place avec 4,9 milliards d'euros en 2015. La progression de la valeur de leurs importations est remarquable puisqu'on on observe une croissance de +20,2 % par rapport à 2014.

Concernant la France, celle-ci a connu une forte croissance de son volume importé +12 %. La croissance de ce volume est due à l'importation de vins en vrac à prix bas notamment en provenance de l'Espagne. C'est un signe du déficit structurel du vignoble français concernant les vins d'entrée de gamme, les récoltes étant au mieux moyennes quantitativement.

	Volume (Miohl)		Valeur (Mio euros)	
	2014	2015	2014	2015
Espagne	22,3	24	2529	2641
Italie	20,4	20	5081	5353
France	14,3	14	7720	8244
Chili	8,1	8,8	1388	1650
Australie	7	7,4	1262	1459
Afrique du Sud	4,2	4,2	594	629
États-Unis	4	4,2	1103	1395
Allemagne	3,9	3,6	976	953
Portugal	2,8	2,8	725	738
Argentine	2,6	2,7	631	737
Nouvelle Zélande	1,9	2,1	845	963

Source : GTA, OIV

Classement des importateurs de vins 2015
(chiffres des douanes sur les transactions 2015)

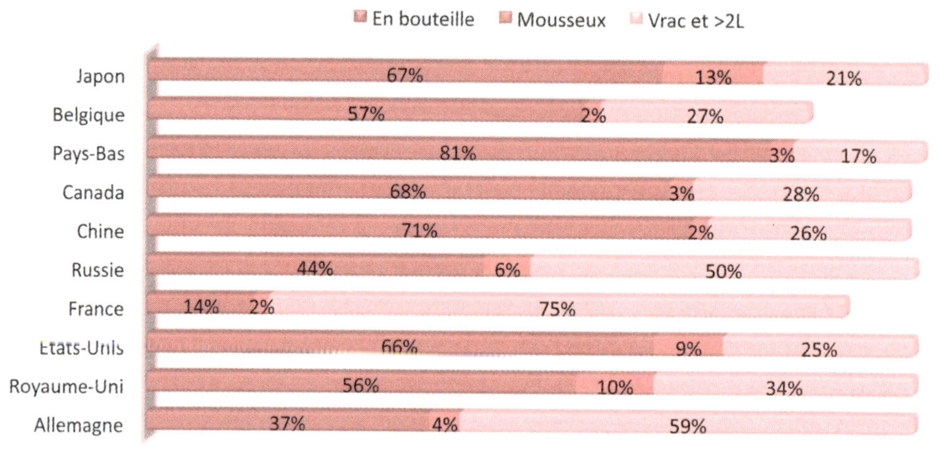

Part dans les importations des types de vin en volume en 2015

Source : OIV 2016

L'Espagne, l'Italie et la France concentrent la majorité des exportations mondiales de vin. Ils concentrent à eux trois 56 % du volume du marché mondial en 2015, soit 58 Miohl et 57,4 % des exportations en valeur (16,2 milliards d'euros).

En termes de volume, l'Espagne continue d'augmenter le volume de ses exportations contrairement à l'Italie et à la France (-2 %). Loin de la croissance des nouveaux pays exportateurs : Nouvelle Zélande (+11,5 %), le Chili (+8,6 %) et l'Australie (+6,4 %).

En termes de valeur, la France domine le marché avec 29 % de la valeur des exportations mondiales de vin en 2015, devant l'Italie 19 %. À noter que l'Espagne qui représente 23 % des exportations en volume ne représente que 9 % des exportations en valeur, signe d'un prix moyen bien inférieur aux vins français et italiens.

	Volume (Miohl)		Valeur (Mio euros)	
	2014	**2015**	**2014**	**2015**
Allemagne	15,4	15,1	2557	2466
Royaume-Uni	13,6	13,6	3602	3915
États-Unis	10,7	11	4038	4855
France	6,9	7,8	621	669
Chine	3,9	5,6	1145	1840
Canada	3,8	4,1	1465	1618
Russie	4,7	4	865	625
Pays-Bas	3,8	3,5	954	867
Belgique	3,1	3,2	997	930
Japon	2,7	2,8	1210	1319

Source : OIV 2016

Classement des exportateurs de vins 2015

L'EUROPE : UN MARCHÉ MATURE

ALLEMAGNE

Capitale	Berlin			
Population	82,5 millions			
Monnaie Euro				
Indicateurs économiques				
	2012	2013	2014	2015
Croissance PIB %	0,4	0,3	1,6	1,7
Consommation des ménages (var%)	1	0,6	0,9	2
Production vin				
En milliers d'hectolitres	8 493			
Importation vin				
Total en milliers d'hectolitres	15 171			
Vin français en milliers d'hectolitres	2 255			
Consommation de vin				
	2013	2014	2015	
Consommation de vin en milliers d'hectolitres	20 200	20 300	20118	
Par habitant en litre	NB	25	24,8	
Par couleur	Rouge 54%	Blanc 36%	Rosé 7%	
Circuits de distribution				
Hard Discount	55%			
Hard Discount & Supermarchés	70%			
CHR	20%			
Cavistes	20%			

Source : Pleinchamp

Habitudes et spécificités de consommation

Le profil du consommateur :

- Consommation des femmes : 33 contre 31 pour les hommes.
- Entre 20 et 39 ans : 20 % consomment du vin.
- Personne de plus de 40 ans : + de 45 % consomment du vin régulièrement.

Le moment et le lieu de consommation :

- Évolution de la consommation qui devient de plus en plus à domicile.

Les préférences du consommateur :

Depuis 2007-2008, les consommateurs allemands consomment plus de vins rouges que de vins blancs

- + de 50 % pour les rouges
- 38 % pour les blancs
- 9 % pour les rosés

Les critères de sélection du consommateur :

- Le principal facteur de sélection du vin : le prix. La tendance commence à évoluer vers le bon rapport qualité/prix pour lequel la France n'est pas considérée comme la mieux placée contrairement aux vins allemands et italiens.

En 2014, 60 % des vins étrangers achetés en magasins étaient des vins rouges, 30 % des vins blancs et 10 % des vins rosés.

Les règles de base pour vendre en Allemagne

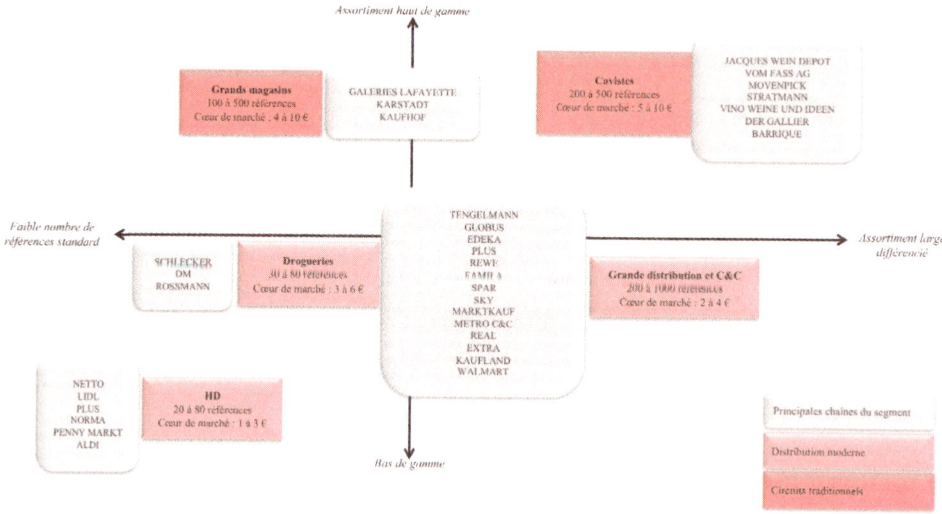

Segmentation du circuit de vente au détail : perspectives et opportunités

Source : Business France

L'offre en termes de distribution sur le marché allemand est importante, qualitative et bien structurée. Tout comme en France, l'offre des cavistes se situe entre 200 et 500 références avec les cœurs de gamme entre 5 et 10 euros. Les vins français représentent en moyenne 20 à 40 % des références. Néanmoins, l'offre française s'effrite face à la concurrence des vins espagnols et italiens mais également face à l'ouverture à des vins plus originaux comme les vins du Nouveau Monde.

Contrairement aux cavistes, les grands magasins sont en train de se positionner sur le segment des cavistes. Ces magasins sont en perte de vitesse car ils sont pris en étau entre la grande distribution, les discounters, d'une part, et l'offre des cavistes d'autre part. Cependant ces magasins proposent la possibilité de vendre des vins haut de gamme et chers.

La grande distribution allemande se calque sur l'offre des cavistes malgré un positionnement inférieur sur leur cœur de gamme basé entre 2 et 4 euros. L'offre est beaucoup plus nationale avec 40 % des vins en linéaires qui sont allemands et seulement 20 % des vins français. Leur politique de prix étant très tendue, ils travaillent donc avec des vins de marque et d'embouteilleurs sur une stratégie de volume.

Une des caractéristiques de l'Allemagne est le développement de son circuit discount. Il existe à ce jour plus de 16 000 points de vente qui occupent une position prédominante sur le circuit off-trade. Leur offre est positionnée sur des vins d'entrée de gamme avec un prix situé entre 1 et 3 €. Ils ont entre 20 et 80 références avec en moyenne de 15 à 20 % de vins français. Pour travailler avec ce circuit, il faut avoir une stratégie de marque et de volumes importants.

Le circuit CHR est en augmentation en valeur et volume de l'ordre de 3 % par an. Par contre, les restaurateurs achètent via des *cash & carry* ou des cavistes qui travaillent plus sur une segmentation de prix (attractifs).

ROYAUME-UNI

Capitale	Londres			
Population	63,91 millions			
Monnaie Livre (GBP)				
1 GBP =1,1394€ / 1€ = 0,8777 GBP				
Indicateurs économiques				
	2012	2013	2014	2015
Croissance PIB %	1,2	2,2	2,9	2,3
Consommation des ménages (var %)	1,8	1,9	2,5	2,7
Production vin				
En milliers d'hectolitres	25			
Importation vin				
Totale En milliers d'hectolitres	14 834			
Vin Français En milliers d'hectolitres	2 379			
	2013	2014	2015	
Consommation de vin en milliers d'hectolitres	12 249	12 800	13 867	
Par habitant en litre	20,1	19,1	22	
Par couleur	Rouge 49 %	Blanc 47 %	Rosé 4 %	
GMS	80 %			
CHR	16,50%			
Autres circuits	3,50%			
Prix moyen d'une bouteille				
Livre/Euro	£7	9,77 €		

Habitudes et spécificités de consommation

Le profil du consommateur :

- 50 % de la population dit boire du vin régulièrement en 2015.
- Les plus de 50 ans sont les plus gros consommateurs.
- 70 % des femmes déclarent consommer au moins une bouteille par mois contre 62 % pour les hommes.
- Les femmes entre 35 et 54 ans sont celles qui consomment le plus de vin blanc.
- Les hommes entre 45 et 64 ans sont ceux qui consomment le plus de vins rouges et rosés.
- La tranche de la population comprise entre 18 et 34 ans sont les consommateurs de vins effervescents.
- Personnes de plus de 40 ans : + de 40 % consomment du vin régulièrement.

Le moment et le lieu de consommation :

Consommation principalement à domicile ou off-trade pour 80 %.

Les préférences du consommateur :

- Les prédictions de consommation pour 2015 :

43 % pour les rouges ;

45 % pour les blancs ;

12 % pour les rosés.

- Les contenants :
80 % des ventes en bouteille de 75cl ;
10 % en Bag-in-Box.
- Les bouchons :
Préférence pour les bouchons-à-vis (Screw cap) ;
Bouchons synthétiques.
Les critères de sélection du consommateur :
Le principal facteur de sélection du vin est le prix.
- le prix psychologique en GD : £3,5 et £5
- le prix psychologique en magasins spécialisés : £6 et £8

Les règles de base pour vendre au Royaume-Uni

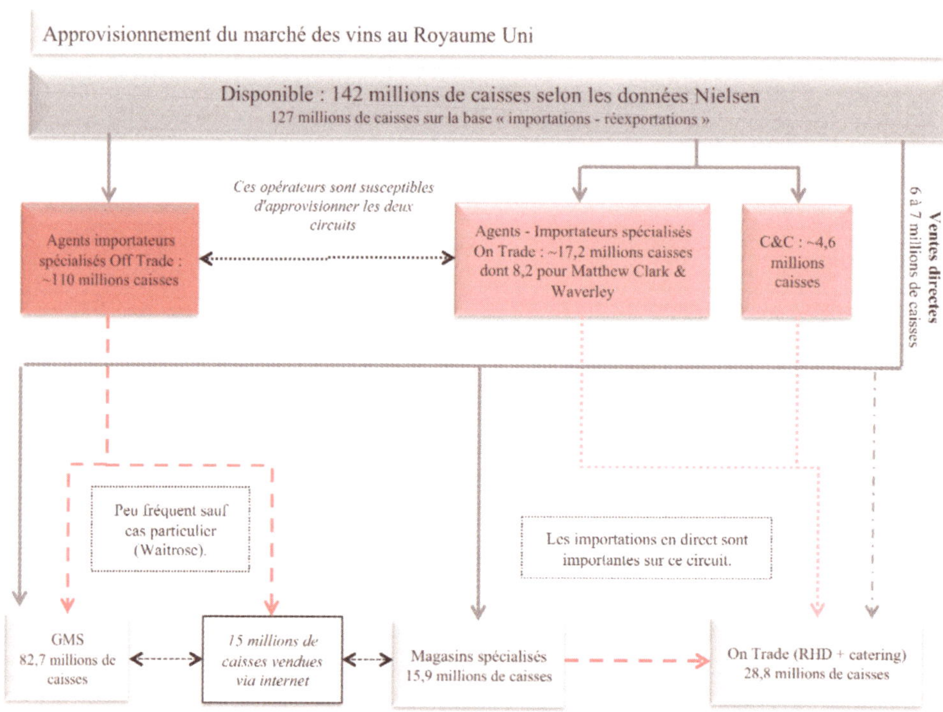

Source : Ubifrance/Nielsen 2015

Le marche *off trade* est toujours prédominant en Angleterre avec 69 % du volume de vente et en première place la grande distribution qui représente 58 % du volume total.

Les grandes surfaces privilégient la stratégie : volume, coût, prix, promotion et travail sur des vins de marque.

Le marche on-trade représente 20 % du volume des ventes et est en forte baisse avec -3 % en 2014.

Le nombre de pubs a considérablement chuté à cause de la crise économique débutée en 2008 avec une part du vin vendu ne dépassant pas, au mieux, 25 % du chiffre d'affaires. De plus la part des vins du Nouveau Monde est en constante augmentation et ceci au profit des monocépages dont l'accessibilité et la lisibilité sont facilitées.

Pour les restaurants, milieu et haut de gamme, les vins représentent entre 30 et 50 % de parts de marché mais la concurrence des vins italiens et argentins est sévère.

Le marché des cavistes est stable avec 11 % des volumes.

On recense deux catégories de cavistes : les indépendants et les chaînes (Majestic) qui travaillent sur une stratégie de différenciation et une approche plus valorisée tant en termes de produits que de marge.

Par contre, la vente de vin en ligne continue sa forte progression et pour la première fois, représente 10 % de la part de marché.

BELGIQUE

Capitale	Bruxelles			
Population	11,14 millions			
Monnaie Euro				
Indicateurs économiques				
	2012	2013	2014	2015
Croissance PIB %	0,2	0	1,3	1,4
Consommation des ménages (var %)	0,6	0,9	0,4	1,3
Production de vin				
En milliers d'hectolitres	2,8			
Importation de vin				
Totale En milliers d'hectolitres	2 980			
Vin français En milliers d'hectolitres	1352			
Consommation de vin				
	2012	2013	2014	
Consommation de vin en milliers d'hectolitres	2486	2450	2408	
Par habitant en litre	25,3	25,4	23,1	
Par couleur	Rouge 57%	Blanc 30,5 %	Rosé 12,5 %	
Circuits de distribution				
Grande distribution	70 % dont 25 % Hard discount et 5 % commerces de proximité			
CHR	25 %			
Vente à distance				
Prix moyen d'une bouteille				
	3,24			

Source : Pleinchamp

Les règles de base pour vendre en Belgique

2.400.000 hectolitres

Estimation de la consommation en Belgique

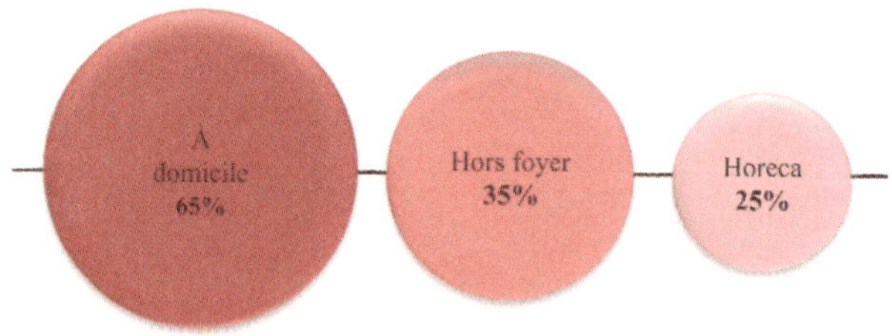

La grande distribution représente 62% du volume et 67% du chiffre d'affaires

	Hypermarchés	Supermarchés	Gamme complète & Soft-discount	Hard-discount	Proximités	Étranger
	Carrefour Cora Makro	Carrefour Market Carrefour online Delhaize Eurospar Alvo Smatch Champion Cash Fresh	Colruyt Collect & Ga Intermarché Leader price Central cash Co Marché Profi	Aldi Lidl	Carrefour Okay Spar Smatch Delhaize Proxy Louis Delhaize Superette Delfood Shop 24 Petrol stations	+ Autres magasins
Part de marché						
% Volumes	62%			27%	6%	5%
% Valeurs	67%			19%	5%	9%

Source : GFK 2015

La consommation des vins en Belgique est en légère baisse pour les vins français depuis 2003. Cette tendance démontre de larges disparités dans le mode de consommation. En effet, comme dans la plupart des pays européens, la consommation à domicile a fortement augmenté avec le développement des achats en bag in box. Cette tendance est aussi due à la crise économique mais aussi à la législation contre l'alcoolisme au volant qui s'est fortement renforcée ces dernières années.

Il est nécessaire de noter que la consommation en Belgique est très fortement différenciée suivant trois zones : Wallonie, Bruxelles et Flandres.

Habitudes et spécificités de consommation

Le profil du consommateur :

- 75 % des familles achètent du vin
- Plus de 30 % de la population consomme au moins une fois du vin par semaine soit 3,4 millions de personnes qui représentent 80 % de la consommation
- Les plus de 30 ans sont la majeure partie des consommateurs
- Les femmes âgées entre 18 et 35 ans consomment plus que les hommes
- Les jeunes représentent la catégorie des sous-consommateurs

Le moment et le lieu de consommation :
• On a constaté depuis 2013 un changement des habitudes de consommation bénéficiant à la consommation à la maison. En 2014, plus de 65 % des vins consommés en Belgique l'ont été au domicile.
Les préférences du consommateur :
• Marché principal : les vins tranquilles 85 %
• Préférence pour les vins rouges
• Recul des vins français pour les vins du nouveaux monde : meilleur rapport qualité/prix
• 12 % des achats se font sur les vins bio
• 90 % des vins moyen et haut de gamme se fait en bouteille
• De plus en plus de bag-in-box pour les vins d'entrée de gamme (bag-in-box en 3 litres)
• Les vins rosés représentent 18 % des ventes, contre 52 % pour les vins rouges et 30 % pour les vins blancs.
Les critères de sélection du consommateur :
Le principal facteur de sélection du vin : le prix.
• la couleur du vin
• Importance de l'étiquette dans la décision d'achat
Les femmes en 2015 ont réalisé 60 % des achats de vin : sélection en fonction du repas et du rapport qualité/prix.
Les hommes choisissent leur vin en fonction du pays, région de production.

La grande distribution représente 75 % du chiffre d'affaires et augmente sa part de marché chaque année. L'effritement de la consommation des vins français est aussi dû à l'agressivité des vins espagnols, italiens et ceux du Nouveau Monde.

Les hard discounters représente un quart des volumes mais sont en stagnation depuis quelques années.

La Belgique est un marché axé sur les vins français avec une grande fidélité, mais il faut nuancer cette vérité car la pénétration pour un nouvel entrant reste réellement difficile tant le marché est à maturité.

Entretien avec Alain Pardoms
Acheteur pour la société Delhaize - Belgique

Nom et Prénom : Alain Pardoms
Société : Delhaize Belgique
Lieu d'implantation du siège : Bruxelles
Chiffre d'affaires de l'entreprise : 20,8 milliards d'euros
Chiffres Clés : 50 millions de bouteilles de vins tranquilles sur le marché belge et luxembourgeois
Marques référentes :
3 niveaux de vins à consulter sur le site de la société
- Génériques :
Marques propres : Bordeaux le long Cours, Les Truffiers, Les Clayes, La Chance au Roy

- Vins commerciaux : Casillero del diablo, Torres, Jacobs Creeck, Villa Antinori
- Vins de terroirs : Thierry Germain, J.-P. Janoueix, M. Chapoutier, etc.

Monsieur Pardoms, qui êtes-vous aujourd'hui dans le monde des vins et spiritueux ?
Je suis acheteur en vins pour la Maison Delhaize. Notre société est réputée pour la variété et qualité de la gamme des produits qu'elle distribue.
Une des particularités de notre entreprise est que nous recevons une fois par mois sur deux sites en Belgique chacun de nos revendeurs terrain afin de leur dispenser une formation complète sur tous nos produits.

Dans votre cœur d'activité, pouvez-vous brièvement décrire les caractéristiques de vos marchés ?
Le marché belge est un terrain très concurrentiel où nous retrouvons de très nombreuses enseignes. Notre public est averti, il cherche à la fois du prix et de la qualité sachant que l'offre actuelle lui procure en amont un large choix de produits.

Quelles tendances observez-vous autour de vos produits, de la concurrence, sur les principaux bassins de consommation ?
Aujourd'hui il n'y a pas de place pour de « mauvais vins » pour le consommateur belge qui est toutefois assez ouvert d'esprit, ne restant pas attaché à une seule région.
Pour illustration, la répartition de l'offre se fait de la façon suivante, 65 % des vins sont français, 10 % chiliens, 8 % italiens, 7 % espagnols, 5 % sud-africains.
Une spécificité locale toutefois, chaque enseigne en Belgique dispose de sa propre exclusivité quant aux marques qu'elles proposent, cela diffère de la France.

Comment les expliquez-vous ?
Cela s'explique par l'éducation que nous recevons tous autour de la gastronomie en Belgique, grâce à la culture familiale aussi. En Belgique, nous apprécions de partager les bons moments, autour et à partir du vin.

Comment décririez-vous le consommateur de la prochaine décennie ?
Nous le voyons très ouvert et à la découverte de nouveaux horizons, il est davantage curieux et souhaite toujours en savoir un peu plus sur les vins traditionnels.
La génération « soft drinks » par exemple aime les finales sucrées sur les vins dont certains rouges (2,3,à 5 g de sucres résiduels), et elle est très sensible au marketing.

Selon vous, que doit entreprendre la filière aujourd'hui, pour anticiper les nouveaux modes de consommation de demain ?
Elle doit rechercher la qualité à chaque niveau de l'appellation, accroître la visibilité de chaque régions en facilitant l'identification.
Nous ne devons pas non plus oublier les nouvelles générations de consommateurs et innover en restant sur des vins à des prix abordables.

Capitale	Berne			
Population	7 826 000			
Monnaie Franc (CHF)				
1 CHF = 0,91164€ / 1€ = 1,09346 CHF				
Indicateurs économiques				
	2012	2013	2014	2015
Croissance PIB %	1,1	1,8	1,9	0,9
Consommation des ménages (var %)	2,7	2,2	1,3	1,1
Production de vin				
En milliers d'hectolitres	980			
Importation de vin				
Total En milliers d'hectolitres	1 876			
Vin français En milliers d'hectolitres	399,5			
Consommation de vin				
	2012	2013	2014	
Consommation de vin en milliers d'hectolitres	3 096	3 109	3 100	
Par habitant en litre	39,6	40,6	40,5	
Par couleur	Rouge 63,4 %	Blanc 31,2 %	Rosé 5,4 %	
Circuit de distribution				
GD	62,5			
CHR	37,5			
Vente à distance	nc			
Prix moyen d'une bouteille				
Livre/Euro/Dollar	11,13 €			

Habitudes et spécificités de consommation

Le profil du consommateur :

3 profils de consommateurs différents :

- consommateur moyen qui n'est pas un grand connaisseur : 60 % ;
- consommateur connaisseur qui acheter de plus en plus dans les grandes surfaces au lieu d'acheter dans les magasins spécialisés : 30-35 % ;
- grand connaisseur qui achète dans les magasins spécialisés : 5-10 % ;
- majorité de la consommation par les plus de 45 ans ;
- les jeunes consomment plus de vins étrangers.

Le moment et le lieu de consommation :

- consommation majoritairement à domicile pendant les repas et les apéritifs.

Les préférences du consommateur :

- les deux tiers des vins consommés sont des rouges.

Les critères de sélection du consommateur :

- pour le consommateur moyen c'est le prix ;
- pour le connaisseur : zone de production, AOP. Avec un budget moyen entre 10 et 20 CHF (9,30 €-18,50 €) ;
- pour le grand connaisseur le prix importe peu, il s'agit de l'origine des vins, des producteurs et de l'image de marque.

Capitale	Amsterdam			
Population	16,9 millions			
Monnaie Euro				
Indicateurs économiques				
	2012	2013	2014	2015
Croissance PIB %	-1,1	-0,5	1	2
Consommation des ménages (var%)	-1,2	-1,4	0	1,5
Production de vin				
En milliers d'hectolitres	nc			
Importation de vin				
Total En milliers d'hectolitres	4 399,2			
Vin français En milliers d'hectolitres	1 196,2			
Consommation de vin				
	2012	2013	2014	
Consommation de vin en milliers d'hectolitres	3 209	3 116	3 066	
Par habitant en litre	nc	21,4	18,3	
Par couleur	Rouge 45 %	Blanc 40 %	Rosé 15%	
Circuit de distribution				
GD	75 %			
Caviste	10 %			
CHR	15 %			
Prix moyen d'une bouteille				
Livre/Euro/Dollar	GD : 5 €			

Source : Pleinchamp

Habitudes et spécificités de consommation

Le profil du consommateur :

- 84 % boivent du vin au moins une fois par mois ;
- 40 % plusieurs fois par semaine ;
- 18 % quotidiennement.

La fourchette des 35 à 64 ans consomment plus de vin rouge et blanc.

Les rosés sont bus par les plus jeunes.

Les femmes consomment plus que les hommes (plus pour les blancs et les rosés).

Le vin reste considéré comme un produit de luxe, puisqu'il ne constitue que 36 % de la consommation globale d'alcool dans le pays.

Le moment et le lieu de consommation :

- 75 % des vins rouges sont consommés à domicile, 70 % pour les blancs et 65 % pour les rosés
- 50 % des achats de vins se font le week-end.
- 15 % de la consommation se fait en restaurant.

Les préférences du consommateur :

- Attentif à l'image du produit
- 8 % des bouteilles sont bouchées avec des bouchons plastiques
- Les Hollandais ont longtemps préférer le vin rouge mais depuis 2013 ils préfèrent le vin blanc.
- À noter que les mousseux italien (prosecco) et espagnol (cava) sont en plein essor.
- De nouvelles opportunités sont à saisir dans des secteurs en croissance comme les vins bios et issus du commerce équitable, les vins effervescents et les vins rosés.

Les critères de sélection du consommateur :
• le prix ;
• apparence bouteille et étiquette ;
• le pays d'origine ;
• les indications de qualité ;
• le millésime.

LES MARCHÉS MONOPOLISTIQUES D'EUROPE DU NORD

SUÈDE

Capitale	Stockholm			
Population	9,63 millions			
Monnaie Couronne (SEK) - 1 SEK = 0,1099€ / 1€ = 9,0951SEK				
Indicateurs économiques				
	2012	2013	2014	2015
Croissance PIB %	-0,3	1,2	2,3	4,1
Consommation des ménages (var %)	0,8	1,9	2,2	2,6
Production de vin				
En milliers d'hectolitres	0,3			
Importation de vin				
Total En milliers d'hectolitres	1 378			
Vin français En milliers d'hectolitres	163,9			
Consommation de vin				
	2012	2013	2014	
Consommation de vin en milliers d'hectolitres	2 271,7	2 263,4	2 536,2	
Par habitant en litre	21	27,3	26	
Par couleur	Rouge 61 %	Blanc 36 %	Rosé 3 %	
Circuit de distribution				
Monopole	Systembolaget : 407 magasins			
Monopole	Navires en mer Baltique : duty free			
CHR	9.300 débits de boissons alcoolisées en Suède (restaurants, bars, discothèques...)			
Vente à distance	Possible depuis juin 2007, mais seulement d'un particulier à un autre particulier dans la limite de 2 litres de vin ou 1 litre pour les spiritueux.			
Prix moyen d'une bouteille				
Livre/Euro/Dollar	Moyenne : 11,45€	Blancs : 10,4€	Rouges : 12,50 €	

Source : Pleinchamp

Habitudes et spécificités de consommation

Le profil du consommateur :
• boisson favorite des femmes : 50 % de leurs boisson contre 25 % pour les hommes ;
• le vin est plus consommé dans les agglomérations que dans les zones rurales ;
Le moment et le lieu de consommation :
• consommation plus le week end que la semaine ;
• adepte des bag-in-box pour les jeunes : évite d'ouvrir une autre bouteille mais les Suédois ont globalement plus tendance à consommer du vin en semaine ;
Les préférences du consommateur :
• attentif à l'image du produit ;
• de plus en plus connaisseur ;
• 54,8 % de vins rouges,, 31,7 % vins blancs , vins rosés 7,3 % vins effervescents 5,1 % ,
• 8 % des bouteilles sont bouchées avec des bouchons plastiques.
Les critères de sélection du consommateur :
• la recommandation d'un proche ;
• le cépage ;
• la marque ;
• le pays d'origine ;
• les offres promotionnelles ;
• le design de la bouteille.

Les règles de base pour vendre en Suède

- monopole de ventes au détail des boissons alcoolisées Systembolaget (407 magasins)
- importations libres ;
- appel d'offre mensuel ;
- référencement du Systembolaget par système de classement par module (80 % de l'assortiment)+ modules de nouveautés + libre choix des directeurs des points de vente pour répondre à la demande locale ;
- classement des produits par segment de prix ;
- déréférencement des produits du module de base selon un calcul de nombre de points.

NORVÈGE

Capitale	Oslo			
Population	5,1 millions			
Monnaie : Couronne (NOK) - 1 NOK = 0,12770€ / 1€ = 7,81077 NOK				
Indicateurs économiques				
	2012	2013	2014	2015
Croissance PIB %	2,7	1	2,2	1,6
Consommation des ménages (var%)	3,5	2,7	1,7	2
Production de vin				
En milliers d'hectolitres	0			

Importation de vin			
Total En milliers d'hectolitres	844,3		
Vin français En milliers d'hectolitres	151,6		
Consommation de vin			
	2012	2013	2014
Consommation de vin en milliers d'hectolitres	829,7	801,2	861,1
Par habitant en litre	13,7	17	18,3
Par couleur	Rouge 73 %	Blanc 24 %	Rose 3 %
Circuit de distribution			
Monopole	Vinmonopolet : 286 magasins (90 % du marché), ferries reliant Norvège au Danemark, Allemagne, Suède : duty free		
CHR	10 % du marché		
Vente à distance	Propre système de vente en ligne par le Vinmonopolet avec livraison directe magasin, la Poste ou à domicile (pour les particuliers).		
Prix moyen d'une bouteille			
Livre/Euro/Dollar	14,06		

Source : Pleinchamp

Habitudes et spécificités de consommation

Le profil du consommateur :

- le vin fait maintenant partie de leur culture ;
- pas vraiment connaisseur : il se fie à la presse spécialisée ;
- sensibles comme ses voisins scandinaves à la qualité et à l'esthétique des produits.

Le moment et le lieu de consommation :

- consommation régulière pendant les repas (petite quantité) ;
- grande quantité pendant les week end et les événements festifs.

Les préférences du consommateur :

- vins légers et fruités ;
- Il préfère le vin rouge 64,8 % cependant la consommation de rosé (2,9 %) et vin blanc (26,6 %) est en hausse ;
- le bag in box est de plus en vogue : 42 % du marché.

Les critères de sélection du consommateur :

- le prix.

Les règles de base pour vendre en Norvège

- Monopole de ventes au détail des boissons alcoolisées Vinmonopolet ;
- importations libres ;
- deux appels d'offres par an ;
- référencement du Vinmonopolet par système de Listing général (90 % de l'assortiment)+ listing de spécialités ;
- déréférencement selon un barème de prix/volume vendu.

Capitale	Helsinki			
Population	5 364 000			
Monnaie : Euro				
Indicateurs économiques				
	2012	2013	2014	2015
Croissance PIB %	-1,4	-0,8	-0,7	0,5
Consommation des ménages (var %)	0,3	-0,5	0,6	1,4
Production de vin				
En milliers d'hectolitres	-			
Importation de vin				
Total En milliers d'hectolitres	760,1			
Vin français En milliers d'hectolitres	77,4			
Consommation de vin				
	2012	2013	2014	
Consommation de vin en milliers d'hectolitres	238	227	234	
Par habitant en litre	4,2	4,3	4,5	
Par couleur	Rouge 57 %	Blanc 42 %	Rosé 1 %	
Circuit de distribution				
Monopole	ALKO OY : 349 magasins compagnie aérienne finlandaise Finnair et les compagnies de ferries (Viking Line, Eckero Line) = duty free			
CHR	Les restaurateurs ne sont pas obligés de passer par le monopole d'État ALKO ou par un agent ou un importateur comme KESKO, MEIRA NOVA			
Vente à distance	Considérée comme illégale par le gouvernement. Mais les autorités finlandaises considèrent que de plus en plus de Finlandais commandent via des sites basés en Europe centrale.			
Prix moyen d'une bouteille				
Livre/Euro/Dollar	70 % de ventes :	10,00 €		

Habitudes et spécificités de consommation

Le profil du consommateur :
- peu de connaisseurs en Finlande ;
- hausse de la consommation de vin chez les femmes 40 % de consommation totale ;
- les 25-35 ans sont également responsables de la hausse de la consommation.

Le moment et le lieu de consommation :
- pendant les repas surtout en fin de semaine (50 % des ventes) ;
- beaucoup d'achats pendant les fêtes et pendant l'été.

Les préférences du consommateur :
- vins rouges : vins assez complexes, boisés, vanillés, fruités et ronds en bouche ;
- vins blancs : fruité, le caractère mais pas un vin trop complexe ;

- augmentation de la consommation de vins rouges et rosés (+9 %) au détriment du vin blanc (-15 %) ;
- aujourd'hui plus de 30 % des vins sont vendus en bag-in-box et ce chiffre est en constante augmentation ;
- vins bio + 10% sur les trois dernières années

Les critères de sélection du consommateur :

- le packaging (la bouteille et l'étiquette) ;
- le cépage ;
- l'origine et les critiques des journalistes et sommeliers ;
- sensible aux nouveautés et de ce fait difficile à fidéliser.

Les règles de base pour vendre en Finlande

- Accises
- l'entrée dans la Communauté européenne a entraîné la disparition du monopole Alko Oy en tant que chargé du contrôle et des licences de débit. Il conserve le monopole des ventes au détail (300 magasins) :
  - Alko Oy achète en direct, ou par importateurs ou par agents locaux ;
  - Havistra Oy : société d'État d'importation et mise en bouteille et vrac ;
  - Ventes en gros et importations totalement libérées (200 sociétés actives).

Source : Vertumne

LES MARCHÉS DE L'EUROPE DE L'EST

POLOGNE

Capitale	Varsovie			
Population	38 484 000			
Monnaie Zloty (PLN) - 1 PLN = 0,2489€ / 1€ = 4,0178 PLN				
Indicateurs économiques				
	2012	2013	2014	2015
Croissance PIB %	1,6	1,3	3,3	3,6
Consommation des ménages (var%)	0,2	0,7	2,5	3
Production de vin				
En milliers d'hectolitres	nc			
Importation de vin				
Total En milliers d'hectolitres	1 034			
Vin français En milliers d'hectolitres	93,7			

Consommation de vin				
	2012	2013	2014	
Consommation de vin en milliers d'hectolitres	163,9	135,9	159,7	
Par habitant en litre	0,4	0,4	0,4	
Par couleur	Rouge 44,8 %	Blanc 49 %	Rosé 6,2 %	
Circuit de distribution				
Vente au détail	Principal canal de distribution 96 % du volume et 80 % de la valeur			
	Magasin d'alimentation indépendant = 47 %			
Caviste	Une centaine de cavistes 4 % du volume, 20 % de la valeur			
Vente en ligne	Peu développé = les clients préfèrent voir les vins			
Prix moyen d'une bouteille				
Livre/Euro/Dollar	50 % des ventes : - 2,5€		Prix moyen : 4,79 €	

Source : Pleinchamp

RUSSIE

Capitale	Moscou			
Population	144 millions			
Monnaie Rouble (RUB) - 1 RUB = 0,0244 € / 1 € = 40,92 RUB				
Indicateurs économiques				
	2012	2013	2014	2015
Croissance PIB %	3,5	1,3	0,7	-3,7
Consommation des ménages (var %)	7,4	4,3	1,5	-9,5
Production de vin				
En milliers d'hectolitres	7 200			
5 298				
Total En milliers d'hectolitres	5 298			
Vin français En milliers d'hectolitres	501,13			
Consommation de vin				
	2012	2013	2014	
Consommation de vin en milliers d'hectolitres	10 394	10 500	9 600	
Par habitant en litre	7,5	7,6	7	
Par couleur	Rouge 49 %	Blanc 42 %	Rosé 9 %	

Circuit de distribution	
Vente au détail	GD = 80 %
CHR	10%
Vente en ligne	Surtout utilisé pour s'informer sur les vins
Prix moyen d'une bouteille	
Livre/Euro/Dollar	40 % des volumes à un prix inférieur à 8 €

Source : Pleinchamp

Habitudes et spécificités de consommation

Le profil du consommateur :
- 7 % de connaisseurs ;
- 21% débutants ;
- 40 % novices ;
- 60 % de la population entre 20 et 44 ans : consommation occasionnelle et 45 % consomment régulièrement ;
- 40% de la consommation totale concentrée Moscou et Saint-Pétersbourg ;
- les plus de 55 ans consomment moins.

Le moment et le lieu de consommation :
- consommation principale pour les fêtes et occasions ;
- 85 % des vins sont consommés à domicile ;
- 8 % dans les restaurants.

Les préférences du consommateur :
- les vins rosés ne sont pas populaires ;
- préférence pour les vins rouges (65 à 70 %) , 30 % pour les vins blancs.

Les critères de sélection du consommateur :
- sa propre expérience ;
- l'expérience d'un ami ;
- le pays d'origine ;
- l'étiquette ;
- le cépage ;
- les indications sur les rayons.

CHAPITRE 3
LE GRAND EXPORT : LES RÉSEAUX DE DISTRIBUTION DANS LE MONDE

L'AMÉRIQUE DU NORD ET DU SUD

ÉTATS-UNIS

Capitale	Washington			
Population	321,5 millions			
Monnaie Dollar (USD) - 1 USD = 0,8003 € / 1€ = 1,2495 USD				
Indicateurs économiques				
	2012	2013	2014	2015
Croissance PIB %	2,2	1,5	2,4	2,4
Consommation des ménages (var %)	1,5	1,7	2,7	3,1
Production de vin				
En milliers d'hectolitres	30 214			
Importation de vin				
Total **En milliers d'hectolitres**	11 022			
Vin français **En milliers d'hectolitres**	1 274,20			
Consommation de vin				
	2012	2013	2014	
Consommation de vin en milliers d'hectolitres	31 595	31 175	32 175	
Par habitant en litre	10,3	10,6	10,3	
Par couleur	Rouge 48 %	Blanc 35 %	Rosé 17 %	
Circuit de distribution				
Vente au détail	76,5 % des vente aux USA dont 50% GD et 41 % Liquor store et 9 % cavistes			
CHR	20 % des ventes			
Vente en ligne	19 % des consommateurs achètent via Internet			
Prix moyen d'une bouteille				
Livre/Euro/Dollar	Vin tranquille : entre 5,81 et 9,96 €		Vin effervescent : entre 8,3 et 17,43 €	

Source : Pleinchamp

Habitudes et spécificités de consommation

Le profil du consommateur :
Plus de 90 millions de consommateurs :
- 10 % de consommateurs quotidien ;
- 50 % de consommateurs réguliers (au moins une fois /semaine) ;
- 40 % de consommateurs occasionnels ;
- 55 % de la consommation est réalisée par les femmes ;
- 50 % des consommateurs ont 50 ans et + ;
- 70 % des consommateurs sont des blancs américains, 15 % hispaniques et 15 % africains.

Pour la nouvelle génération de consommateurs, l'outil Internet (presse et réseaux sociaux) apparaît être un élément indispensable pour recueillir des informations.
L'aspect santé est de plus en plus important et le French Paradox a insisté sur les bienfaits du vin.

Le moment et le lieu de consommation :
- 40 % des vins sont consommés pendant les repas contre 60 % en dehors des repas ;
- 50 % des alcools consommés dans les bars sont du vin.

Les préférences du consommateur :
- préférence pour les rouges (48 %) et croissance des ventes de rosés (17 %)
- les femmes préfèrent le blanc et le rosé ;
- les hommes le vin rouge ;
- les vins chiliens, australiens sont en forte progression.

Préférence en termes de cépage :
- Chardonnay 60 %
- Merlot 15 %
- Cabernet Sauvignon 13 %

Les consommateurs aiment la nouveauté :
Préférence pour les contenants :
- 80 % du marché sont en bouteille ;
- Les bag-in-box se développent de plus en plus.

Les critères de sélection du consommateur :
- cépage ;
- prix ;
- marque ;
- esthétisme de la bouteille et étiquette ;
- l'origine.

Les règles de base pour vendre aux États-Unis

Il faut savoir que pour les États-Unis, il existe le système des « trois tiers» où il est impossible de passer en direct avec les distributeurs ou le consommateur final.

Ce système a été mis en place suite à la Prohibition en 1934. Depuis ce jour, il est obligatoire de passer par un importateur pour vendre aux distributeurs et détaillants (voir schéma ci-dessus).

Il faut savoir qu'il existe également des États où il est interdit de vendre de l'alcool car monopolisés par les magasins d'État.

L'approvisionnement du marché américain : un sytème complexe

Le système des trois tiers

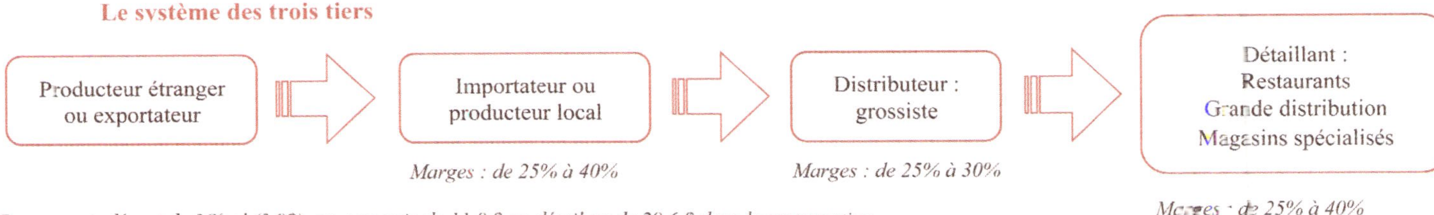

Pour un prix départ de 3€/col (3.9$), on a un prix de 11.8 $ au détail ou de 29.6 $ dans la restauration

Contournement possible par :

Le **Clearing** : le *clearer* prête sa licence d'importation à un distributeur ou détaillant sans prendre en charge les services des importateurs classiques et en pratiquant une marge faible.

La création d'une <u>filiale d'importation</u> permet de contourner la difficulté de s'implanter sur le marché et de réduire la marge liée à l'importation. Il engendre des coûts fixes supplémentaires.

Concentration des acteurs :

Les 7 importateurs leaders (sur plus de 1000) : **57% du CA total,**
Les 5 distributeurs leaders : 47% du CA (les 10 premiers : 59%).

La complexité de la législation de chaque État contraint à une approche régionale du marché :
Une situation unique dans chaque État : réglementation, opérateurs.
→ Mise en place de politiques marketing et commerciales différentes en fonction des États.

Source : CIVB/BusinessFrance 2015

Depuis quelques années, nous pouvons observer une certaine libération du système de distribution inter-État. Il y a encore quelques années, il était même impossible pour les vignobles de distribuer leurs vins sur le territoire national. Seuls certains États comme par exemple, le Texas, restent complètement imperméables au changement de situation.

À ce titre, si vous êtes une société de petite ou moyenne dimension et ne pouvez vendre que des volumes inférieurs à 50 000 cols sur une étiquette, préférez travailler avec un importateur régional qui aura une pénétration plus efficace dans un nombre limité d'États.

De plus, si vous n'êtes pas une marque connue avec un certain budget marketing, ne faites pas le choix d'un importateur national, car vos références (vins) seront noyées dans un catalogue de centaines de lignes.

Par conséquent, préférez dans votre prospection aux États-Unis, soit des importateurs qui couvrent quatre à cinq États, soit des entreprises spécialisées sur une segmentation de niche comme les vins en biodynamie.

La consommation est la plus élevée et la plus sophistiquée dans les centres des plus grandes villes de la côte Est : New York, Washington DC, Boston, Miami, ainsi qu'autour de Chicago.

La Californie est le plus gros État consommateur de vin. La concurrence des vins domestiques et internationaux y est la plus développée et l'offre la plus large.

Le Texas offre de bonnes opportunités, notamment pour les vins haut de gamme. La part de marché des vins français est élevée en Louisiane, où la tradition culinaire est sophistiquée, en Virginie, en Caroline du Sud et Nord, à Washington DC ou dans l'Indiana.

Les États d'Arizona, du Colorado et de Washington ont un fort potentiel de croissance de la consommation.

Il y a un autre facteur important à prendre en compte : les taxes qui sont différentes dans chaque État et peuvent faire varier votre prix de vente aux consommateurs en fonction de l'État et de sa politique de taxe.

Nombreux vignerons français sont désireux de rentrer sur le premier marché mondial, mais sont souvent démunis devant l'immensité et la complexité de ce continent état. En effet, ce marché mature représente de fortes opportunités mais reste très compétitif avec les vins du Nouveau Monde mais aussi entre les vins français.

Afin d'éviter les échecs et bien préparer vos prospections, il existe depuis une dizaine d'années une association dont le but est de promouvoir les vins français aux États-Unis, en organisant des mini-salons de grande qualité : APVSA.

Le coût est modique et leur aide est précieuse, tant sur l'organisation, que pour éviter les pièges pour les nouveaux entrants dans ce marché semé d'embûches.

Vous trouverez ci-dessous une présentation de cette association aussi dynamique qu'efficace.

États	Litres par tête	États	Litres par tête
Alabama	6	Minnesota	8,4
Alaska	10,9	Mississippi	2,8
Arizona	9,7	Missouri	7,2
Arkansas	4,2	Montana	8,5
Californie	14	Nebraska	5
Caroline du Nord	6,6	Nevada	14,7
Caroline du Sud	6,1	New Hampshire	19,6
Colorado	8,7	New Jersey	14,9
Connecticut	14,40	Nouveau Mexique	6,9
Dakota du Nord	5,1	New York	11,9
Dakota du Sud	5	Ohio	7,2
Delaware	13,5	Oklahoma	4,5
Floride	12,4	Oregon	12,2
Géorgie	5,9	Pennsylvanie	5,6
Hawaï	13,1	Rhode Island	14
Idaho	8	Tennesse	5,4
Illinois	10,2	Texas	5
Indiana	6,1	Utah	3,2
Iowa	4,7	Vermont	17,5
Kansas	3,2	Virgine	10,7
Kentucky	3,9	Virgine Occidentale	2,4
Louisiane	5,7	Washington	13,1
Maine	10,4	Washington, D.C.	25,7

Réglementation étatique sur la distribution et la vente d'alcool en supermarché

APVSA : Une façon originale de prospecter aux États-Unis

L'APVSA est une association à but non lucratif dont l'objectif principal est d'aider ses membres à vendre en Amérique de Nord. Elle s'occupe des intérêts de ses membres toute l'année et ne réalise aucun profit sur les vents de vins et spiritueux de ses adhérents.
L'APVSA a pour mission de conseiller, d'assister et d'accompagner ses vignerons membres afin de favoriser un rapprochement commercial avec les acheteurs du marché nord-américain des vins et spiritueux.

1. Une expertise reconnue
L'APVSA, association spécialisée uniquement dans la promotion des vins et spiritueux, bénéficie d'une expérience de plus de 10 ans sur le marché nord-américain et d'un réseau permanent composé de plus de 200 acheteurs.

2. Un statut spécifique
L'APVSA est une association à but non lucratif dont les revenus servent uniquement à l'organisation des dégustations à travers le marché nord-américain. Les cotisations permettent ainsi aux membres de participer aux dégustations et de profiter de nos services pendant 3 ans sans frais additionnels.

3. Une structure à taille humaine
L'APVSA est une structure humaine qui entretient des relations de proximité avec tous ses vignerons membres, pour leur permettre l'entrée la plus efficace possible sur le marché nord-américain.

4. Une sélection d'agents et d'importateurs compétents
L'APVSA aide les vignerons à travailler avec des acheteurs compétents. Nous entendons par « compétent », un acheteur qui commercialise avec succès les vins qu'il représente et qui a une image irréprochable auprès de ses clients.

5. Une mission de conseil, d'assistance et d'accompagnement
L'APVSA assiste chacun de ses vignerons membres en ciblant leur rendez-vous privés et en les conseillant sur les agents les plus efficaces et adaptés à leurs vins. Cela correspond au suivi individuel dispensé pendant 3 ans sans aucun frais supplémentaire.

6. Un catalogue unique en la matière
Notre catalogue permet de promouvoir notre coopération avec les vignerons membres. Ce document rassemble des informations sur l'ensemble des adhérents de l'association et est destiné aux agents et aux importateurs. Il s'agit d'un outil essentiel à une communication efficiente et il se positionne comme la référence unique en Amérique du Nord.
7. Un suivi commercial individualisé
L'APVSA communique quotidiennement avec les agents et importateurs qui font partie de son réseau. Ces acheteurs nous font par des vins qu'ils recherchent et, pour le marché canadien, nous transmettons les appels d'offres du monopole de leur État. L'information est immédiatement expédiée aux vignerons.

www.apvsa.ca

CANADA

Capitale	Ottawa			
Population	35,74 millions			
Monnaie Dollar canadien (CAD) - 1CAD = 0,70354€ / 1€ = 1,42138 CAD				
Indicateurs économiques				
	2012	2013	2014	2015
Croissance PIB %	1,7	2,2	2,5	1,1
Consommation des ménages (var%)	1,9	2,4	2,5	1,9
Production de vin				
En Milliers d'hectolitres	690			
Importation de vin				
Total En milliers d'hectolitres	4 134			
Vin français En milliers d'hectolitres	566,5			

Consommation de vin				
	2012	2013	2014	
Consommation de vin en milliers d'hectolitres	4 880	4 980	5 060	
Par habitant en litre	14,5	14,5	14,8	
Par couleur	Rouge 61,7 %	Blanc 34,7 %	Rosé 3,6 %	
Circuit de distribution				
Monopole :	• les succursales des commissions : 600 pour le LCBO (35 % des ventes), 400 pour la SAQ (50 % des ventes) et 220 pour BCLD			
Ontario : LCBO	• Les agences pour les zones de population faible			
Quebec : SAQ Colombie-Britannique : BCLD	• Les établissements avec licences : Casino			
Alberta : AGLC	• Les établissement de producteurs = autorisation aux producteurs de vendre leurs vins 360 magasins			
	Exceptions =			
	•Au Québec les supermarchés peuvent vendre du vin si les bouteilles viennent d'un distributeur agréé (9000 distributeurs).			
	•Pour l'AGLC, tout établissement peut vendre de l'alcool s'il a une licence.			
CHR	Obtenir une licence pour vendre du vin et possibilité de commander des vins directement de chez le producteur. Représente 40 % des ventes.			
Vente en ligne	Pas de vente en ligne			
Prix moyen d'une bouteille d'un vin français				
Livre/Euro/Dollar	Vin tranquille : 5,09 €		Vin effervescent : 10,74 €	

Source : Pleinchamp

Les différents monopoles d'État :

- Québec : SAQ : 397 succursales et 300 agents
- Ontario : LCBO
- Colombie Britannique : LBDBC
- Circuit sans monopole sur les autres Provinces

Fonctionnement par appel d'offre deux fois par an. Il est obligatoire d'avoir un agent et qui nécessite un minimum de deux ans afin d'être représenté par le monopole d'État.

Le taux d'implantation peut rapidement devenir onéreux.

Habitudes et spécificités de consommation

Le profil du consommateur :

• les Canadiens consomment de plus en plus de vin = augmentation de 66 % en 10 ans

• la fourchette d'âge du consommateur canadien est comprise entre 35 et 54 ans.

Le moment et le lieu de consommation :

• plus de consommation à domicile que dans les bars ou restaurants.

Les préférences du consommateur :

• préférence pour le vins rouges 59 %

• vin blanc 37 %

• vin rosé 4 %

Pour le Québec :
- vin de qualité = les AOP représente 47,4 %

Pour l'Ontario :
- préférence pour les vins rouges 44 % et 38 % pour les vins blancs
- vin de qualité moyenne +

Les critères de sélection du consommateur :
- qualité des vins ;
- prix ;
- information et cépage ;
- origine.

BRÉSIL

Capitale	Brasilia			
Population	204 259 812			
Monnaie Réal Brésilien (BRL) - 1 BRL = 0,43534€ / 1€ = 2,29707 BRL				
Indicateurs économiques				
	2012	2013	2014	2015
Croissance PIB %	1,9	3	0,1	-3,8
Consommation des ménages (var %)	3,5	3,5	1,3	-4
Production de vin				
En milliers d'hectolitres	2 732			
Importation de vin				
Total **En milliers d'hectolitres**	817,9			
Vin français **En milliers d'hectolitres**	49,6			
Consommation de vin				
	2012	2013	2014	
Consommation de vin en milliers d'hectolitres	3 399	3 488	3 500	
Par habitant en litre	1,6	1,7	1,7	
Par couleur	Rouge 79 %	Blanc 7 %	Rosé 14 %	
Circuit de distribution				
Vente au détail	• la vente en gros			
	• Commerce de détail			
	• GD (70 % des ventes)			
	• Épicerie fine et supermarché de luxe			
CHR	30% des ventes et en augmentation			
Vente en ligne	Développement faible			
Prix moyen d'une bouteille				
Livre/Euro/Dollar	70 % des vins inférieurs à 9 € sont vendus en supermarché			
	Vins haut de gamme : vendus dans les boutiques de luxe			

Source : Pleinchamp

Habitudes et spécificités de consommation

Le profil du consommateur :
• pas de grands connaisseurs
• consommateur type : Homme 45 ans
• de plus en plus de consommation pour les jeunes de 25 ans et plus (pour la classe aisée)
• 75 % de la consommation se concentre dans les régions du Sud
Le moment et le lieu de consommation :
• de plus en plus de consommateurs réguliers (café et restaurant), cependant le vin est toujours associé à des événements festifs
Les préférences du consommateur :
• préférence pour les vins rouges (90 % des consommateurs le préfèrent)
Les cépages les plus connus pour les rouges :
• Cabernet Sauvignon, Merlot et le Zinfandel
Les cépages les plus connus pour les blancs :
• Chardonnay
Les vins les plus vendus : Chili, Argentine, Italie et Portugal. Les vins français sont considérés comme les meilleurs mais ils sont souvent trop chers (seulement 5,93 % des importations).
Les critères de sélection du consommateur :
• le prix ;
• la notoriété de la marque ;
• la couleur du vin ;
• le pays d'origine ;
• la saveur (suave, doux, demi-sec, sec...).

L'ASIE

CHINE

Capitale	Pékin			
Population	1,4 milliards			
Monnaie Yuan (CNY) - 1 CNY = 0,126018 € / 1€ = 7,93514 CNY				
Indicateurs économiques				
	2012	2013	2014	2015
Croissance PIB %	7,8	7,7	7,3	6,9
Consommation des ménages (var %)	8,4	7,5	9,1	NR
Production de vin				
En milliers d'hectolitres	11 178			

Importation de vin				
Total **En milliers d'hectolitres**	5 520,9			
Vin français **En milliers d'hectolitres**	1 707,7			
Consommation de vin				
	2012	2013	2014	
Consommation de vin en milliers d'hectolitres	17 737	17 471	15 800	
Par habitant en litre	1,1	1,3	1,2	
Par couleur	Rouge 81 %	Blanc 19 %	Rosé -%	
Circuit de distribution				
Vente au détail	• distribution traditionnelle monopole : COFCO			
	• 65 % d'achat GD			
	• les grossistes privés			
	• les Joint Ventures sino-étrangères			
CHR	Importation directe ou par le biais de distributeur locaux : vin moyen et haut de gamme			
Vente en ligne	30 % en 2014 devraient attendre 47 % en 2020			
Prix moyen d'une bouteille				
Livre/Euro/Dollar	Vins locaux : 1 à 15 €		Vins importés : 11,54 €	

Source : Pleinchamp

Habitudes et spécificités de consommation

Le profil du consommateur :

• principaux consommateurs : habitants des grands centres urbains comme Guangzhou, Shanghai et Beijing

• 50 % des consommateurs Chinois ont entre 25 et 44 ans.

Le moment et le lieu de consommation :

• occasions spéciales et célébrations ;

• consommation en famille et cercle d'amis ;

• consommation assez saisonnière ;

• le vin est rarement consommé pendant les repas ;

• développement de la consommation dans les repas d'affaires, hôtels, karaokés ;

• consommation de vin pour l'image et reconnaissance d'un certain statut social.

Les préférences du consommateur :

• préférence du vin rouge qui est le signe de bonheur, amour et chance ;

• préférence pour les vins fruités ;

• la Chine est devenue le 1er pays consommateur en 2015 ;

• le cépage le plus connu est le Cabernet Sauvignon, puis le Merlot, la Syrah et le Pinot noir ;

• pour les blancs le Chardonnay est le plus connu avant le Sauvignon blanc et le Riesling.

Gamme de vins :

• bas de gamme : 60 % de la consommation

• Moyen de gamme 30 %

• Haut de gamme 10 %

= 69 % des vins achetés sont locaux en 2014

Les critères de sélection du consommateur :
- origine ;
- prix ;
- millésime ;
- marque ;
- recommandation d'un proche.

Entretien avec Pierre Castel
PDG CASTEL VIN - Bordeaux

Nom et Prénom : Pierre Castel
Société : CASTEL FRÈRES SAS
Lieu d'implantation du siège : 33295 Blanquefort
CA de l'entreprise :
Activités vins du groupe Castel : 741 K€ en 2015
Chiffres Clés 2015 : 640 millions de bouteilles commercialisées (équivalent 75 cl) ; 22 implantations, centres de vinification, de conditionnement et de logistique ; 26 filiales ou bureaux à l'international (Afrique, Pologne, Allemagne, Pays-Bas, Angleterre, Russie, Chine, Japon, Corée,...) ; 3 000 hectares de vignobles de châteaux et domaines en France et en Afrique ; + de 500 magasins Nicolas en France et à l'étranger.
Marques référentes : 22 châteaux et domaines Castel en France dont Beychevelle*, Barreyres, d'Arçins, Ferrande, Beaumont*, Tour Prignac, Montlabert, Cavalier... Et les marques Baron de Lestac, RocheMazet, Malesan, Famille Castel, Vieux Papes, Cambras, Les Ormes de Cambras, Very, Aimé Roquesante, Jean Valestrel, Barton&Guestier, Patriarche, Kriter, Blaissac, Montalcour, Les Combes Saint Sauveur...

Monsieur Castel, qui êtes-vous dans le monde des vins et spiritueux ?
Je dirige une entreprise familiale développée depuis plus de 60 ans dans le monde du vin, des bières et boissons gazeuses devenu aujourd'hui un groupe international. Nous sommes un des leaders mondiaux et, dans le vin, nous avons la particularité d'être développé dans la plupart des vins français. De plus au sein de la filière, nous couvrons tous les métiers du vin. Nous sommes propriétaire-récoltant (22 châteaux en France avec plus de 1 000 hectares de vignes), vinificateur, négociant-éleveur et présent avec des équipes de spécialistes dans toutes les grande régions viticoles de France (Bordeaux, Loire, Provence, Languedoc, Vallée du Rhône, Bourgogne...). Nous sommes également distributeur avec nos quelque 500 magasins cavistes Nicolas en France et à l'étranger. Nous commercialisons dans environ 130 pays de très nombreux vins que ce soit des Grands Crus Classés jusqu'à des vins plus abordables pour le plus grand nombre des consommateurs. Nous sommes un partenaire soucieux de répondre dans les meilleures conditions possibles à l'ensemble des besoins de toute notre clientèle (grande distribution, restauration, importateurs, distributeurs, grossistes, distribution traditionnelle...).

Dans votre cœur d'activité, pouvez-vous brièvement décrire les caractéristiques de vos marchés ?

Dans le cœur de notre activité vin, la France représente encore quelque 70 % avec un fort développement de nos marchés à l'international à + 25 % en 2011. La grande distribution, très exigeante et très développée en France compte pour près de 50 % de notre activité vin. Historiquement très développés en Europe DAMO (Dom Tom, Afrique, Moyen-Orient) pour près de 15 % de notre activité vin, nous avons une montée en flèche de l'Asie à l'heure actuelle qui représente 6 % avec le développement de la Chine depuis dix ans.

Quelles tendances observez-vous autour de vos produits, de la concurrence, sur les principaux bassins de consommation ? Comment les expliquez-vous ?

La tendance de fond en France est d'être passée d'une consommation régulière à une consommation occasionnelle qui explique une baisse de consommation depuis des décennies avec le développement en parallèle d'une concurrence mondiale, de plus en plus de pays étant producteurs de vin. D'un produit de consommation de « première nécessité »au même titre que le pain et le fromage voilà 50 ans, le vin est devenu en France un produit de plaisir simple ou plus sophistiqué voire même parfois un produit de luxe avec les plus grands crus. Le monde change, c'est la vie ! Mais les évolutions des styles de vie et des tendances de consommation dans l'alimentaire conservent des valeurs actuelles au vin. Nous sommes aujourd'hui dans la découverte, les terroirs, les régions, d'origine, du savoir-faire ancestral remis aux goûts du jour, de partage, de qualité de vie, d'éducation, de dégustation. Tellement de facteurs rentrent en ligne de compte, en quelque 50 ans nous avons connu une révolution dans le vin en France, nous en aurons peut-être encore une autre…

Comment décririez-vous le consommateur de la prochaine décennie ?

Toujours amateur de plaisir simple et facile, proche de ses racines familiales, appréciant de bons moments lors de repas de tous les jours ou entre amis lors de moments plus festifs. Avec moins de repères issus des générations précédentes mais connaissant les valeurs sociales du produit. Par sa connaissance de la diversité possible de l'offre, il pourra facilement passer d'un produit, d'une couleur, d'une origine, d'un emballage, d'une région à l'autre. Ce sera un consommateur aussi bien masculin que féminin mais zappeur à qui il faudra apporter des repères qualitatifs. Il faudra le rassurer pour faciliter son acte d'achat et le fidéliser sur le vin au détriment d'autres boissons plus sucrées ou plus alcoolisées beaucoup plus marketées.

Selon vous, que doit entreprendre la filière aujourd'hui pour anticiper les nouveaux modes de consommation de demain ?

Informer, faire découvrir, valoriser la consommation, la découverte, faire déguster. Transformer la consommation en un instant de plaisir accessible et décontracté. La filière doit donc continuer à promouvoir et dynamiser les ventes de ses produits auprès de sa clientèle. Il faut porter le vin avec ses valeurs fortes et positives pour valoriser son acheteur et son consommateur. Il faut développer l'alliance mets et vins pour que le vin soit bien vu aussi comme un aliment à part entière, mais pas seulement. Il ne faut pas hésiter à l'adapter aux nouveaux goûts des consommateurs et pour d'autres types de consommation moins traditionnels : en apéritif, hors des repas, plus féminin, plus effervescent… ou selon les tendances de consommation à venir.

JAPON

Capitale	Tokyo			
Population	126,2 millions			
Monnaie YEN (JPY) - 1 JPY = 0,00899€ / 1€ = 111,17 JPY				
Indicateurs économiques				
	2012	2013	2014	2015
Croissance PIB %	1,7	1,4	0	0,5
Consommation des ménages (var %)	2,3	1,7	-0,9	-1,2
Production de vin				
En milliers d'hectolitres	820			
Importation de vin				
Total En milliers d'hectolitres	2 890,6			
Vin français En milliers d'hectolitres	681,1			
Consommation de vin				
	2012	2013	2014	
Consommation de vin en milliers d'hectolitres	3 360	3 421	3 480	
Par habitant en litre	2,7	2,7	2,7	
Par couleur	Rouge 53 %	Blanc 39 %	Rosé 8 %	
Circuit de distribution				
Vente au détail	50%			
CHR	45 %			
Vente en ligne	5%			
Prix moyen d'une bouteille				
Livre/Euro/Dollar	Vin de France : 5-6 €		Magasins spécialisés : de 6 à 8 €	
	Vin de Bordeaux : 7-11 €		Prix moyen : 8,65	
	Beaujolais nouveau : 15 €			

Source : Pleinchamp

Habitudes et spécificités de consommation

Le profil du consommateur :
- les jeunes et les femmes consomment plus de vin ;
- bonne culture du vin ;
- la pratique de la sommellerie est importante au Japon : 8 000 membres
- recherche de la perfection ;
- Tokyo et Osaka regroupent à elles seules 60 % des ventes.

Le moment et le lieu de consommation :
- consommation après le travail surtout pour les femmes dans des bars spécialisés ;
- restaurants et bars spécialisés.

Les préférences du consommateur :
• préférence pour les vins importés et les vins rouges (2/3 des vins consommés en 2014) ;
• aime les grandes marques et les grands noms ;
• design des étiquettes modernes.
Les critères de sélection du consommateur :
• le prix ;
• le goût ;
• le pays d'origine ;
• la couleur ;
• la marque ;
• la recommandation des amis ;
• l'esthétique de l'étiquette ;
• la recommandation du commerçant.

INDE

Capitale	New Delhi			
Population	1,28 milliards			
Monnaie Rupees (INR) - 1 INR = 0,01545 € / 1 € = 64,3719 INR				
Indicateurs économiques				
	2012	2013	2014	2015
Croissance PIB %	5,6	6,6	7,2	7,6
Consommation des ménages (var %)	5,3	6,8	6,2	NR
Production de vin				
En milliers d'hectolitres	nc			
Importation de vin				
Total En milliers d'hectolitres	38,6			
Vin français En milliers d'hectolitres	7			
Consommation de vin				
	2012	2013	2014	
Consommation de vin en milliers d'hectolitres	143	146	150	
Par habitant en litre	0	0,1	0,1	
Par couleur	Rouge 50 %	Blanc 44,5 %	Rosé 5,5 %	
Circuit de distribution				
Vente au détail	• 37 % des ventes en 2015 • Wine & Beer shops • les hôtels de luxe • les magasins ambassades • magasins de distribution au détail			
CHR	63 % des ventes			
Vente en ligne	Quasi inexistante			

Prix moyen d'une bouteille			
Livre/Euro/Dollar	Vin en distribution normale	Restaurant	Hôtel
	4 - 40 €	14,34 - 50,2 €	21,51-114,77 €

Source : Pleinchamp

Habitudes et spécificités de consommation

Le profil du consommateur :

- 85 % de la consommation totale se fait dans trois villes : Bombay, Delhi et Bangalore et est accentué par les femmes et les jeunes qui préfèrent des alcools moins forts ;
- ce sont les 25-34 ans qui consomment le plus de vin tandis que les plus de 55 ans sont ceux qui consomment le moins ;
- consommation des femmes : 10 % de consommation totale ;
- le vin est un signe de distinction et d'élévation sociale ;
- la classe moyenne devrait avoir accès au vin ces prochaines années grâce à la baisse des taxes sur l'alcool.

Le moment et le lieu de consommation :

- les vins sont majoritairement consommés dans les hôtels et restaurants ;
- consommation pour les repas d'affaires et les événements festifs.

Les préférences du consommateur :

- consommation plus importante du blanc et du rosé pendant l'été ;
- consommation de vins rouges pendant l'hiver ;
- les vins effervescents sont moins consommés à cause de leurs prix trop élevés.

Les critères de sélection du consommateur :

- prix ;
- la disponibilité des vins.

SINGAPOUR

Capitale	Singapour			
Population	5,61 millions			
Monnaie Dollar de Singapour (SGD) - 1 SGD = 0,57591€ / 1€ = 1,73639 SGD				
Indicateurs économiques				
	2012	2013	2014	2015
Croissance PIB %	3,7	4,7	3,3	2
Consommation des ménages (var %)	3,4	3,6	2,5	NR
Production de vin				
En milliers d'hectolitres	nc			
Importation de vin				
Total En milliers d'hectolitres	308,1			
Vin français En milliers d'hectolitres	142,1			

Consommation de vin				
	2012	2013	2014	
Consommation de vin en milliers d'hectolitres	141	150	173	
Par habitant en litre	5,4	5,9	3,2	
Par couleur	Rouge 60 %	Blanc 37 %	Rosé 3 %	
Circuit de distribution				
Vente au détail	• 2 chaînes de distribution NTUC Fair Price/DayriFarme : 30,2 % du marché			
	• Cavistes : 18,6 %			
	• Singapore Airlines (20 % des importations de vin)			
CHR	60 % du marché			
Prix moyen d'une bouteille				
Livre/Euro/Dollar	GD : 12,60 et 25,17 €		Caviste : vins réputés : 50 €	

Source : Pleinchamp

Habitudes et spécificités de consommation

Le profil du consommateur :

Trois types de consommateurs :

- les ressortissants étrangers minoritaires (200 000 en 2015) : consommateurs avertis et informés, ils créent les tendances de consommation du marché ;
- les jeunes Singapouriens à moyen/haut revenu : 25 - 45 ans, pas forcément des connaisseurs ;
- les moins de 50 ans au revenu moyen : consommation occasionnelle et recherche le rapport qualité/prix.

Le moment et le lieu de consommation :

- consommation saisonnière en fonction des événements et des fêtes (plus importante de novembre à février) ;
- augmentation de la consommation à domicile et dans les hôtels-restaurants.

Les préférences du consommateur :

- préférence pour les rouges pour ses vertus bénéfiques (French Paradox) ;
- vins blancs particulièrement appréciés par les femmes.

Les critères de sélection du consommateur :

- rapport qualité/prix ;
- facilité de compréhension sur le vin (packaging et étiquettes).

CORÉE DU SUD

Capitale	Séoul			
Population	50,4 millions			
Monnaie Wons (KRW) - 1 KRW = 0,00065 € / 1 € = 1528,93 KRW				
Indicateurs économiques				
	2012	2013	2014	2015
Croissance PIB %	2,3	2,9	3,31	2,6
Consommation des ménages (var %)	1,9	1,9	1,7	2,2

Production de vin				
En milliers d'hectolitres	110			
Importation de vin				
Total En milliers d'hectolitres	332,5			
Vin français En milliers d'hectolitres	43,5			
Consommation de vin				
	2012	2013	2014	
Consommation de vin en milliers d'hectolitres	322	342	350	
Par habitant en litre	0,7	0,7	0,7	
Par couleur	Rouge 75 %	Blanc 23 %	Rosé 2 %	
Circuit de distribution				
	• 70 % du marché			
Vente au détail	• Hypermarché, supermarché et épicerie = 80 %			
	• Magasins spécialisés = 10 %			
	• Liquor shop =10 %			
CHR	30 %			
Prix moyen d'une bouteille				
Livre/Euro/Dollar	Discount :	Supermarché	Hôtel	
	23 - 25 €	Liquor store :	Restaurant :	
		29 - 34 €	68 - 113 €	

Source : Pleinchamp

Habitudes et spécificités de consommation

Le profil du consommateur :

- les 44 - 65 ans sont les consommateurs de vins ;
- 77 % des vins sont consommés dans la capitale Séoul.

Le moment et le lieu de consommation :

- 70 % des vins sont consommés à domicile ;
- 30 % dans les CHR ;
- les vins sont généralement consommés après le dîner et en repas d'affaires ;
- 20 à 30 % des ventes sont réalisées fin septembre-début octobre pour les fêtes du Chuseok.

Les préférences du consommateur :

- préférence pour les rouges qui prennent des parts de marché.

Les consommateurs aiment les vins :

- charpentés ;
- tanniques ;
- de qualité constante ;
- bon rapport qualité/prix.

Les critères de sélection du consommateur :

- le pays d'origine ;
- la notoriété de la marque ;
- le prix ;
- l'aspect de la bouteille et de l'étiquette.

L'AFRIQUE DU SUD

Capitale	**Pretoria**			
Population	53,13			
Monnaie : Rand (ZAR) - 1 ZAR = 0,09620€ / 1€ = 10,3946 ZAR				
Indicateurs économiques				
	2012	2013	2014	2015
Croissance PIB %	2,2	2,2	1,5	1,3
Consommation des ménages (var %)	3,4	2,9	1,4	1,6
Production de vin				
En milliers d'hectolitres	11316			
Importation de vin				
Total **En milliers d'hectolitres**	29,1			
Vin français **En milliers d'hectolitres**	7,6			
Consommation de vin				
	2012	2013	2014	
Consommation de vin en milliers d'hectolitres	3 610	3 680	3 600	
Par habitant en litre	7,4	7,5	7,4	
Par couleur	Rouge 44 %	Blanc 54 %	Rosé 2 %	
Circuit de distribution				
Vente au détail	• GD :i l y a 4 acteurs : Shoprite, Pick'n Pay, Spar et Woolworths (produits haut de gamme) • Magasin spécialisés = 90 % du marché des boissons alcoolisées : Picardi Rebel, Solly Kramer's, Ultra Liquors et liquor City			
CHR	Encore faible mais en croissance			
Vente en ligne				
Prix moyen d'une bouteille				
Livre/Euro/Dollar	Prix concurrentiel	Prix moyen		
	3,6-7,20€	3,65 €		

Source : Pleinchamp

Habitudes et spécificités de consommation

Le profil du consommateur :
- peu de connaissance sur les vins étrangers ;
- peu de connaissance sur les vins étrangers ;
- nombre croissant de consommateurs ;
- consommation augmente +7,1% entre 2013 et 2014 ;
- beaucoup de Sud Africains ne boivent pas d'alcool ;
- les plus gros consommateurs font partie de la classe aisée.

Le moment et le lieu de consommation :
- la consommation à domicile est la plus importante ;
- à l'apéritif surtout pour les vins blancs.

Les préférences du consommateur :
- préférence pour les vins locaux ;
- préférence pour les vins blancs ;
- 88 % de vins tranquilles vendus ;
- augmentation des ventes de vins effervescents ;
- 60 % des vins consommés sont des vins bas de gamme ;
- 25 % des vins de qualité intermédiaire ;
- 15 % des vins haut de gamme ;
- les consommateurs ont tendance à délaisser les vins bas de gamme pour les vins moyens et haut de gamme.

Les critères de sélection du consommateur :
- prix ;
- l'image.

CHAPITRE 4
LES SALONS : LA PREMIÈRE PORTE VERS L'EXPORT

LE MOTEUR DE RECHERCHE DES SALONS : WWW.EVENTSEYE.COM

Il existe sur Internet un portail spécialisé et gratuit qui recherche l'ensemble des foires et salons, suivant des requêtes multiples :
- par thème ;
- par nom ;
- par date ;
- par ville ;
- par organisateur ;
- par mot clé.

Cet outil très pratique vous permettra de répertorier les événements intéressants.

Exemple : en tapant wine dans le moteur de recherche, nous trouvons 178 salons et événements dédiés au vin.

LES SALONS INTERNATIONAUX EN FRANCE

VINEXPO BORDEAUX

www.vinexpo.com

Vinexpo, créé en 1981 par la chambre de commerce et d'industrie de Bordeaux, s'est révélé au fur et à mesure des éditions, comme le rendez-vous incontournable des opérateurs de la filière vins et spiritueux et est devenu un événement international.

Vinexpo, c'est aussi :
• des conférences ;
• des études de marché ;
• des conférences de presse.

Nombre d'éditions	18	
Structure / Salarié	Bureau et agence de presse	20 personnes
Chiffre d'affaires 20015 / Retombées économiques	80 millions d'euros	
Lieu	Bordeaux	
Date	Mai- Juin	
	1981	**prochaine date 18-21 juin 2017**
Nombre d'exposants	524 dont 96 hors France (21 pays)	2400 (47 pays) dont 1 083 hors de France
Nombre de visiteurs	11 000 provenant de 50 pays	48 858 de 148 pays dont 18 462 hors France
Presse	-	1 254 journalistes et écrivains
Tarifs 2015 Vinexpo Bordeaux		
Choix N°1		
Droit d'ouverture de dossier par exposant direct		640 €
Choix N°2		
Droit de participation par exposant indirect		740 €
Prix emplacement		
Choix N°3 Stand Clé en main - 16 m^2 / 1 face		10 540 euros

Entretien avec Guillaume Deglise
PDG Vinexpo - Bordeaux

Nom et Prénom : Guillaume Deglise, directeur général de Vinexpo
Société : VINEXPO
Lieu d'implantation du siège : Bordeaux

Qui êtes-vous aujourd'hui dans le monde des vins et spiritueux ?

Vinexpo est un partenaire-clé de la filière des vins et spiritueux. Fondée en 1981 à l'initiative de la chambre de commerce et d'industrie de Bordeaux, notre entreprise réunit les professionnels du secteur, à l'occasion de ses salons de Bordeaux, Hong Kong et Tokyo. Notre objectif est de favoriser les échanges commerciaux entre les producteurs et les acheteurs, mais aussi de promouvoir les nouvelles tendances et les innovations qui rythmeront les choix des consommateurs de demain. Notre neutralité nous amène à promouvoir l'ensemble du secteur et à accueillir sur notre rendez-vous majeur à Bordeaux plus de 45 pays exposants, pour 45 000 visiteurs de plus de 150 pays. Beaucoup de nos clients ont tissé au fil des

années, grâce à Vinexpo, un réseau d'importateurs sur les marchés internationaux. Cette démarche d'exportation est nécessaire pour la plupart des acteurs du marché, y compris pour des vignerons de petite taille.
En marge de nos salons, Vinexpo publie également chaque année des études sur la conjoncture du marché, en partenariat avec IWSR. Ces études sont suivies attentivement par l'ensemble du secteur car elles donnent une photo généralement très fidèle des performances de chaque marché et de l'évolution de chaque catégorie de produit. C'est une aide précieuse à la fois pour les acheteurs qui peuvent anticiper les besoins du consommateur, et pour les producteurs qui peuvent mieux analyser les opportunités de chaque marché.

Dans votre cœur d'activité, pouvez-vous brièvement décrire les caractéristiques de vos marchés ?
Notre métier est bien sûr lié au monde des salons et de l'événementiel. Pour autant, notre expertise s'inscrit exclusivement dans le secteur des vins et spiritueux. En étant le salon pionnier pour cette filière, puis en ayant, dès 1998, identifié l'Asie comme le nouveau réservoir de consommation, notre marque est devenue une référence mondiale. Aujourd'hui, nous innovons en proposant de nouveaux services à nos clients, et en imaginant de nouveaux concepts qui, demain, continueront de porter Vinexpo sur les marchés en développement.

Quelles tendances observez-vous autour de vos produits, de la concurrence, sur les principaux bassins de consommation ?
En dépit d'un contexte économique difficile, le marché des vins et spiritueux reste très porteur. La consommation augmente globalement, grâce à l'émergence de nouvelles générations, la croissance économique de certains pays ou encore l'urbanisation qui modifie profondément le comportement des consommateurs.

Comment décririez-vous le consommateur de la prochaine décennie ?
Même si le secteur s'appuie sur une base solide de consommateurs, l'enjeu pour les marques sera de séduire et de convaincre la génération Y, qui réagit très différemment par rapport à ses aînées. Cette génération est sensible aux marques tout en y affichant une fidélité limitée. Il s'agit d'un consommateur à la fois à la pointe de la technologie, ouvert au e-commerce et à l'innovation, mais aussi concerné par l'environnement et sensible au bio, au pur, à la tradition dans la production et à l'histoire derrière la marque.

Selon vous, que doit entreprendre la filière aujourd'hui, pour anticiper les nouveaux modes de consommation de demain ?
La filière doit avant tout rester attractive pour le consommateur et assumer son côté art de vivre. Le vin n'est plus un simple aliment, mais un vecteur de convivialité. L'innovation me paraît indispensable pour séduire le consommateur de demain. Elle est d'ailleurs davantage présente aujourd'hui dans le secteur des spiritueux que dans celui du vin. Or, l'innovation ne signifie pas déroger avec la qualité ou prendre le contre-pied du passé. Le défi est au contraire d'adapter les marques ou les produits à des besoins contemporains en termes de packaging, de distribution ou de communication. Connaître son client est le meilleur moyen d'anticiper ces changements, et c'est justement la vocation d'un événement comme Vinexpo.

VINISUD MONTPELLIER

www.vinisud.com

Vinisud, créé en 1994, s'est révélé au fur et à mesure des éditions, comme le rendez-vous incontournable des opérateurs de la filière vins et spiritueux.

Vinisud France, c'est aussi :

- des conférences ;
- des études de marché ;
- des conférences de presse.

Nombre d'éditions	12	
Structure / Salariés	Groupe adhésion	40
Chiffre d'affaires 2009 / Retombées économiques		nc
Lieu	Montpellier	
Date	**février**	
	2016	**prochaine édition : 29-31 janvier 2017**
Nombre d'exposants	1 707	
Nombre de visiteurs	31 807	
Presse	1254 journalistes et écrivains	

MILLÉSIME BIO

www.millesime-bio.com

Ce salon a été créé en 1993 par certains viticulteurs du Languedoc-Roussillon afin de faire connaître leurs vins issus de la viticulture biologique.

Aujourd'hui ce salon à pris une envergure internationale avec des producteurs venant du monde entier.

Nombre d'éditions	22	
Structure / Salarié	12	
Lieu	Montpellier	
Date	**janvier - prochaine date : 30 janvier 2017-1er février 2017**	
	2016	
Nombre d'exposants	880	
Nombre de visiteurs	4 800	
Presse	Nc	

SALON DES VINS DE LOIRE

www.salondesvinsdeloire.com

Le salon des vins de Loire a été créé en 1987 par le parc des expositions d'Angers, avec le soutien des interprofessions de Loire.

L'objectif de ce salon est de :

- favoriser les découvertes ;

favoriser les rencontres et les échanges viticulteurs, négociants, vitinégociants et caves coopératives de la Loire et les acheteurs français et internationaux de CHR, de la grande distribution et du commerce, de gros, de détail, de vins et spiritueux.

Nombre d'éditions	30	
Lieu	Angers	
Date	**prochaine date : 5-7 février 2017**	
		2016
Nombre d'exposants		600
Nombre de visiteurs		8 972
Presse		1 254 journalistes et écrivains
Tarifs 2015		
Choix N°1		
Droit d'ouverture de dossier par exposant direct		345 €
Choix N°2		
Droit de participation par exposant indirect		420 €
Prix emplacement		
Module producteur 7 m² sans le pack mobilier		1 660 €
Module producteur 7 m² avec le pack mobilier		1 860 €
Surface équipée (minimum 12 m², 1 face d'accès)		
12 m²		3 660 €
16 m²		4 880 €
20 m²		6 100 €
24 m²		7 320 €

VINOVISION

www.vinovisionparis.com

Vinovision Paris est un nouveau salon dont la 1re édition se tiendra du 12 au 14 février 2017 à Paris Porte de Versailles. Vinovision est un salon international destiné aux vins septentrionaux à l'initiative de ce salon, les interprofessions du Val de Loire, du Centre-Loire, de Bourgogne, et le syndicat général des vignerons de la Champagne.

L'objectif des organisateurs est d'attirer 10 000 visiteurs et plus de 600 exposants.

PROWEIN

www.prowein.com

Prowein a été créé en 1994 par le Messe Dusseldorf Group. C'est un salon organisé sur 3 jours et réservé uniquement aux professionnels. C'est devenu aujourd'hui une véritable institution pour les professionnels du monde viticole. Avec 50 pays représentés en 2016 et plus de 50 000 visiteurs, Prowein est le grand rendez-vous en Europe des opérateurs et décideurs internationaux du secteur des vins et spiritueux.

Nombre d'éditions	19	
Lieu	Düsseldorf	
Date	**Mars**	
	Prochaine date 19-21 mars 2017	
Nombre d'exposants	3930 (50 pays)	
Nombre de visiteurs	52 393	
Presse		
Tarifs 2015 Prowein		
Prix du m² équipé et aménagé :		**475 € HT /m²**
Forfait multimédia + inscription :		**300 € HT**
Frais d'organisation (forfait) :		**650 € HT**
Angle de stand (minimum 18 m²)		**300 € HT**

LONDON INTERNATIONAL WINE FAIR

www.londonwinefair.com

Nombre d'éditions	21	
Lieu	Londres	
Date	**Mai**	
	Prochaine date 22-24 mai 2017	
Nombre d'exposants	762 (38 pays)	
Nombre de visiteurs	14 000	
Presse		
Tarifs 2052 London Wine Fair		
Shell package		£362 /m²
Space only		£302 /m²

VINORDIC

www.vinordic.com

Vinordic a été créé en 1994. Il est le plus important salon professionnel du vin et des spiritueux de l'Europe du Nord : le grand rendez-vous biennal pour tous les acteurs du monde du vin dans les pays scandinaves qui est couplé avec Gastronord, salon professionnel pour l'hôtellerie.

Nombre d'éditions	15	
Structure / Salarié	22	
Chiffre d'affaires 2009 / Retombées économiques	5 millions d'euros	
Lieu	Stockholm	
Date	**prochaine édition : 24-27 avril 2018**	
Nombre d'exposants	123 & 329 entreprises représentées	
Nombre de visiteurs	18 152	

CONVENTION INTERNATIONAL DES VINS & SPIRITUEUX : BARCELONE

www.wwm-barcelona.com

La convention de Barcelone et son concept de rendez-vous d'affaires sont le moyen unique de rencontrer pendant deux jours et demi des importateurs des principales zones d'achats, véritable prospection mondiale. Depuis plus de 25 ans, elle permet à près de 1 000 vignerons et metteurs en marché de créer, développer ou encore asseoir une activité export.

C'est un forum de rencontres dédié à l'export :

- pour les producteurs/négociants : la convention leur permet pendant trois jours de rencontrer des importateurs des trois continents. Ils pourront ainsi travailler à la fois des marchés historiques (Belgique, Allemagne, Angleterre…), incontournables de par le volume qu'ils représentent comme les États-Unis mais aussi des marchés en devenir (Europe de l'Est, Amérique du Sud, marchés asiatiques…).

- pour les acheteurs/importateurs : ils rencontreront sous forme de rendez-vous pré-programmés de 40 minutes chacun, une vingtaine de producteurs français, italiens, espagnols qu'ils auront préalablement sélectionnés sur la base d'une fiche de présentation détaillée (appellations, nombre de cols, procédures de vinification, exclusivités sur certains marchés…).

VINEXPO ASIA - PACIFIC

www.vinexpo.com

Vinexpo Hong Kong, créé en 1998 par Vinexpo, s'est révélé au fur et à mesure des éditions, comme le rendez-vous incontournable des opérateurs de la filière vins et spiritueux pour la partie Asie-Pacifique

Vinexpo Hong Kong, c'est aussi :

- des conférences ;
- des études de marché ;
- des conférences de presse.

Nombre d'éditions	7	
Structure / Salarié	Bureaux et agence de presse	20 personnes
Chiffre d'affaires 2008 / Retombées économiques	3,9 millions d'euros	20 millions d'euros
Lieu	Hong Kong	
Date	Dernière édition : 24-26 mai 2016	
	2010	**2012**
Nombre d'exposants	882 (35 pays)	1050 (28 pays)
Nombre de visiteurs	12 617	15 000
Presse	474 journalistes	
Tarifs 2016 Vinexpo Hong Kong		
Droit d'ouverture de dossier par exposant direct		640 €
Choix N°2		
Droit de participation par exposant indirect		740 €
Droit de participation par exposant indirect		
Prix emplacement		
Choix N°1	1 face d'accès (pas d'angle) de 9 m² à 60 m², 357 €/m² 2 faces d'accès (1 angle) de 18 m² à 80 m², 367 €/m² 3 faces d'accès (2 angles) de 36 m² à 140 m², 377 €/m² 4 faces d'accès (îlot) de 72 m² à 170 m², 387 €/m²	
Choix N°3 Packs		
Le pack 9 m² / 1 face d'accès		8 253 €
Le pack 18 m² / 2 faces d'accès		12 846 €

PROWINE ASIA

www.prowineasia.com

Prowein existe depuis plus de 20 ans et est aujourd'hui le salon leader en Europe. Depuis 2013, le concept s'exporte en Asie. Ce salon est le fruit de la collaboration de Messe Dusseldorf et le groupe international Allworld. Initialement, le salon devait avoir lieu tous les deux ans mais son succès a conduit les organisateurs à augmenter le rythme des éditions. Ainsi, le salon sera annuel et alternera entre Singapour et Hong Kong. ProWine Asia se tiendra à Hong Kong du 8 au 11 mai 2017 et à Singapour du 24 au 27 avril 2018.

Nombre d'éditions	1	
Lieu	Hong-Kong	
Date	mai	
	prochaine édition : 8-11 mai 2017	
Nombre d'exposants	plus de 250 exposants	
Nombre de visiteurs	8 000 visiteurs attendus	

WORLD WINE MEETING CHICAGO

www.wwm.fr

World Wine Meetings America propose un concept unique de rendez-vous ciblés et planifiés à l'avance qui favorise le développement d'affaires entre des producteurs de vins européens et des importateurs, distributeurs issus des continents nord et sud-américains.

World Wine Meetings America est organisé au cœur des États-Unis : 2e centre industriel, 3e plus grande ville des États-Unis et 2e plus grand aéroport mondial, Chicago, véritable centre d'échanges internationaux, est le lieu idéal pour accueillir cet événement. En 2016, la neuvième édition a accueilli plus de 170 exposants et 150 acheteurs. La prochaine édition se tiendra du 1 au 3 mai 2017.

- Les rendez-vous ont lieu dans les suites aménagées de l'hôtel Embassy Suites qui garantissent une totale confidentialité.
- Les repas pris en commun avec l'ensemble des participants sont autant d'occasions pour perpétuer des échanges conviviaux.
- Chaque année, des dégustations, des masterclasses, des animations sont organisées au sein de la convention en collaboration avec des régions et appellations invitant les trois tiers (importateurs, distributeurs et détaillants) et la presse américaine.

Prestations	Montant HT	Montant TVA	Subvention	Net à Payer TTC
FORMULE 1 : INSCRIPTION INDIVIDUELLE ***	7 465,00 €	1 463,14 €	2 543,00 €	6 385,14 € (soit 4 922 € HT après récupération de la TVA)
FORMULE 2 : INSCRIPTION EN ASSOCIATION ***	4 903,00 €	960,99 €	1 753,00 €	4 110,99 € (soit 3 150 € HT après récupération de la TVA)
Une personne supplémentaire en chambre simple (la chambre pour 3 nuits, petits déjeuners et repas inclus)	1 000,00 €	196,00 €	0,00 €	1 196,00 €

LES 24H EXPO DE BUSINESS FRANCE

www.businessfrance.fr

Depuis le 1er janvier 2016, Business France, détient l'organisation des 24H expo Vin qui sont des expositions B2B (précédemment organisé par la Sopexa).

L'organisation de ces 24H Expo est en relation directe avec l'accompagnement des entreprises françaises à l'export.

Ces manifestations sont en effet un moyen simple, économique et efficace pour vous accompagner dans votre prospection à l'international.

En 2015, les Mini-Expos organisées par Sopexa ont attiré pas moins de 31 000 visiteurs et permis à 3 900 producteurs français de prospecter de nouveaux marchés et d'accroître leur activité :

- des rencontres organisées sur une journée dans un lieu adapté ;
- une dégustation et présentation de vos produits auprès de professionnels locaux spécialement sélectionnés à partir de nos fichiers : importateurs, grossistes, cavistes, agents, acheteurs de distribution, journalistes spécialisés...
- un accompagnement logistique pour faciliter votre mission (envoi des échantillons, pack vols + hébergements...) ;
- une communication autour de l'événement.

CHAPITRE 5
COMMENT DÉVELOPPER SA NOTORIÉTÉ

GAGNER EN NOTORIÉTÉ : LES CONCOURS ET JOURNALISTES QUI COMPTENT

Le travail de la notoriété de son entreprise et de ses vins est un travail de longue haleine qui nécessite des investissements en terme de concours et de relation presse.

LES PRINCIPAUX CONCOURS

Concours de Bordeaux

Le concours de Bordeaux est organisé par la chambre d'agriculture de la Gironde. Il a lieu lors du salon de l'agriculture d'Aquitaine et de la foire internationale de Bordeaux.

L'obtention d'une médaille au cours de ce concours confère un réel plus pour les différents acteurs de la filière vin tant au point de vue national qu'international. Il assure une meilleure crédibilité auprès des professionnels et des consommateurs ce qui facilite l'achat et la revente des vins.

De plus, le ministère de l'Agriculture engage une campagne de promotion autour du concours afin de promouvoir les vins médaillés. Il y a trois différentes catégories de vins médaillés : médaille d'or, d'argent et de bronze.

Le concours est organisé de la façon suivante : dans un premier temps il y a une dégustation individuelle, suivie par la sélection de vins médaillés sous le contrôle d'un œnologue.

Concours général agricole

Le concours général agricole se déroule lui aussi tous les ans durant le salon international de l'Agriculture. L'État est l'instigateur de ce concours qui se révèle comme l'un des plus sérieux et impartiaux.

Les avantages de ce salon :
- il est organisé par des professionnels qui peuvent donner des conseils aux producteurs (sommelier, œnologue, négociant, producteur ou courtier) ;
- il bénéficie d'une couverture médiatique ;
- les médailles sont signe de qualité et de crédibilité pour le consommateur.

Concours des grands vins de France

Créé en 1954, le concours des grands vins de France est devenu au fil du temps l'un des concours les plus prisés et apporte une plus value au niveau national et international.

Aujourd'hui environ 30 millions de bouteilles sont signées de la marque de Mâcon. Afin d'optimiser l'impact du concours sur les marchés français et international, les jurés viennent de différentes destinations : de la France, des USA, de la Chine et d'autres pays.

Les récompenses données par le jury sont en or, argent et bronze.

Selon leur bon vouloir, les grands gagnants du concours peuvent utiliser ou non le macaron de la médaille sur la bouteille.

Concours des vignerons indépendants

Ce concours est organisé et exclusivement réservé aux vignerons faisant partie des vignerons indépendants.

Dans ce concours et comme son nom l'indique, seuls les vignerons indépendants peuvent participer : il n'y aura donc aucun négociant.

Ce qu'il faut retenir de ce salon :

- il est réservé uniquement au vignerons indépendants ;
- dégustation des vins à l'aveugle par des jurés qui sont des consommateurs qualifiés en dégustation.

Les récompenses distribuées aux meilleurs sont en or, argent et bronze.

Les Citadelles du vin

Les Citadelles du vin est un concours plus réservé aux vins de prestige.

Ce concours fait aujourd'hui partie des plus renommés et donne un accès à l'international notamment du fait de son déroulement à Vinexpo.

Les avantages majeurs de ce concours :

- une plateforme acheteurs pour entretenir ses marchés et en conquérir d'autres ;
- une porte ouverte sur l'international.

Après une dégustation anonyme et à l'aveugle réalisée par des professionnels comme des œnologues, les jurés notent les vins sur une échelle de 1 à 100 points pour les meilleurs et décernent quatre différents types de trophées : or, argent, bronze et des prix spéciaux.

Concours des Féminalise

Le concours des Féminalise se compose exclusivement d'un jury de femmes professionnelles et connaisseuses. Ce concept est né du constat qu'aujourd'hui ce sont les femmes qui achètent le plus du vin quand elles font les courses au supermarché.

Les avantages de ce concours :
- meilleur positionnement des vins sur le marché français et export ;
- publication d'un guide gratuit ;
- grande campagne de communication autour des vins médaillés ;
- accompagnement des vins médaillés ;
- dégustation exclusivement faite par des femmes : réel impact sur la décision d'achat ;
- professionnalisme du déroulement du concours.

Concours mondial de Bruxelles

Le concours de Bruxelles est un concours International dont 6 000 vins et spiritueux sont présentés dont 500 millions de bouteilles vendues.

C'est l'un des principaux concours de dégustation de la filière vinicole qui se distingue par son professionnalisme, sa réputation ainsi que son caractère indépendant.

Les médailles (en or, argent et grande médaille d'or) sont décernées par des jurés exclusivement composés de professionnels experts en vin.

Vinalies

Il existe cinq différents concours des Vinalies :
- les Vinalies nationales
- les Vinalies internationales
- le Mondial du Rosé
- Vinalies America Latina
- Vinalies China

Le jury des Vinalies est exclusivement composé d'œnologues des quatre coins de la planète et il est pour les lauréats un formidable tremplin pour commercialiser les vins car les prix obtenus (médaille d'or, d'argent et de bronze) sont de véritable signes de crédibilité et une garantie de qualité pour le consommateur.

Wine Enthusiast

Pour le concours de Wine Enthusiast, les prix donnés et le système de notation sont différents des autres concours : notation par points allant de 80 à 100 pour les meilleurs.

Ce sont les éditeurs du magazine qui dégustent les vins :
- 98 - 100 points = vin extraordinaire
- 94 - 97 points = vin excellent
- 90 - 93 points = très bon vin
- 87 - 89 points = bon vin
- 83 - 86 points = vin classique
- 80 - 82 points = vin acceptable

Les dégustations se font à l'aveugle et les vins sont publiés dans le magazine *Wine Enthusiast* dans la section achat.

Ce concours est un réel atout pour vendre son vin dans les pays d'Amérique du Nord où ce magazine a une très grande notoriété et organise des actions de promotion régulières sur les vins les mieux notés.

International Wine & Spirit Competition

L'IIWSC est l'un des plus importants concours internationaux et certainement l'un des plus reconnus qui se déroule dans pas moins de 90 pays.

Ce concours peut considérablement augmenter la notoriété des vins représentés à l'aide de :
- une campagne de promotion autour des vins retenus ;
- une mise à disposition d'outils marketing et communication et d'une équipe de relations presse ;
- une représentation des vins lors des plus grands salons comme Prowein, Vinitaly, Vinexpo, London International Wine Fair et d'autres.

Chacun des vins présentés sera noté par un jury durant une dégustation à l'aveugle et seuls les vins ayant obtenu une note égal ou supérieur à 75 se verront attribuer une médaille :
- médaille d'or = 90 - 100 points
- médaille d'argent = 80 - 89,9 points
- médaille de bronze = 75 - 79,9 points

Berliner Wein Trophy

Comme le précédent concours, celui-ci est aussi orienté vers l'international avec une réelle reconnaissance sur les marchés étrangers.

L'atout majeur de ce concours est le professionnalisme dans le processus de sélection des vins et la réalisation des dégustations :
- c'est la raison pour laquelle seulement 4 500 vins maximums sont sélectionnés pour la dégustation ;
- une agence privée est engagée pour contrôler les échantillons ;
- la dégustation est sous le contrôle de l'OIV.

San Francisco International Wine

La principale caractéristique de ce concours est le prix avantageux des frais d'inscription et un assez grand budget communication au travers une vaste campagne de publicité

La différence notable avec d'autres concours réside dans le fait que d'autres facteurs que la dégustation sont pris en compte pour avoir le droit d'apposer ce label sur la bouteille tels que le design de la bouteille et l'étiquette. Un label comme celui-ci peut garantir une meilleure commercialisation des vins.

China Wine & Spirits Competition

Avec une demande en vin de plus en plus importante depuis 2008, ce concours est un réel plus pour la commercialisation de vins en Chine car il sensibilise les consommateurs, met en place des campagnes de communication ciblées, et il est un gage de crédibilité pour le consommateur.

Le concours se déroule avec une dégustation à l'issue de laquelle est attribuée une médaille en fonction d'un nombre de points obtenus :

- Grand Gold : minimum 92 points
- Gold : minimum 85 points
- Silver : minimum 82 points
- Bronze : minimum 80 points

Decanter World Wine Awards (DWWA)

La réputation des Decanter World Wine Awards n'est plus à faire dans le milieu de vin.

Obtenir une récompense présente de nombreux avantages :

- présentations des vins récompensés lors de nombreuses dégustations dans le monde entier ;
- reconnaissance incontestable des vins sur le marché d'Amérique du Nord ;
- mise en avant des vins primés sur leur stand lors des salons London Wine Fair, Vinexpo.

Pour les acteurs de la filière du vin comme pour les consommateurs, les vins primés par Decanter reste une référence incontournable et qui sont également publiés dans le *Decanter Magazine* distribué dans 97 pays dans le monde.

Les dégustations se font à l'aveugle par des jurés professionnels et réputés et se déroulent par régions, par niveau de prix afin de rationaliser les résultats et privilégier l'origine des vins.

Mundus Vini International Wine Award

Ce concours est organisé en Allemagne en partenariat avec l'OIV et l'UIOE représente toutes les régions viticoles du monde.

Il a été mis en place afin de faciliter le processus d'achat des vins en mettant en avant la qualité et le marketing des vins présentés et permet également d'offrir un plus objectif des comparatifs des vins.

Ce concours est également reconnu par le ministère de la Protection des consommateurs en Allemagne.

Les vins sont notés sur un maximum de 100 points et sont publiés sur le guide *Mundus Vini*.

Forum œnologie Chardonnay du monde

Le forum œnologie Chardonnay du monde est un concours international qui récompense les meilleurs Chardonnay du monde.

Les caractéristiques de ce concours sont les suivantes :
- 35 pays représentés, 900 échantillons de vins sont soumis à 300 experts provenant des quatre coins du monde ;
- norme ISO 9002.

Les dégustations se déroulent sur quatre jours et sont réalisées par environ 50 % de jurés étrangers pour une meilleure objectivité et une ouverture sur les marchés internationaux.

Les médailles à remporter sont en or, argent et bronze.

Les Effervescents du monde

Ce concours a pour objectif de référencer les meilleurs effervescents du monde.

Les caractéristiques de ce concours sont :
- 24 pays, 500 échantillons et 100 experts internationaux
- norme ISO 9002
- 50 % du jury est international

Les médailles à remporter sont en or, argent et bronze.

Syrah du Monde

Ce concours a pour objectif de référencer les meilleurs Syrah du monde.

Les caractéristiques de ce concours sont :
- plus de 24 pays, 455 échantillons ;
- normes de qualité pour un meilleur résultat ;
- 3 jours de dégustation ;
- 50 % du jury composé de dégustateurs étrangers.

Les médailles à remporter sont en or, argent et bronze.

Malbec International Competition

Le Malbec International Competition est le seul concours dédié au cépage Malbec. C'est un concours récent qui date de 2009.

Les caractéristiques de ce concours sont :
- norme ISO 9002 ;
- respect des critères de l'OIV ;
- approche orientée vers le consommateur, dégustations basées sur le plaisir ;
- dégustations ainsi que des contrôles qualité sur les échantillons envoyés ;
- minimum 75 % de Malbec dans la bouteille pour participer ;
- 150 échantillons par an ;
- 20 spécialistes du Malbec.

Les médailles à remporter sont en or, argent et bronze.

Stephen Tanzer's International Wine Cellar

Les qualités de ce concours sont :
- la diversification des vins dégustés dans le monde entier : pas loin de 10 000 références ;
- la forte reconnaissance de ce concours sur le territoire nord-américain ;
- la forte influence sur la filière vin ;
- la publication des vins récompensés dans leur magazine et sur le site Internet.

Son système de classement des vins après dégustation est le suivant :
- tranche 95-100 : vin extraordinaire
- tranche 90-94 : surprenant
- tranche 85-89 : vin très bon à excellent
- tranche 80-84 : bon vin
- tranche 75-79 : acceptable
- tranche 70-74 : en dessous de la moyenne
- < 70 : vin pauvre

Le magazine *Wine Cellar* est lu par les professionnels comme par les amateurs dans 50 États et 34 pays. Et on y retrouve les meilleurs vins de la planète.

Les Sélections Mondiales des Vins du Canada

Entrer dans les marchés de monopole comme le Canada n'est pas chose facile, c'est pour cela que participer à ce concours peut avoir certains avantages :
- accroître la notoriété de vos vins en Amérique du Nord ;
- profiter d'une campagne de publicité importante par l'intermédiaire de leurs partenaires comme *Global Wine and Spirit*, *Magazine prestige* (magazine canadien) ou comme *Magazine HRI* (presse spécialisée restaurateurs, hôteliers.....)
- publication dans un guide d'achat pour les consommateurs.

Les médailles à remporter sont :
- grande médaille d'or : au moins 92 points
- médaille d'or : au moins 85 points
- médaille d'argent : au moins 82 points

LES PRINCIPAUX GUIDES ET REVUES DU VIN

Le Guide Hachette des Vins

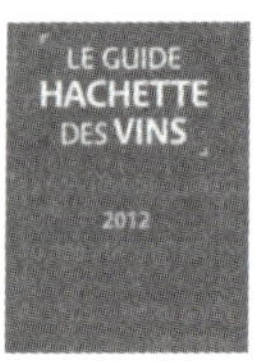

Le guide Hachette des vins est l'ouvrage annuel incontournable sur le marché français des vins.

Ce guide influence réellement le choix des consommateurs sur les milliers de références disponibles en France. Il permet de gagner en notoriété et en crédibilité.

Les caractéristiques de ce concours sont :
- une dégustation à l'aveugle, les jurés sont seulement informés sur le millésime et l'appellation ;
- 10 000 vins référencés et notés ;
- 200 000 exemplaires vendus chaque année.

Le système de classement des vins après dégustation est le suivant :
- 1 à 3 étoiles ;
- coup de cœur ;
- sélection.

La Revue des Vins de France

La Revue des Vins de France (45 000 exemplaires mensuels) est une référence en termes de qualité des vins, en tant que guide pour le consommateur dans le processus d'achat des vins ainsi que dans le soutien et l'accompagnement des producteurs en valorisant leur travail.

La Revue des vins de France organise l'aide de journalistes et de sommeliers expérimentés, des restaurateurs sur une échelle de notation des vins dégustés :
- 20/20 : vin de rêve
- 17,5/19,5 : vin exceptionnel
- 15,5/17 : grand vin
- 13,5/15 : bon vin
- 11,5/13 : vin correct

Le Grand Guide des Vins de France

Ce guide rebaptisé en 2010 *Guide Bettane & Desseauve* « Le grand Guide des Vins de France » met en avant, d'une part, le fait qu'ils essaient d'être le plus objectif et professionnel possible tant à la dégustation qu'à la notation des vins en utilisant des experts et d'autre part, la garantie au consommateur de la qualité des vins notés et l'exactitude des informations indiquées.

Le système de notation des vins après dégustation est le suivant :
- 0 à 5 étoiles pour la qualité générale des vins sur plusieurs années et d'autres notes sur la qualité des infrastructures, etc.
- le vin du dernier millésime est noté sur 20.

Decanter Magazine

Le système de classement est le suivant :
***** Decanter award - Outstanding (18,5-20 pts)
**** Highly recommended - Very good to excellent (16,5-18,49 pts)
*** Recommanded - Good (14,5-16,49 pts)
** Fair (12,5-14,49 pts)
* Poor (10,5-12,49 pts)

Decanter Magazine est le magazine spécialisé du vin le plus lu dans le monde (plus de 90 pays).

Il fait l'état de l'activité viticole mondiale ainsi que le classement des meilleurs vins de leur concours Decanter World Awards.

Les avantages de ce magazine sont :
- distribution mondiale ;
- reconnaissance internationale ;
- influence sur le marché ;
- outil de promotion magazine/Internet.

Wine Spectator

The *Wine Spectator* est un magazine américain de référence spécialisé dans le secteur du vin.

Les caractéristiques de cette revue sont :

- un grand nombre d'exemplaires vendus (400 000 exemplaires vendus en 2010) ;
- 15 numéros par an ;
- 3,5 millions de lecteurs dans le monde dont 2,8 millions aux USA ;
- 15 000 vins dégustés par an sous forme de dégustations à l'aveugle.

Ce magazine a également beaucoup d'influence sur le marché américain (essentiellement aux USA).

The *Wine Spectator* a son propre système de notation pour les vins dégustés sur un total de 100 points :

- 95-100 points : vin classique, de très bonne qualité ;
- 90-94 points : vin surprenant, à caractère supérieur et de style ;
- 85-89 points : très bon vin avec certaines qualités ;
- 80-84 points : un bon vin, solide et bien structuré ;
- 75-79 points : vin médiocre qui a certains défauts.

Guide Parker

Robert Parker, bien souvent appelé *the wine advocate* (l'avocat du vin), considéré comme le nez le plus célèbre du monde, édite depuis quelques années le *Guide Parker des vins de France*.

Il est aujourd'hui l'une des personnes les plus influentes dans la vente des meilleurs vins.

Ses caractéristiques sont :

- environ 200 000 exemplaires vendus chaque année ;
- Parker a été la première personne à utiliser le système de notation des vins sur 100.

Celui-ci va de 50 à 100 points :

- 96 à 100 points : vin extraordinaire à caractère profond et complexe. Cuvée grandiose ;
- 90 à 95 points : vin exceptionnel de complexité et de caractère ;
- 80 à 89 points : très bon vin, supérieur à la moyenne, plein de finesse et de saveurs, sans aucun défaut visible ;
- 70 à 79 points : vin plaisant mais dépourvu de complexité et de profondeur ;
- 60 à 69 points : vin moyen avec des défauts (acidité ou tanins excessifs) ;
- 50 à 59 points : vin inacceptable (manquant d'équilibre avec de gros défauts, terne ou très dilué).

Concours	Ouverture	Publication résultat	Prix	Adresse
CGA **http://www.concours-agricole.com/**	du 1er septembre au 7 décembre	28 février dans l'après-midi	103,20 € TTC : 1 vin présenté 309, 60 € TTC pour 3 échantillons (prix dégressifs à partir de 6 échantillons)	Responsable du Concours des Vins et du Concours des Jeunes Professionnels du Vin : Theofilos Vasileiadis SAS Comexposium - 70 avenue Général de Gaulle - 92058 La Défense cedex cgavins@comexposium.com - Tél : +33 (0)1 76 77 11 11
Bordeaux **http://www.concours-de-bordeaux.com/**	mi-décembre à fin janvier	mai	85 € TTC par vin présenté	Françoise Harrewyn Chambre d'agriculture de la Gironde Service Vigne et Vin 39 rue Michel Montaigne - BP 115 33294 Blanquefort Cedex - Tél :05 56 35 51 88 Fax : 05 56 35 51 89 E.mail : concours@gironde.chambagri.fr
Concours mondial de Bruxelles **http://www.concoursmondial.com**	de décembre à début mars	avril	coût de participation 134 € 1 échantillon : 150 € 2 échantillons : 298 € 3 échantillons : 444 € 4 échantillons : 588 € 5 échantillons : 725 € 6 échantillons : 864 € 7 échantillons : 1001 € 8 échantillons : 1 120€ 9 échantillons : 1 242 € 10 échantillons et +: 134 € par échantillon.	Concours Mondial de Bruxelles Rue de Mérode 60 - 1060 Bruxelles - Belgique Tél. : +32 2 533 27 67 F. : +32 2 533 27 61 concoursmondial @vinopres.com
San Francisco International Wine **http://www.sfwinecomp.com/**	NC	le 13 juin	Coût 75 € par vin présenté + 20 € pour l'utilisation du label du concours	Administrative mailing Address : San Francisco Wine Competition 401 Terry Francois Blvd. Ste 116, San Francisco, CA 94158 U.S.A

Concours	Ouverture	Publication résultat	Prix	Adresse
China Wine & Spirits Awards **http://www.cwsa.org/**	jusqu'au 14 août	NC	130 € / échantillon	Tel: +852 5808 6008 Fax: +852 3011 9505 CWSA Ltd 16/A Dotcom House 128 Wellington Street Central, Hong Kong
International Wine and spirit Competition https://www.iwsc.net/	jusqu'au 29 mars	le 27 juin	130 € / échantillon	International Wine & Spirit Competition Cellars Building 17, Dunsfold Park Stovolds Hill, Cranleigh Surrey, GU6 8TB UK
Les Citadelles du vin **http://www.citadellesduvin.com/**	du 1er décembre au 18 mars	le 18 juin	168 € HT pour 1 produit présenté, 161 € HT par produit, pour 2 produits présentés, 141 € HT par produit, à partir de 3 produits présentés. Paiement en ligne uniquement par carte bancaire	Citadelles du Vin Rue Ulysse Laîné 33710 Bourg - France
Macon **Concours des Grands Vins de France** **http://www.concours-des-vins.com**	fin des inscriptions 31 décembre pour les nouveaux producteurs	fin avril	48 € TTC /échantillon	Comité des Salons, Concours & Foire Nationale des Vins à Mâco Avenue Pierre Bérégovoy - 71000 Mâcon Tel : 03 85 21 30 00 - Fax : 03 85 38 59 55 e-mail : contact@concours-salons-vins-macon.com
Vinalies nationales de Paris **http://www.concours-des-vins.com**	fin des inscriptions mi-décembre date limite de dépôt des échantillons 31 janvier	04-avr	72 € HT /échantillon par courrier 65 € HT / par échantillon par internet Prix dégressifs à partir de 10 échantillons	21-23, rue de Croulebarbe 75013 Paris Tél. :+33 (0)1 58 52 20 20 Fax : +33 (0)1 58 52 20 30 E-mail : vinalies@oenologuesdefrance.

Concours	Ouverture	Publication résultat	Prix	Adresse
Vinalies Internationales de Paris	fin novembre à fin février date limite de dépôt des échantillons avant le 16 janvier	mars	135 € HT /échantillon pour les étrangers 162 € HT / échantillon pour les Français	21-23, rue de Croulebarbe 75013 Paris Tél. :+33 (0)1 58 52 20 20 Fax : +33 (0)1 58 52 20 30
Mondial du rosé **http://www.oenologuesdefrance.fr**	fin novembre à fin mars date limite dépôt des échantillons 25 mars	Mi avril	125 € HT/échantillons pour les étrangers 150 € HT/échantillons pour les Français	Le Mondial du Rosé Union des œnologues de France 21-23, rue de Croulebarbe 75013 Paris Tél. :+33 (0)1 58 52 20 20 Fax : +33 (0)1 58 52 20 30 E-mail : vinalies@oenologuesdefrance.fr
Challenge International du vin **www.challengeduvin.com**	1er novembre-mi février date limite de dépôt des échantillons mi février	le 8 avril	Inscription sur Internet : 93 € 1 produit 166 € 2 produits 219 € 3 produits	Avenue Léo Lagrange 33710 Bourg sur Gironde France Tél : + 33 (0)5.57.68.25.66 Fax : +33 (0)5.57.68.23.92 mail : info@challengeduvin.com Lucie Huet
Vignerons Indépendants **http://www.vigneron-independant.com/concours/**	début octobre à debut décembre fermeture le 29 janvier	mars	54 € TTC/échantillons	Adresse : 4 place Félix Ebcué - 75583 Paris Cedex 12 E-mail : info@vigneron-independant.com Tél. : 01.53.02.05.10 Fax : 01.53.02.05.11
Les grands concours du monde Strasbourg **http://www.portail-vins-du-monde.com/**	début octobre à début mars	avril	108 € TTC/échantillons	Christine Collins, Project Manager Strasbourg Evénements Tel.– 33 3 88 37 21 23 ccollins@strasbourg-events.com
Concours International des vins Belgique **http://www.monde-selection.com**	avant le 10 février	fin avril	150 €TTC/échantillons	Chaussée de Tubize 242 B- 1440 Wauthier-Braine - Belgique Tél. : 00-32-(0)2-346.75.57 Fax : 00-32-(0)2-346 75 76

Concours	Ouverture	Publication résultat	Prix	Adresse
Feminalies Beaune **http://www.feminalise.com/**	avant le 12 mars	mi-avril	45 € TTC/échantillons	Concours des Féminalise B.P.1 - 71510 Aluze - France Tél. : 03 85 45 11 1[illegible] - Fax : 03 85 45 28 83 mail : feminalise@feminalise.com
Wine enthusiast **http://www.winemag.com**				333 North Bedford Road Mt. Kisco, New York 10549 Tél. : 914.345.8463 Fax : 914.218.9186
Concours International des vins à Lyon **http://www.concourslyon.com**	décembre jusqu'au 17 février	le 29 mars	44,4 € TTC/échantillons	Concours International des Vins à Lyon Adresse : Parc Millésime Bat. 1 - 119 rue Michel Aulas - 69400 Limas - France Tél. : + 33 (0)4 74 68 84 40
Mundus vini International Wine Award **https://www.meininger.de/**	dégustation d'été en août dégustation de printemps en février du 18 novembre à début février	février ou novembre	140 € TTC / échantillon	MUNDUS VINI GmbH MUNDUS VINI 2015-2 Maximilianstraße 11 D-67433 Neustadt an der Weinstraße
Les effervescents du monde **http://www.effervescents-du-monde.com/**	jusqu'au 23 octobre	mi-novembre	180 € / échantillon	Maison des Vignerons du Château de Chaintré Cidex 453 bis 71570 Chaintré - France
Malbec International Competition **http://www.malbecompetition.com/**	se fait jusqu'au 18 mars par inscription avec citadelles des vins	le 18 juin	168 € HT pour 1 produit présenté, 161 € HT par produit, pour 2 produits présentés, 141 € HT par produit, à partir de 3 produits présentés. Paiement en ligne uniquement par carte bancaire	Citadelles du Vin Rue Ulysse Lainé 33710 Bourg - France

Concours	Ouverture	Publication résultat	Prix	Adresse
Syrah du monde **http://www.syrah-du-monde.com/**	jusqu'au 19 avril	le 13 mai 2016	180 € / échantillon	Maison des Vignerons du Château de Chaintré 1259 chemin du Roy de Croix 71570 Chaintré - France
Forum œnologie Chardonnay du Monde **http://www.chardonnay-du-monde.com/**	jusqu'au 10 février	mi-mars	180 € / échantillon	Chardonnay du Monde Maison des vignerons du Château de Chaintré 71570 Chaintré - France
Les sélections mondiales du Canada **http://www.smvcanada.ca/**	du 11 janvier au 6 mai	le 8 juin	200 $ /échantillon	Sélections Mondiales des Vins Canada 305, boul. René-Lévesque ouest Québec (Québec) G1S 1S1 Canada
Berliner Wein Trophy **http://www.dwm.de/**	jusqu'au 17 janvier	le 20 février	135 € / échantillon	DWM - Deutsche Wein Marketing GmbH Am Borsigturm 1 3507 Berlin Tel : 030 - 4303 7300 Fax : 030 - 4303 7310 weinmesse@dwm.de
Guide Gilbert & Gaillard **http://www.gilbertgaillard.com**	toute l'année	mi-avril	24 € TTC (frais inscription) par langue et par échantillon	Gilbert & Gaillard, 7 Parc des Fontenelles 78870 Bailly, France contact@gilbertgaillard.com
Guide Dussert-Gerber Des Vins De France **http://www.guidedesvins.com**	fin mars		19 € TTC (frais inscription)	Château de Beauregard 33124 Auros Tél. : 05 56 65 51 57 – Fax. : 05 56 65 50 92 Email : dussert@guidedesvins.com

Concours	Ouverture	Publication résultat	Prix	Adresse
Guide Hachette **http://www.hachette-vins.com/**	dépôt syndicat début décembre Dépôt d'échantillons + fiche d'inscription remplie		Gratuit	Hachette Pratique 43, quai de Grenelle 75905 Paris Cedex 15 - France Tél : (33) 01 43 92 30 00 Fax : (33) 01 43 92 16 42
Wine Spectator **http://www.winespectator.com/**				Christina Chiaffiatella Classified Advertising Manager M. Shanken Communications, Inc. 825 Eighth Avenue New York, NY 10019 Tél. : 212-684-4224 x 321 Fax : 212-779-3383 cchiaffitella@mshanken.com
Decanter magazine **http://www.decanter.com/**				Decanter (IPC Media) Blue Fin Building 110 Southwark Street SE1 0SU United Kingdom Tél. : +44 (0)20 3148 5000
Guide Fleurus **www.udsf.net**	les vins sont sélectionnés par les sommeliers qui figurent dans le guide			Vins-emotions 5, rue du centre 49140 Montreuil sur Loir Tél. : 02.41.76.28.27 Fax : 02.41.76.36.65 Email : contact@vins-emotions.com
La Revue Du Vin De France + **Antoine Gerbelle et Philippe Maurange** **(les vins à petits prix)** **www.larvf.com**	entre janvier et juin			Les Editions de la Revue du Vin de France Monsieur Sacha Renard 38 / 48 rue Victor Hugo 92300 Levallois-Perret srenard@larvf.com

CHAPITRE 6
PROSPECTIVE DU MARCHÉ DU VIN

La France produit des grands vins depuis 2 500 ans et les perspectives laissent à penser que cette culture a un avenir pour les siècles futurs.

Cependant, le début du XXIe siècle a apporté de nombreuses modifications dans la production, la gestion et la commercialisation des entreprises viticoles.

Malgré le fait que les vins français soient les vins les plus chers et les plus reconnus sur le marché international, la superficie de production est en chute libre et la profession peine à relever les défis de la mondialisation.

Le système des AOP a apporté une avancée non discutable en termes de qualité et de prospérité durant de longues décennies. Cependant, ce système semble avoir ses limites, car parfois trop contraignantes, avec souvent des notions de rentabilité à l'hectare, non prises en compte par rapport aux producteurs.

Aussi, le manque de souplesse comme la possibilité d'harmoniser la production d'un millésime à l'autre ou la complexité de l'offre, sont-ils autant de freins aussi bien pour le producteur que pour le consommateur.

À ce titre, le coût d'exploitation limité par des rendements maximums autorisés et le prix de vente du vin sur le marché, ne permettent pas de dégager des budgets de développement commercial qui devraient être de l'ordre de 15 à 30 % du chiffre d'affaires.

Nous devrions prendre exemple sur d'autres secteurs d'activité en forte croissance, comme le Champagne, où une part importante des budgets est allouée aux départements de recherche développement et communication-marketing.

Le secteur viticole ne se concentre pas assez sur le besoin du consommateur et doit axé ses efforts en ce sens.

De plus, il nous paraît indispensable que la filière s'articule autour d'une entité nationale avec des budgets de promotion, de recherche, capable de rivaliser avec les grands groupes de spiritueux par exemple.

Être capable de communiquer nationalement et internationalement, avec des budgets extrêmement conséquents dans les mass-médias à l'étranger sur du long terme, est un point important.

En France, les atteintes au monde du vin par les politiques hygiénistes sont dues non pas à la force des lobbies mais à la multiplicité donc à la faiblesse des organismes de défense des vignerons.

Il faut rationaliser et créer un organisme français, unitaire, puissant, capable de défendre et organiser la viticulture de notre pays pour les années 2030 à 2040. À ce titre, les nouveaux pays producteurs ont su mettre en place une politique commune de conquête des marchés.

Pour l'année 2030, 80 % de la croissance mondiale sera effectuée par le Brésil, la Russie, l'Inde et la Chine. Ainsi, il est urgent de créer des grands groupes avec des marques fortes et d'avoir des tailles critiques pour financer les équipes commerciales export effectives.

Seuls les spiritueux et les Champagne ont développé une telle stratégie qui se révèle gagnante à ce jour.

En amont, il existe un mille-feuille d'institutions pour développer l'export et apporter des subventions, aussi complexes que difficiles d'accès pour un viticulteur : créer un guichet unique pour orienter, suivre et financer l'export constituerait une avancée conséquente.

Le monde viticole français doit s'organiser aujourd'hui afin de mettre en œuvre une mutation ouverte sur le monde et capable de proposer une offre en milieu et haut de gamme adaptée à la clientèle de demain.

Sans rationalisation et concentration des outils politiques, institutionnelles, une mutualisation des moyens de distribution et de communication, une adaptation aux marchés en croissance, la France risque de perdre des marchés face aux nouveaux pays producteurs.

Pensons différemment, construisons ensemble, adaptons-nous au marché du futur pour pérenniser notre patrimoine viticole.

Les sites Internet référents

ORGANISMES PUBLICS :

Agreste : agreste.agriculture.gouv.fr
AgriMer (www.franceagrimer.fr), anciennement Viniflhor (www.viniflhor.fr)
DGDDI : Direction générale des douanes et droits indirects (www.douane.gouv.fr)
DRAF : Direction régionale de l'agriculture et de la forêt
INAO : Institut national de l'origine et de la qualité (www.inao.gouv.fr)
INRA : Institut national de la recherche agronomique (www.inra.fr)
INSEE : Institut national de la statistique et des études économiques (www.insee.fr)
Les chambres de commerce et d'industrie (www.uccife.org)
Les conseillers au commerce extérieur (www.cnccef.org)
OIV (www.oiv.int)
Business France (www.businessefrance.fr
Trésor public (www.impots.gouv.fr)
DIRECCTE (www.direccte.gouv.fr)
INPI (www.inpi.fr)
Programme France-Export (www.export.businessfrance.fr)

FÉDÉRATIONS ET COMITÉS :

Fédération de la coopération viticole (www.fcva.com)
Fédération française des cavistes indépendants (www.caviste-independant.com)
Fédération des exportateurs de vin et spiritueux (www.fevs.com)
Fédération des courtiers en vin (www.courtiersenvin.com)
Fédération des journalistes du vin (www.fijev.com)
Comité interprofessionnel des vins de Champagne (www.champagne.fr)
Comité interprofessionnel des vins d'Alsace (www.vinsalsace.com)
Comité interprofessionnel des vins de Bourgogne (www.vins-bourgogne.fr)
Comité interprofessionnel des vins du Beaujolais (www.beaujolais.com)
Comité interprofessionnel des vins du Rhône (www.vins-rhone.com)
Comité interprofessionnel des vins du Languedoc (www.languedoc-wines.com)
Comité interprofessionnel des vins du Roussillon (www.vins-du-roussillon.com)
Comité interprofessionnel des vins de Bordeaux (www.bordeaux.com)
Comité interprofessionnel des vins du Val de Loire (www.vinsdeloire.fr)
Comité interprofessionnel des vins de Provence (www.vinsdeprovence.com)
Comité interprofessionnel des vins du Sud-Ouest (www.france-sudouest.com)

LES ENTREPRISES DE SERVICES :

Altios International (www.altios-international.com)
Coface (www.coface.fr)
Aoc-Conseils (www.aoc-conseils.com)
Vinexport (www.ca-vinexport.com)
IWSR : International Wine and Spirit Record (www.iwsr.co.uk)

LES SALONS :

Moteur de recherche des salons du vin (www.eventseye.com)
Vinexpo et Vinexpo Asia (www.vinexpo.com)
Vinisud et Vinisud Asia (www.vinisud.com)
Millésime Bio (www.millesime-bio.com)
Salon des vins de Loire (www.salondesvinsdeloire.com)
Prowein (www.prowein.com)
London Wine Fair (www.londonwinefair.com)
Vinordic (www.vinordic.com)
Convention internationale des Vins (www.wwm-barcelona.com)
World Wine Meeting Chicago (www.wwm.fr)
Miami International Wine Fair (www.miamiwinefair.com)
Les 24h Expo (expo.businessfrance.fr)
World Bulk Wine Exhibition (www.worldbulkwine.com)

Bibliographie

- Adassovsky (H.), *Commerce International, Gestion des opérations Import-export*, éditions Breal.
- Antoine-Geny (O.), *Gestion opérationnelle de l'entreprise viticole. Comment surmonter la crise ?*, éditions Féret.
- Bahans (J.-M.), *Le vin et ses marchés, Annales 2010*, éditions diffusion.
- Blanchard (K.), *Le manager minute*, Eurolles éditions d'Organisation.
- Carles (M.-C.), *Gestion de la propriété viti-vinicole*, éditions Féret.
- Castaing (Y.), *Œnotourisme, Mettez en valeur votre exploitation viticole*, éditions Dunod.
- Fox (J.), *Les 75 lois de Fox*, Archi poche.
- Johnson (G.), *Stratégique 8e édition*, Pearson éducation.

- JUAREZ (C.), *France, Ton vin est dans le rouge*, FB editions.
- LENDERVIE (J.), LINDON (D.), MERCATOR, Dalloz, 1996.
- LIPSE (collectif HEC), *Strategor*, Dunod 1997.
- MOINER (F.), *Vente directe et circuits courts*, Guides France Agricole.
- MORA (P.), *Les vins de marques*, éditions Dunod.
- MORA (P.), *Le commerce des vins*, éditions Dunod.
- MORA (P.), *Bonnes pratiques en Marketing du vin*, éditions Dunod.
- PAVEAU (J.), *Exporter, Pratique du commerce International*, 23e édition, éditions Foucher.
- PESME (J.-O.), *Réussir son marché à l'export*, édition Afnor.
- RUEGG (J.), METTAN (N.), VODOZ (L.), *La négociation*, 1992.
- VERNETTE (E.), *L'Essentiel du Marketing*, éditions d'Organisation.
- VON CLASEWITZ (C.), *Principes fondamentaux de stratégie militaire*, Mille et une nuits.
- *Savoir Négocier*, Mango Pratique.
- L'AlphoBEM AZ du vin, BEM édition.

***

Les Précis, éditions Féret :

MESSAL (A.), *Clés et méthodes pour réussir sa conversion en bio*
CHANTEREAU (G.), *Comment réussir ses exportations de vin en Chine ?*
MASSON (F.), *Développer votre réputation avec les journalistes*
ENGEL (C.), ANTOINE (O.), *Financements et subventions pour les entreprises viticoles*
MESSAL (A.), *La biodynamie, la vigne et le vin*
CONCHE (J.), *La vente du vin en grande distribution*
QUÉRÉ (J.), *Le changement climatique et le vin*
DELARUE (C.), *Le coût du passage à la viticulture biologique*
GUICHARD (N.), *Le marketing du goût*
GOSSELIN (V.), *Les formations diplômantes de la vigne et du vin*
LEBARON (O.), *Vin, Internet et Mobilité : la révolution*
MALKA (P), PETRE (V), *Les Réseaux sociaux et le Vin*
IZZO (N.) *Développer sa marque viticole*
LENGLET(P.), *Le vin et son véritable prix de revient*
GUICHARD (N.), *Vins natures : de l'utopie à la réalité*

L'équipe AOC-Conseils en région

• AQUITAINE
Olivier Antoine
13 rue Jean Itey
33 310 Lormont
olivier.antoine@aoc-conseils.com

Valérie Gosselin
valerie.gc@aoc-conseils.com

• AQUITAINE – PROVENCE
Sandra Tessarotto
Immeuble Aalta – 1 rue Louis Lagorgette
33 150 Cenon
sandra.tessarotto@aoc-conseils.com

• LOIRE
Philippe Thierry
14, rue du patis de cousse
37210 Vernou sur Brenne
philippe.thierry@aoc-conseils.com

• LANGUEDOC-ROUSSILLON
Agnès Bœuf
8 avenue du Rosaire
34150 Montpeyroux
agnes.boeuf@aoc-conseils.com

Rémy Hyacinthe
68, rue de la litière
34160 Boisseron
remy.hyacinthe@aoc-conseils.com

• PROVENCE - COTES DU RHONE
Franck Pernet
20, rue des poilus
83 470 Saint Maximin la Sainte Beaume
franck.pernet@aoc-conseils.com

• BOURGOGNE – CHAMPAGNE
Luc Dubreuil
22, rue de la liberté
71 000 Mâcon
luc.dubreuil@aoc-conseils.com

• PARIS – ILE DE FRANCE
Jean-Marc Demange
31 rue Waldeck Rousseau
91100 Corbeil Essonnes
Jm.demange@aoc-conseils.com

Table des matières

Maquette : Perfecto, Bordeaux

Achevé d'imprimer en UE octobre 2016

Dépôt légal octobre 2016

ISBN 978-2-35156-182-9